本书系山西省软科学研究项目“山西高校计算机软件市场化政府对
等学校哲学社会科学研究项目“‘巴斯德象限’视角下的山西省计算
及对策研究”、山西省哲学社会科学规划办课题“‘计算机智能化’
究”和太原科技大学校博士启动基金项目“计算机智能技术在三晋建

认知伦理学的模型建构

杨小爱◎著

中国出版集团
世界图书出版公司
广州·上海·西安·北京

图书版编目（CIP）数据

认知伦理学的模型建构 / 杨小爱著. —广州 ：世界图书出版广东有限公司，2025.1重印

ISBN 978-7-5100-9862-8

Ⅰ. ①认… Ⅱ. ①杨… Ⅲ. ①认知-伦理学-研究
Ⅳ. ①B82

中国版本图书馆 CIP 数据核字（2015）第 139120 号

认知伦理学的模型建构

责任编辑 梁少玲
封面设计 高　燕
出版发行 世界图书出版广东有限公司
地　　址 广州市新港西路大江冲25号
印　　刷 悦读天下（山东）印务有限公司
规　　格 787mm×1092mm　1/16
印　　张 14
字　　数 240 千字
版　　次 2015 年 6 月第 1 版　　2025 年 1 月第 3 次印刷
ISBN 978-7-5100-9862-8/B·0119
定　　价 78.00 元

目　录

第一章
绪　论

回眸伦理学的发展历程，我们发现，伦理学已由一门单一学科逐渐发展成为一个研究基底，科技伦理、生态伦理、美德伦理等学派都成荫于伦理学框架。而认知作为一门新兴学科，与伦理也有着千丝万缕的联系，但是截至目前，学者们对这一方面的研究还很少。事实上，用伦理学去透视“认知问题”是回答以什么为基点来研究这一问题的未来走向，基于此，在二者之间搭建桥梁不仅有利于对认知的全新解构，也会为双方的发展带来新的契机和希望。

第一节　认知伦理的研究现状及趋势

本书研究的中心议题是认知伦理分析，其中必然会涉及认知与伦理方面的相关知识。但是这两个知识点所涉及的范围都极广，因此相关文献不可以数记之。以认知为例，认知哲学、认知心理学、认知语言学、认知社会学、认知人类学、脑神经科学、计算机科学、人工智能等诸多领域和学科都在研究认知问题，每一个学科和派系的专著、译著、文献、评述不胜枚举；而伦理学作为一种研究方式更是应用于社会诸多领域，相关文献也是不一而足。

在这里，笔者只能将其大致罗列，并分为以下几类。

一、认知语言学的伦理研究

从某种意义上讲，分析哲学是一种以语言分析作为哲学方法的现代西方哲学流派，由此可见语言与指称在分析哲学中的地位。徐敏指出，自然语言语义学的任务是基于特定本体论对自然语言进行语义解释，而自然语言中有些单称陈述是含有虚构名字的，针对这类指称虚构对象现象，目前还未出现一种令人满意的反实在论语义学，所以此现象仍将是支持实在论的重要证据。江怡曾探讨过何谓“形而上学指称”，在他看来，按照概念分析的方法对我们使用的语言所做的语言学描述即形而上学指称，而叶闯在其新著《语言、意义、指称》中提出的“形而上学指称”与“语义学指称”的区分是不恰当的。赵亮英将罗素（Russell B.）和斯特劳森（Strawson P.）的指称理论进行了对比，前者认为“意义即指称”，后者针对前者的指称理论，对意义与指称、预设与断定等概念进行了区分，并把语境因素和说话者意图引入到语言表达式的意义分析中，指明语言表达式和语言表达式使用的区别。尽管二者各执一端，但提炼其合理因素有利于得出较为公允的结论。任远概述了卡普兰（Kaplan D.）和佩里（Perry J.）对弗雷格式语义学框架的批评，并区分了直接指称理论的激进版本和温和版本的差异，在归纳不同版本核心论题的基础上对直接指称理论进行了建构，最后指出直接指称理论和指称的因果理论之间的相互独立性。

二维语义学作为语言分析中的一个重要组成部分受到学者们的重视。宽泛地说，二维主义就是将表达式与两种不同的语义值联系在一起。陈敬坤在“二维语义学与模态问题”一文中指出，直接指称主义和描述主义由来已久的争论由于二维主义的崛起出现了新情况，有新的语义学方法和模态观念融入到二者的辩论中来。而产生于克里普克（Kripke S.）可能世界语义学的二维语义学同克里普克语言学之间是存在差异的，产生差异的原因主要是由于对可能世界、模态观念的不同理解。同样是针对二维语义学问题，惠继红则是从“必然性、先验性和分析性”三个概念及其相互关系角度来进行探索的。在她看来，必然性、先验性、分析性对应的领域分别是模态、理性和意义，这三个概念原本密切关联，是一种建构性的金三角关系，然而遭到了克里普克的破坏，二维语义学的目的便是试图重建这个金三角，在更广阔的范围内重新阐释模态、理性和意义三者的联系。

哲学中的规范性研究包括规范性认识论和规范性问题两个基本论题，而规范性研究的角度也是多种多样的。朱菁主要探讨的是自然化的认识论如何处理认识论的规范性问题。传统认识论的求真性可以使“人们应如何持有合理信念”等典型规范性问题转化为“人们应如何持有更可能为真的信念”，在对一个信念是否为真的研究过程中，人们有相对独立的检验标准，这是认知科学之所长，所有的自然化认识论并不缺乏解答认识论规范性问题的重要资源，在这一点上，传统认识论是徒劳无功的，然而人们并不总是具有独立检验信念真假的条件和手段，所以自然化认识论在回答规范性问题时还需借鉴传统认识论中关于信念合理性方面的内容。赵晓聃着重从规则遵循方面来探讨意义归因和规范性问题，在她看来，通过对“意义”和“规范性”层次和内涵的表述可以阐释一种意义的规范性问题，而关于内在规范性和规范性准则的论证和辨析也为解读规范性提供了一种视角。徐竹侧重于社会因果机制方面的规范性问题研究，他的主张得益于斯蒂尔（Steel D.）和戴维森（Davidson D.）对社会机制的认识，通过对社会科学研究案例的分析，论证了从第二人称性质向第三人称视角的转变和从目的论性质向“社会自然”概念的转变过程中，乃是行动的规范性转型起着重要作用。而李继堂从另一个侧面探讨了规范性研究，他强调的是规范不变性原理，这是规范理论创始人外尔（Weyl H.）提出的，即通过爱因斯坦建立相对论的方法，不仅将引力和电进行了统一的描述和处理，而且发现了“测度不变性”是对应着电荷守恒定律的。相对于朱菁自然化认识论对规范性问题意义的宏观把握，规范不变性原理的应用较为专门化，它是继相对论和量子力学之后的主流物理学理论，文中虽未明确指出规范不变性原理对哲学的意义，但是有助于我们从一种新的、恒定的角度看待信念、意义、规范等问题，这一原理或许会成为引导分析哲学规范性研究的一种新思路。

二、认知感应的伦理学研究

20世纪的分析哲学家罗素（Russell B.）、维特根斯坦（Wittgenstein L.）、赖尔（Ryle G.）等学者提出了著名的“他心问题”，它是研究感知无法回避的一个问题，贡萨格大学的刘全华对其进行了重新审思。我们可以直接知道自己的心理状态和活动，但并不会直接知道别人心理状况。当我们思考他心问题时，采用的是因果类比推理，即我们知道自己的精神状态和身体活动是我们行为的原因，以此及彼，我们也会依据别人的身体行为来推断他们的相应的心理状态，这是分析哲学家对怀疑论者的挑战。但是，“子非鱼焉知鱼之乐”？分析哲学家的这种挑战还不成熟，这是因为两个物理现象间的因果关系是恒定的，但是归纳基础上的类比是不可靠的，且反省自我身体行为和心理状态间的因果关系也是不恒定的，最重要的是，类比推理的结论（关于他心的）不能被验证和观察。同“他心问题”相对应的自然是“己心问题”（the problem of self mind），有两位学者对这个问题进行了深入研究，分别是台湾大学的梁益堉教授和华东师范大学的颜青山教授。梁益堉的论文 *Self－Consciousness and Immunity*（《自我意识与免疫》）是学界探讨的热点，他指出，对自我意识的研究是半个世纪以来最具开创性的贡献。针对这一问题，休梅克（Shoemaker S.）提出了 IEM（immune to error through misidentification relative to the first－person pronouns，第一人称代词错误辨识影响无碍）思想，即我们对于误认与“我”有关的东西是免疫的，这一思想经过维特根斯坦、伊万斯（Evans G.）、佩瑞尔（Pryor J.）等学者的发展已日趋成熟。然而，在梁益堉看来，IEM 观点是失败的，他在重述休梅克 IEM 核心思想的基础上，首先从理论上对其进行了驳斥，认为 IEM 对自我意识的解释只是一种同义反复，我们只应当将其看作是一个假设；其次，梁益堉用两个实例来证明了 IEM 的失败，一个是病人的例子，一个是健康人的例子，二者同样都显示出，“我”有可能误认“自我”，所以这里需要将精神个体从物理个体中区分出来。颜青山同样论述了“己心问题”，他以“疼痛”这个哲学上有趣而重要的问题为媒介，试图阐明一种独特的世界观。论文通过“知道”这个特殊概念，从理论知识、日常经验、思想实验三方面论证出：自我经验是不足信的，且如果一切知识都建立在自我经验基础上，那么我们的一切知识都是根据不足的，最终得出“这个世界是我（的心灵）创造的，但是我不知道”这样一种世界观。

王华平的论文 *Disjunctivism*，*Skepticism and Fideism*（《析取论、怀疑论和信仰主义》）也与感知伦理有关，他在知觉哲学的层面上对析取主义进行了简要介绍，并解释了如何通过运用析取主义解决认识论问题。析取主义是关于知觉经验的一种思维方式，析取主义者认为，他们的理论能够阐明认识论方面的问题，析取能够破坏“感知”的面纱，并帮助我们了解它是如何使我们与世界直接联系的，而一旦我们理解了析取，那我们的怀疑便会立即消失。在王华平看来，析取主义虽然有一定可取性，但它是不会赢得同怀疑论的战役的。这是因为，虽然可以提供一种运用析取主义解决笛卡尔怀疑论的方案，但它对怀疑论的另一个主要观点——Agrippan（阿格利帕）却无能为力。Agrippan 是比析取主义所能给予我们的更加深刻的一种观点，它向我们展示出析取主义事实上是信仰主义的一种，用 Agrippan 观点武装起来的怀疑论对反省知识是一个非常严峻的挑战，它允许无信仰要素的存在，这是析取主义无法解释的。

感知是哲学中的重要概念，是人类心灵的独特表现方式，它同“意向”是息息相关的。集体意向性是近年来讨论的一个热点问题，涂梅拉（Tuomela R.）和米勒（Miller k.）、吉尔伯特（Gilbert M.）、塞尔（Searle J.）、布莱特曼（Bratman M.）[①] 等学者都对其进行过论述，朱志方和柳海涛着重对这一概念进行了研究。在朱志方看来，集体意向是一个无用的虚构，他在文中列举了几种主要集体意向分析模型，并证明出这些模型都存在理论缺陷，要么只能说明部分集体意向，要么从反面证明出只有个人意向而没有集体意向。而个体主义模型——我模型（I-mode）却能说明所有的合作行动和意向内容，通过这种矛盾性只能得出"'不可还原的集体意向'是一个无用的虚构"这样的结论。而柳海涛认为，目前国内外学者对集体意向的描述并未触及其本质，而阐明其本质的最好出路莫过于引入实践的观点，众所周知，一是语境的内容和表现形式是社会性的，语境在意识尤其是集体意识中占据了非常重要的地位，争论集体意向性的主体是个体行动者还是集体行动者意义不大，关键是看集体意向性是否在集体行动中发挥了规范性功能，"个体意向 + 集体行动"应作为研究集体意向的切入点和必要条件。

三、认知心灵现象伦理学研究

身心问题一直是哲学研究的重中之重，是一个亘古不变的话题。有关这一问题的伦理研究也是经久不衰的。"无头女人幻觉"便是典型的心灵论证，它最初是由阿姆斯特朗（Armstrong D.）提出的，目的是通过"眼见不一定为实"为唯物论提供新依据。2006 年斯马特（Smart J.）沿用了这一论证，发表了《形而上学的幻觉》一文，力图论证"我们感觉到的心灵是非物质的"，在论证过程中，斯马特更加重视造成幻觉的心理因素。周文华在论文中对这一论证进行了细致的考察，试图解答为什么会有斯马特所说的心理压力问题，并通过沃德（Ward K.）对该论证的非议，阐明了无头女人幻觉并不能如阿姆斯特朗所宣称的那样能捍卫唯物论。然而沃德的论证也无法彻底地、成功地驳斥无头女人幻觉，该心灵论证如同墙头草，在唯物论与二元论的天平上左右摇摆。

---

① Tuomela R, Miller K. We-intentions [J]. Philosophical Studies, 1988, 53: 367-389; Searle J R. Collective Intention and Action [A] //In Cohen J. Morgan, Pollack M E. Intentions in Communication. Cambridge: MIT Press, 1990: 401-415; Bratman M. Shared Cooperative Activity [J]. Philosophical Review, 1992, 101: 327-342.

塞尔1980年提出的“中文屋论证（Chinese Room Argument，简称CRA）”也是一个心灵论证，它是一个有关“计算程序能否产生心灵”的思想实验。塞尔的这一论证试图表明“单纯的程序无法产生心灵”，笔者在分析其实质的基础上，着重列举了学者们对该论证的驳斥，并将其分为四类：中文屋形而上学预设出现错误，中文屋论证过程中的逻辑错误，中文屋衍生结论的不现实性以及中文屋论证过程与目的的不相容性。如此众多驳斥中文屋的声浪也只是希望给“计算机/程序产生心灵”提供哲学上的慰藉而已。对心智的计算观点感兴趣的还有华东师范大学的郦全民教授，他的论文主要是在认知计算主义思想框架下探讨人的心智延展与文化进化。在他看来，人的心智能有效表征外部信息，心智外化的结果称为知识，心智及知识成为人超越其他物种的最根本特质。

“黑白玛丽”是杰克森（Jackson F.）于1982年提出的著名的反物理主义思想实验，玛丽虽然获得有关“番茄”的一切物理知识，但当真正见到“番茄”时还是异常惊讶。王晓阳在对“黑白玛丽”这一“知识论证”（Knowledge Argument）进行梳理和分析的基础上，揭示了该论证对物理主义带来的威胁并引入了“温和物理主义”（Moderate Physicalism）概念，认为在尊重一种“大多数人都可以接受的直觉”的前提下，可以化解“黑白玛丽”从知识层面对物理主义的攻击。然而多数学者认为，王晓阳的“温和物理主义”概念本身就是不存在的，它实质上就是一种二元论，不能算作物理主义的一种。

在当代西方心灵哲学中，占据主导范式的是物理主义，所以“物理主义”是研究心灵问题无法回避的一个话题。同王晓阳类似，刘明海也试图阐明心灵与物理世界的关系问题，然而他运用的是金在权（Kim J.）的还原物理主义观点。在论文中，刘明海指出，金在权认为非还原物理主义无法解决心理因果性问题，对于心灵如何存在于物理世界中，只能回到还原论的怀抱，同时，非还原物理主义主要的核心在于提供了随附性以取代还原性，即随附性论证或因果排它性论证。然而许多学者不同意金在权的理论，如霍根（Horgan T.）、杰克逊、雅各布（Jacob P.）、卢瓦尔（Loewer B.）、赛伯提斯（Sabatés M.）等，他们从不同方面试图证明还原物理主义最终会把心灵从物理世界中抹掉。刘明海在还原物理主义与非还原物理主义的争论中处于中立地位，他提倡的是心灵在人类发展中的价值性。

密歇根大学的钟磊教授对因果排它性问题也表现了浓厚的兴趣，他在论文

Can Counterfactuals Solve the Exclusion Problem?（《反事实理论能够解决排它性问题吗?》）中指出，一些学者认为因果排它问题的一个主要解决方式——反事实的因果理论——对于非还原物理主义是一种挑战，然而事实并非如此。在文中，钟磊对因果排斥问题的三个版本进行了区分：因果继承原则（Causal Inheritance Principle）版本、向上因果原则（Upward Causation Principle）版本和向下因果原则（Downward Causation Principle）版本。反事实主义者倾向于反对前两个排斥版本，但实际上，反事实的趋向是反驳第三个版本，但是没有成功，因为第三个排它论证的前提确实被隐含在反事实的因果理论之下。因此，钟磊建议非还原主义者不应再在反事实层面上打转了，应当寻求其他途径来拯救身心因果关系。

对心—身问题的研究不得不提的人是华南师范大学的陈晓平教授，他对于金在权"随附性"的研究是将伦理问题融入心灵的一个典型例证。在"随附性概念及其哲学意蕴"论文中，陈晓平首先对金在权的"弱随附性""强随附性"和"全总随附性"概念进行了介绍和澄清，并给出了这三种随附性的意义底线。文中介绍全总随附性的笔墨是最多的，并指出它是三者中最弱的，是单世界论域的，是不可还原的，这些特征是其余两种随附性所不具备的；而心灵自由意志同全总随附性是相容的，也是不可还原的，这便意味着心相对于身至少在某方面是不可还原的，他的言论是对还原论的严峻挑战。陈刚教授所作的论文《李百特试验的哲学意义》也是关于自由意志的，但研究角度换到了神经科学层面上。李百特试验对许多坚信自由意志和道德责任的哲学家和科学家是一个挑战，这些人通过各种方式试图重释此试验并证明自由意志的存在，但在陈刚看来，这些诠释都是不成功的，李百特试验仍是一个未解的哲学之谜。

四、Knowing－how 与 Knowinng－that 问题的伦理研究

有关心灵伦理问题是认知伦理研究的热点议题，而 Knowing－how 和 Knowing－that 问题又成为了热点中的焦点。浙江大学的任会明、中山大学的黄敏、上海大学的刘小涛和复旦大学的何朝安、张翅都对这个问题进行过探讨，这么多人对同一个问题感兴趣，并且都认为斯坦利（Stanley J.）和威廉姆森（Williamson T.）（即 S & W）对这一区分的批驳是误解了赖尔，这种现象是极其少见的，所以将这一问题加以单独评述是十分必要的。赖尔 1945 年对 Knowing－How（技能知

识，简写为 KH）和 Knowing - That（命题知识，简写为 KT）进行了区分，认为二者是两种完全不同的知识归属，前者是将一种实践能力归属于知识主体，后者表达的是主体和某个特定命题间的关系。而近年来，斯坦利等人试图证明并不存在赖尔所说的那种区分，KH 只是 KT 的一个类。诸多学者对这一观点进行了回击，他们从不同角度批评了斯坦利和威廉姆森的论证。任会明在 *On Knowing - how* 一文中，通过对罗素命题和弗雷格命题的分析，用普通表达模式（ordinary mode of presentation，简称 OMP）和实践表达模式（practical modes of presentations，简称 PMPs）的区分来重释了赖尔 KT 和 KH 的区分，从而驳斥了斯坦利的观点。黄敏在《重审 Knowing - How》中指出，S & W 否认 KH 和 KT 的区分是在一个错误的方向上批驳赖尔，赖尔命题的实质应联系到"行为"这一概念，赖尔建立的是行为与知识间的关系，而 KH 的引入，正是为了表达这种关系。刘小涛着重从"KH 语句的成真条件"这一角度来驳斥 S & W 观点，他指出，赖尔的区分本质上是对 KH 的形而上学关心，KH 语句本质上是表征主体和一种活动之间的关系，它成真的条件也并不依赖于语言的语法结构，而是需要以理解某些以命题形式所表述出来的知识为必要条件的，从而捍卫了赖尔的区分。何朝安和张翅以斯坦利还原中的呈现模式和命题这两个核心概念为基础展开讨论，力图证明无论是罗素命题还是弗雷格命题都无法容纳斯坦利式还原所依赖的实践性呈现模式概念，从而证明其还原是不成功的。

五、认知逻辑的伦理研究

毫无疑问，逻辑是哲学的一个重要组成部分，而认知逻辑的伦理探讨在认知界也开始兴盛。山西大学的毕富生教授和郭建萍对"亚里士多德真之符合境域下的逻辑真理及其启迪意义"进行了探讨，作为逻辑学的创始人，亚里士多德逻辑真理观的意义不言而喻，他的观点既有以经验为基础的，又有独立于经验的，比如，在获得初始前提或原理及规则时是依赖于经验的，而在通过公理规则进行推理而获得逻辑真理时，又是独立于经验的。亚里士多德早在两千多年前便提出的"由逻辑能得出真理"的观点不应被如此漠视，重视它有利于我们更好地探求真理，这便是亚里士多德真理观的启迪意义。

"悖论"是逻辑无法回避的一个议题，台湾阳明大学的王文方教授和林景铭教授都对这一议题展开了研讨。王文方着重探索了 Sorites 逻辑悖论（连环悖论），并论证了普瑞斯特（Priest，G.）对其的解悖方案都是不成功的。透过 Sorites论证，一个人几乎可以证明任何他想要证明的事情，比如证明出黑色是白色、头发浓密的人是秃头等。而普瑞斯特对这个论证提出了两个解悖方案，分别于1998—2003之间和2010年前后，前者主要诉诸模糊语意论（fuzzy semantics）与模糊逻辑，后者则侧重于双面真理语意论（dialetheic semantics）与LP系统。王文方的文章仅是对第一个解悖方案的评述，在他看来，普瑞斯特的这一解悖方案很不成功，这是因为在他的方案中，所有的高阶模糊都将崩塌为一阶模糊，这样不同的高阶模糊将会只是一个幻觉。林景铭的研究与王文方的研究有很大的连贯性，他的论文主要探讨"高阶模糊是假问题吗?"。模糊是造成 Sorites 悖论的主要理由，初阶模糊是指述词的肯定例子与否定例子之间没有清晰界线，中间会有一些界线例子；二阶模糊则是由五重区分所形成的，除了述词的确切肯定、否定、界线例子，还有确切肯定例子、确切界线例子以及确切界线例子、确切否定例子之间的界线例子；而高阶模糊述词有 2^n 道界线。通常学者们认为高阶模糊是不符合直觉的，但在林景铭看来，二阶模糊其实已经背离了直觉，高阶模糊对这种状况并没有改善，也是背离直觉的，这样便回答了题目的问题：高阶模糊是假问题。

荣立武主要对归纳逻辑进行了分析，他在《归纳的非概率式辩护及其难题》一文中提到，归纳是逻辑中经常用到的方法，试图通过大量我们在经验中发现的单个事实做出一个概括性的陈述，也就是说希望从个别事实中求得真的概述，在这个过程中会涉及概率问题，归纳的辩护就可划分为概率式辩护和非概率式辩护两种形态。荣立武指出，概率式辩护主要是由数理统计理论支撑的，然而此种归纳辩护并不足以获得确真的理念，也就是说，概率式辩护不足以承担整个为归纳辩护的职责，为了完善归纳辩护，必须对其进行补充，这种补充便是归纳的非概率式辩护，然而不论是皮尔士（Peirce C.）的"归纳具有自我修正性"，还是刘易斯（Lewis C.）的"先验分析式"等非概率辩护，最终都无法解决归纳推理的有效性问题。

任何学科、知识的研究都不是单一的、分散的，认知伦理学亦不例外。上述的五个问题同样不是独立的，而是相互关联的。正是这种联系使得认知伦理模型的建构成为可能。

第二节 认知伦理模型的研究范式

在众多的研究路径中，模型建构成为了其中最基本、最可能的研究进路之一，这是由模型本身的特质决定的："模型具有以其正确的方式为说明特殊问题提供解决方案的特征"①。正是这种特质决定了我们能够更好地发掘认知和伦理学之间的相通之处。在这种情况下，如何建构这一模型就成为了当务之急。其实，不论以怎样的方式去建构一个模型，有三个要素是必不可缺的：模型的内涵、模型的必要性和模型的可能性，这也是认知伦理学模型建构的三大必备条件。

一、认知伦理学的内涵与实质

顾名思义，认知伦理学包含两个主体：认知科学（Cognitive Science）和伦理学（Ethics），并且它试图在二者间寻找到一种沟通路径。

广义上说，认知科学是哲学认识论的当代延续和扩展。伽德纳曾对其下过这样的定义，认知科学是"当代回答长期未解决的认识论问题所做的以经验为基础的努力"②。广义认知科学的兴起可以追溯至古希腊时代，柏拉图的"回忆说"和亚里士多德的"四因说"就是对人类认知性质和起源的探讨。狭义上讲，认知科学是20世纪60年代兴起的一门新兴学科，它主要是以科学的手段来研究心灵问题，并伴以哲学的抽象分析，最突出的是，它还致力于人工地实现智能的不同方面③。我们通常所说的认知科学指的就是狭义的认知科学，它包括八个支撑科目：心智哲学、认知社会学、认知人类学、认知生物学、认知心理学、认知神经科学、计算机科学和人工智能④。其实，认知所涉及的范围远远多于此，语言

① Morrison M. Modeling Nature Between Physics and Physical World [J]. Philosophia Naturalis, 1998 (1): 65.

② Cardner H. The Mind's New Science a History of the Cognitive Revolution [M]. NY: Basic Books, 1985: 6.

③ Ashcraft H. Fundamentals of Cognition [M]. NY: Addison Wesley Longman 1998: 5.

④ Miller A. The Cognitive Revolution: a Historical Perspective [J]. Trends in Cognitive Sciences, 2003 (7): 141-144.

学、历史学，甚至文学，也都在从不同侧面对人类心智加以解析。

可以看出，认知科学几乎涵盖了有关脑和神经系统的所有学科，其涉猎范围不可谓不广。然而，随着这门学科的日臻完善，人们越来越意识到，对心智奥秘的探究并不是无所顾忌的，认知科学本身的多样性特征决定了在对这些知识进行科学探究时，必须选取一种完善、可行的研究基底，这个基底就是人类的道德伦理，这是伦理学必须担负的责任。伦理责任又称“元责任或元任务责任”（Meta responsibility or Meta task responsibility）①，它是对任何研究的一种基本约束，缺乏这种约束，研究将不成其为研究，人类也将会陷入恶沼之中难以自拔。在这一原则下，重视伦理诉求、启动伦理式认知思维、构建认知伦理学研究模型就成为了我们的首要任务。

认知伦理学属于规范伦理学范畴，规范伦理学是与元伦理学相对应的伦理学研究领域。与元伦理学侧重形式化、抽离了一切行为内容的“中立”立场不同，规范伦理学涉及的是具体的道德问题，主要包括普遍的道德原则和规范的道德理论②。认知伦理学是要为认知科学树立一个道德标杆和责任基底，在这种情况下，认知伦理学所涉及的必然就是与心智研究相关的具体道德问题。比如，在研究人类心智奥秘时，能够以损害人的生命和尊严为代价么？具体而言，在认知神经科学和生物学研究中，人类能够为了弄懂大脑中的学习机制而解剖活人大脑么？在认知心理学研究中，能够为了搞清个人的恐惧极限而威胁某人么？在认知社会学研究中，能够为了了解人类的交往心态而监视某人么？再比如，能够以对自然界的无节制索取为代价来获取心灵密码么？具言之，在认知人类学研究过程中，人类能够为了获取心智成长密码而去破坏猩猩的生存环境么？如果人工智能发展到一定程度，使得计算机也具有了心智，那么人类是否应将计算机与己等同视之，计算机是否应该被赋予人类的道德标准呢？这些问题都是认知伦理学所需要回答和解决的。所以说，认知伦理学不是一种脱离了现实的纯理论研究，而是要用伦理来规范人类的心智研究活动。

那么，伦理学是如何规范认知科学活动的呢？或者说，伦理为认知科学的研究提供了怎样的道德基底？总体来说，伦理在认知科学的研究中起到了规范“利义关系”的作用。也就是说，伦理为人类研究心智奥秘这一“利”设定了诸多

---

① Jeroen H. Engineering: Responsibilities, Task Responsibilities and Meta - task [EB/OL]. Delft University of Technology, The Netherlands, conference, http: //www. ethicsandtechnology. eu, 2009 - 12 - 01.

② Lawrence C Becker. Encyclopedia of Ethics [M]. London: Garland Publishing, 1992: 790.

“义”的标准。

标准一：不伤害。人类不能为了探寻心智奥秘做出破坏自然界平衡之事，不能为了了解心智奥秘做出有损个人生命和尊严之举。

标准二：责任。探寻心智的过程是一个艰难而漫长的过程，在这个过程中，如果没有“责任”相随，人类终将走向自我毁灭。责任不仅是心灵的约束，也是在研究心智过程中所设定的具体伦理规范。

标准三：公平。公平一直以来都是关于合理性的最高基准和社会道德责任的典范[①]。公平地对待每一样事物，比如自然界的其他生物、他人的利益，甚至是具备了心智思维的机器，这是一个成熟的社会所应具备的基本原则。

在对认知科学和伦理学的定义及其相关内容加以整合的基础上，笔者不揣浅陋地为认知伦理学作了这样的界定：认知伦理学是以人类心智奥秘为研究主体，以道德规范——不伤害、责任、公平为伦理基底的一门规范伦理学，主要涉及的是人类在探寻心智奥秘之“利”过程中所应遵循的道德规范之“义”。

二、认知伦理学的溯源与意义

作为一种新型的伦理学研究，认知伦理学不仅有着深刻的理论根源，还具有重要的现实意义，它是动与静、利与义的完美融合。

（一）从理论上看，认知伦理学模型的建构体现了动态研究与静态整合的统一

认知科学研究始终处于一种动态的发展过程中，对于心智的探讨不一而足。20 世纪初，行为主义盛行，在这种认知观点中，心灵是不存在的，它只是外在行为的一种表现而已。然而，从直觉主义来看，行为主义是如此地不合情理，因为我们都能感觉到心灵的存在[②]。此时，另一具有关键意义的理论——功能主义出现了，它吸取了行为主义的教训并承认心灵的存在，但仅将心灵看作是有机体整体行为所具有的一个特定功能[③]。随着计算机科技和人工智能的发展，人们获

---

① Harris Jr. E. The Good Engineer: Giving Virtue Its Due in Engineering Ethics [J]. Science and Engineering Ethics, 2008 (14): 153 - 164.

② Ogden C K, Richards I A. The Meaning of Meaning [M]. London: Harcourt Brace and Company, 1926: 23.

③ Searle J. Mind: A Brief Introduction [M]. NY: Oxford University Press, 2004: 44.

得了一种新的、有趣的心智表征——计算机表征主义，即心智是一个数字化的计算机程序或程序系列，人们可以用计算机模拟的方式来表征心灵。而生物学自然主义则是一种与计算表征主义相对的观点，它重视脑对心智的影响作用，将心智看作是大脑的特殊产物。从这些成果和争论来看，心智研究一直处于一种不断演进、不断发展的动态过程中。

而将伦理赋予到这种动态过程中，却给予了认知研究一个静态的整合性基底。伦理对认知科学的基底作用主要体现在其"义"的规范作用上，也就是说，它必须满足认知每一个层面上的伦理责任诉求，而且这种诉求必须符合人类自身发展趋向，符合社会基本道德规范的诉求。我们不能在研究脑科学时使用伦理，而在研究人工智能方面不使用伦理；也不能在进行心理学研究时关注伦理责任，而在进行社会学研究时不看重伦理责任。因此，无论是以行为主义为基础的认知心理学研究，还是以计算表征主义为依据的人工智能研究，都无法摒除伦理对其的规范作用。用伦理学来整合心智研究，是将心智的成果和争论进行重组、融合的一个新过程，从这个过程可以推演出合乎二者发展方向的新学科——认知伦理学。

（二）就实践而言，认知伦理学模型的建构体现了事实陈述和价值判断的统一

无论是20世纪60年代兴起的狭义认知科学，还是延续哲学认识论的广义认知科学，它们的目的都是要探索心智奥秘，最终获得一种有关心智的事实陈述。但是，这种事实陈述不是中立的，它需要一种可以维系其可持续发展的价值判断取向，这就是伦理规范。因此，认知伦理学模型的建构就将对认知科学的心智陈述和对伦理学的价值判断统一在一起，起到了约束认知科学研究和丰富伦理学规范的双重意义。

其一，认知伦理学有利于心智陈述在决策理论上的交叉和融合。要对认知科学进行伦理规范，首先要了解与其相关的事实陈述。可以说，在21世纪，如果不进行认知研究，或不与认知科学相结合，不仅人工智能、脑科学等新兴学科会止步不前，其他传统学科也无法获得深入发展，因为这些学科都与脑和心智的开发有关。因此，我们需要依托伦理基底来对认知科学所承载的内容进行整合，从哲学到科学（心智哲学和人工智能），从心灵到语言（认知心理学和认知语言学），从宏观到微观（认知人类学到认知神经学），无所不及。只有这样，才能为认知科学提供一个发展平台，为哲学、心理学、神经科学等学科的交叉研究提

供一种未来走向。

其二，认知伦理学是对伦理学理论的一种补充和完善，它丰富并拓宽了伦理学的研究对象和思路。从理论上讲，用伦理学来规范了认知科学的研究方式和路径，使得认知科学的研究踏上了同科技、环境等同样的伦理平台，成为了一种正规的、系统的规范伦理学研究科目，是对伦理学研究的一种有益补充。从实践上看，用伦理学来规范认知科学，有利于规范认知研究者的行为，有利于把握利和义的相互关系，有利于维护人之为人的尊严。

可以想象，如果没有伦理规范对心智研究的制约作用，心智研究者们将陷入对自然的无穷索求、对生命的滥以摧残、对尊严的无情践踏中，虽然短时间内有可能会有一个大的研究进展，但是这样的研究是无法长久的。因此，用“不伤害、责任、公平”等伦理规范来制约认知科学，可以为探讨认知伦理问题的解决提供一个新的范式和框架。

三、认知伦理学的定位与条件

当我们确定了认知伦理学模型建构的必要性时，我们就需要像康德那样提问，它存在的可能性及其可能性的条件是什么？其实，认知伦理学如果想成长为一门规范性学科，除了必须从历史的谱系中寻找可能性外，还需要在现实的挑战中给予自己一个明确的定位。

（一）构建认知伦理学模型存在理论可能性

人类对心智的反思可以追溯至古希腊甚至更早时期，在古典思想家那里，认知伦理学虽然没有被提上日程，但是，人们从未摒除伦理在研究心智过程中的重要作用。前人对心智、伦理及其相互关系的探讨恰好可以为我们所用，成为了构建认知伦理学模型的理论可能性。

自古以来，学者们对心智的伦理研究始终挣脱不出“利义关系”的枷锁。毫无疑问，无论何时，认知之“利”都是对心智奥秘的探索和追寻；但在不同阶段，人们对“义”的界定是有差异的，它的发展遵循了“善—责任—公平”的进路，而这种发展模式也是对“认知伦理学义之三标准”的一种印证。

第一个标准：义是不伤害。它是由“义是善”的观点引申得出的。在心智研究中，将善作为心智研究规范的学者不在少数，其始祖是柏拉图，他在提出其著名认知观点“认识你自己”的同时，就将伦理目标确定为是对善的追求了。到了亚里士多德那里，善成为一种“完善”，即“灵魂合乎德性的实现活动”①。而在众多的实现活动中，不伤害是最基本、最具代表性的表现形式，无论是爱邻如己，还是己所不欲、勿施于人，都要以不伤害他人或自然为基础。所以说，只要我们秉持“不伤害”观念，我们就能维护心中的善，学者们对善的看重也就是对“不伤害”理念的把握。

第二个标准：义是责任。它主要通过两个概念归纳而得：“上帝的理性”和“权宜道德”。中世纪的学者大都将“上帝的理性”作为伦理判定的标准，比如奥古斯汀，比如托马斯·阿奎那。在他们看来，上帝是“第一存在”，“绝对单纯性”的上帝具有无限制的存在力量，正是这种力量使得人类得以约束自己并获得对自身的认知②，这种约束是对上帝负责的一种表现，这是早期的责任。而到了近代，随着人们对自然界认识的逐步深入，责任的对象也发生了变化，学者们开始从对上帝负责到对人本身乃至自然界负责，笛卡尔的“权宜道德”就是体现。在他的知识之树③中，他曾形象地描述过，我们的知识驾驭我们的心智和行为，而知识的增长又总意味着道德控制的增长，这种道德控制就是我们所必须具备的责任。

第三个标准：义是公平。将“公平”作为伦理标杆已经是 19 世纪之后了，它的物质基础是生产力和科学技术的高度发展，而精神保障是人类解放学。人类只有将自己置于一定的位置之上，才会奢谈公平。在对“公平”概念认识的过程中，黑格尔的思想起到了承前启后的作用：一方面，他受法国大革命自由精神的影响，将自由公平置于一定的高度；另一方面，他也指出正是科技和不公平社会制度的结合才造成了人类非人道的后果④，这一观点对马克思的异化理论产生了重要的影响。而普莱斯纳对认知与公平的关系则表述得更加透彻：人是通过“将自己置于认知对象的位置”的方式来认识自身的，这是一种源于自身又超越自身的认知方式⑤；也就是说，只有将人置于同对应物平等的位置时，我们才能

① 亚里士多德. 尼各马科伦理学［M］. 廖申白，译. 北京：商务印书馆，2003：17.

② 托马斯·阿奎那. 论存在者与本质［J］. 段德智，译. 世界哲学，2007（1）：70-73.

③ 笛卡尔. 第一哲学沉思录［M］. 庞景仁，译. 北京：商务印书馆，1986：9.

④ Toews J E. Hegelianism：The Path Toward Dialectical Humanism，1805-1841［M］. London：Cambridge University Press，1980：2-6.

⑤ Plessner H. The Limits of Community：A Critique of Social Radicalism［M］. translated by Wallce A. Humanity Books，NY：Oxford University Press，1999：48-64.

更好地认识自我，只有怀有一颗公平之心时，人类才能更好地了解心智。

从上述内容可以看出，人类在探索自身奥秘的过程中，对其存在价值和意义的思考就从未中断过：从最基本的“不伤害之义”到对自身约束的“责任之义”再到对自由追寻的“公平之义”，这不仅是伦理规范的大进步，也是认知领域的新进展。

（二）构建认知伦理学模型具有现实可能性，具体表现在研究主体、研究基底和学术实践三个方面

1. 就其研究主体而言，认知科学所取得的成就为认知伦理学的建构提供了内容可能性

认知科学的发展是一个相当艰难而曲折的过程。在20世纪60年代之前，学者们采取的主要是思想和理论分析的研究策略。而后，随着计算机科学和人工智能的发展，认知科学经历了三个突飞猛进的阶段：前人工智能时期、经典符号处理时期和联结主义模型时期，三者分别以“控制论”“信息处理”和“并行分布处理”为核心研究模式，它采用的是一种从抽象到具体、从低阶到高阶的研究范式。认知科学及其相关技术的逐步成熟为认知伦理学的形成提供了完善的研究主体。

2. 就其研究基底而言，伦理学及其各种规范伦理学的完善为认知伦理学的建构提供了标杆可能性

植根于人类心底深处的思辨传统，使得传统伦理研究呈现出一派纷繁的景象，这使得功利主义、人道主义等理论在当代得以复归。然而，伦理学要跟上不断发展变化的新形势，就必须注意吸收和运用现代科学技术的优秀成果，不断丰富和完善自身。在这一背景下，实践哲学复苏了，技术哲学和伦理学几乎同时将目光转向了技术伦理①，各种以技术为依托的规范伦理学模式竞相出台，比如纳米伦理、生命伦理、环境伦理等，这些伦理思想为认知伦理学的出现提供了借鉴作用，也使得认知伦理学有可能被纳入到当代规范伦理学的研究范畴之中。可以说，伦理学的不断发展和规范伦理模式的逐步完善为认知伦理学的形成提供了规范性基底。

① Stephan H U. Controlling Technology: Ethics and the Responsible Engineer [M]. Holt Rinehart and Winston, 1982: 9-14.

3. 就其学术实践而言，认知伦理相关思想的出现为认知伦理学的建构提供了借鉴可能性

随着心智研究方式的专业化和多元化，与其相关的各种问题也逐渐增多。针对这些问题，现代伦理学呼唤着一种能够让人类摆脱现行价值冲突困境的新伦理模型。特别是计算机、网络、生命科学等以前从未出现过的新认知研究方式更是直接冲击着旧有的伦理规范，计算机伦理、网络伦理、生命伦理等新型伦理思想应运而生。摩尔在一次研讨会上将围绕计算机和信息技术的伦理问题视为传统道德问题的新类型，提出了计算机伦理①。作为一种交流的新方式，互联网在揭示人类交往心智奥秘的同时也带来了一系列新的伦理难题，网络伦理力图解决这些问题。生命科学更是进入到一种改造生命乃甚至创造新生命的局面，它让我们意识到审慎对待生命和伦理冲突的必要性。在认知伦理相关思想得以初步发展的同时，学者们逐步认识到认知主义在伦理中的重要作用，因此出现了认知主义伦理学。然而，认知主义伦理学与认知伦理学是有差别的，前者是一种元伦理学，即坚持伦理决策中的理性标准，它以理性和理智为基础建立伦理原则，避免将具体道德问题引入其研究之中②；而后者则是一种规范伦理学，主要指认知研究中所存在的道德问题和解决进路。

总而言之，认知科学、伦理规范和认知伦理相关思想的发展使得认知伦理学具备了存在的现实条件。至此，系统建构认知伦理学的理论和现实条件均已具备。

---

① Johnson D G. Sorting out the uniqueness of computer - ethical issues [EB/OL]. http://www.univ.trieste.it/dipfilo/etica_e_politica/1999_2/homepage.html, 1999 - 02 - 13.

② 王国豫. 技术伦理学的理论建构研究 [D]. 大连：大连理工大学，2007：101.

第二章 认知伦理模型何以表征

认知科学的高速发展与其伦理规范缺失的不协调使得认知伦理学的出现成为了一种必须。认知伦理学是以人类心智奥秘之“利”为研究主体，以不伤害、责任、公平之“义”为伦理基底的一门规范伦理学；它的成型有着深刻的理论根源和现实意义，标志着动与静、利与义的完美融合。而系统建构认知伦理学的理论和现实条件也均已具备，“完善”理论、上帝理性、权宜道德、人类解放学等思想为其的形成提供了理论可能性，认知科学的发展、伦理学的成熟和认知伦理相关思想的萌芽又为其提供了现实可能性。至此，认知伦理学已经以一种不以人们意志为转移的态势闯入了我们的研究视野。

第一节 认知伦理：人本主义与科学主义的融合

回眸人类的发展历程，我们会发现，几千年来，它的研究主题从未改变，始终是围绕“认识世界、认识自身”展开的。在这个过程中，对心灵及其运行机制的理解和研究一直是哲学家们最感兴趣的话题之一。对认知的研究可以追溯至古希腊甚至更早时期，柏拉图的“回忆说”和亚里士多德的“四因说”就是对人类认知性质和起源的探讨。然而，中世纪神学将心灵皈依于上帝的做法使得认知研究陷入了僵境，直至“文艺复兴”才出现了认知的新黎明：思想家们开始重新探索古代先哲们虽已提出然只笼统开局的有关人类本质、人与世界关系等的认知问题。在这一时期，对人文精神的倡导成为了当时学界的主旋律，同时，以理性为基础的数学和实验科学的光辉成就也使人们赋予了理性无上的权威。而“人文精神”和“理性主义”这两大思想恰是后期几乎所有认知思想的萌芽：“人文精神”演化为了后来的“人本主义”，“理性主义”则发展成为日后的“科学主义”。

人本主义的突出特点是对人性的重视，也正是这种特性使得人的地位空前提高，出现了以人为本的各种理论和流派。另一类学者在对以休谟为典型代表的经验派哲学扬弃的基础上，试图建立一套追求实证知识的可靠性和确切性的理论，由此开创了科学主义。不可否认，当代认知的各类思想都或多或少地与这两大思潮本质地相关。因此，对这两大思潮的透彻分析有利于我们应对来自学科内外的巨大挑战。一方面，21 世纪的认知研究在主流路径、学派脉络、基本旨趣上，不再像 20 世纪那样明朗、集中，呈现为多元、不稳定的状态[①]；另一方面，以揭示人的非理性存在意义为主的人本主义面临着缺乏实践的危机，而以理性为主的科学主义由于过分强调科学知识的建构而走向了极端科学论。在这种背景下，系统地反思与探索认知研究以往的基本逻辑和演变特征，不仅有利于明了认知发展趋势、明确认知发生路径，而且为我们构建新型认知研究进路提供了理论和现实依据。

一、认知伦理学的人本主义趋向

通常而言，可以被冠之以人本主义的研究流派众多，比如叔本华和尼采等人的意志哲学、克尔凯郭尔哲学、德法生命哲学、存在主义，哲学释义学、实用主义等。在这些学者的理论中，认知研究不应该被局限于主客、心物等对立范畴，而应着眼于未被科学和理性扭曲的本真之人。人本主义在认知方面的主要贡献是确定了“人”的主体性地位，它将人看作一切的出发点和归宿，力求揭示人的情感、意志等非理性或超理性的存在意义。它有着自身独特的发展脉络：形而上学式认知人本主义、面向现实型认知人本主义和自语境化认知人本主义。

（一）形而上学式认知是人本主义在认知研究上的最初表现形式

认知研究是有哲学情结的，而哲学又是以思辨和理论分析为先的。作为“科学的科学”，哲学向来是以构造整个世界的图景、推演全部知识甚至存在体系为

---

① 郭贵春．“语境”研究的意义［J］．科学技术与辩证法，2005（4）：4．

己任的，而由这种理念建构出来的认知理论也必然会带有强烈的形而上学色彩。

在这类哲学家中，叔本华的唯意志主义最具代表性。他十分强调非理性活动对存在和认识问题的决定性作用。他在《作为意志和表象的世界》开篇就指出："'世界是我的表象'：这是一个真理，是对于任何一个生活着和认识着的生物都有效的真理"①。可见，在他的哲学构想中，世界可以通过"我的表象"而被表征出来，并且可以藉此构建一个能描绘所有认知奥秘的形而上学体系。同样是意志哲学代表人物的尼采，他也试图以"人"为标杆来构建其哲学和认知大厦。尼采在"重估一切价值"的口号下，提出要以人的本能和内在生命力作为评价一切的尺度。但他的形而上学式人本主义与叔本华的差异在于：他反对叔本华那样将意志当做自在之物的做法，而认为"有各色各样的眼睛——所以有各色各样的'真理'，所以根本没有真理"②。可以看出，尼采进一步发展了叔本华的非理性主义，但是，他在企图排除叔本华意志形而上学的同时却将权利意志绝对化，因而被海德格尔称为"最后一个形而上学家"。唯意志主义将人的情感、意志或人的精神活动中的其他非理性因素置于人的理性之上，并由之出发来解释人的全部认识以至全部精神和物质活动。因此，唯意志主义可被看作形而上学式认知人本主义的典型代表。

其实，带有形而上学倾向的学者大都如此，他们无不企图构建出一个内容广泛、甚至无所不包的思辨体系。而从特定时期人类的认知水平来说，建立这样的体系而无独断性实际上是不可能的。因为，我们有关世界的认识仍然是片段的、局部的、残缺不全的，还远远不能提供关于整个世界的完整图景。

（二）面向现实型认知标志着人本主义在认知上的转向

当学者们发现，大量认知问题并不能够通过形而上学方式解决时，他们的研究方向就发生了转移，逐渐开始面向现实，这样就形成了面向现实型认知人本主义。这种人本主义同样符合人本主义思潮的基本含义，以"人"作为认知研究的根本，同时，它还兼具了一种贴近现实的倾向。

首先呈现出这种转向的认知人本主义流派是生命哲学，而这一领域的集大成者则是存在主义和哲学释义学。狄尔泰将心理学当做生命研究的具体方案，这里

① 叔本华. 作为意志和表象的世界［M］. 北京：商务印书馆，1982：25.
② 尼采. 权利意志：重估一切价值的尝试［M］. 北京：商务印书馆，1991：292.

的心理学并不是一种对象化、抽象化的形式科学，而是一种与生活经验有关的历程。[①] 存在主义在揭示认知方面独具匠心，他们用“存在”来诠释人类本真的、非理性的活动，这与强调所谓普通人性的传统人本主义有着本质的区别：他们将“转向现实”当作其理论的出发点和归宿。海德格尔对“在世的在”的意义和“常人”的生存状态的表述也为这种转向作了很好的诠释，在他看来，此在不能独立地存在，它总是处于一世界中，其中，正是“常人”规定着日常生活的存在方式[②]。其学生伽达默尔延续并发展了海德格尔的这一思想，他的哲学释义学本身就是一种实践哲学的释义学。他认为释义学有三个不可分割的因素：理解、解释和应用，而应用就是面向现实，而且，通过这种应用，我们可以获取到有关人的本质以及人与世界关系的经验[③]。

虽然人本主义学者已经意识到了面向现实的重要性，但后来却又回归于学院派哲学。这是因为，要更加透彻地了解人和世界的本质，就需要暂时偏离具体和现实，然而，当这种偏离超越了一定限度时，却又必然造成认知脱离客观实际的结局。

（三）认知伦理为认知人本主义指明了一条未来发展路向

一定时期的学术发展总是与它所处的现实环境相一致的。随着自然科学的不断进步，特别是人工智能的出现，学者们逐渐意识到，单纯思辨的认知策略早已无法满足人们对心灵的探索要求了，简单地面向现实也不能使人们真正地了解认知。合理的认知策略应该是一种满足“包罗万象”和“有形可检”要求的理论。前者是指研究方案所涵盖的范围，即一个完善的认知方案应当尽量穷尽认知方面的所有知识，只有尽可能多地解释世界中的现象，才能逐渐逼近对世界为真的描述。后者指研究方案所要诠释的目标，一种好的认知方案必须符合自然规律、符合我们的经验，必须是人类思维与现实世界的一条有效的沟通纽带，通过它我们可以解释人类自身、预测事物走向。为实现这个两个目标，我们[④]提出了一种认

① 狄尔泰．精神科学引论［M］．童奇志，王海鸥，译．北京：中国城市出版社，2002：1－4．

② Heidgger M. Being and Time［M］. Stambaugh J. tr.，Albany：State University of New York Press，1996：338－340．

③ “经验”在伽达默尔那里是一个重要的概念，他的释义学就是一种“思维所是的那种真正的经验性理论”。参见 Gadamer H. Truth and Method［M］. Weinsheimer J.，Marshall D. tr.，London：Continuum International Publishing Group Ltd.，2004：267．

④ 自语境化认知策略是笔者的导师魏屹东首先提出的，笔者认为无论是从理论研究还是实践检验方面，都是可行且具有创新性的。

知伦理策略。概而言之，它是指一种以“人类思维”为摹本，以语境化方式为支撑，取各类认知方式之长的新型认知人本主义。

要对这个概念有更加深入的了解，首先要明了何谓语境化。语境化是语境论的动态过程。在探讨如何才能将认知理论统一到一个不可还原的、整体的基点上去时，一些学者提出了“语境论”（contextualism）的构想。在他们看来，这是整合相关认知流派的一种趋向选择，是融合各种趋向的一种集大成倾向，是一个颇具战略意义的选择①。于是，他们开始用语境来建构一切知识的基点和生长点，当然也包括认知理论。

语境论认知策略其意就在于要通过“语境”研究纲领，将认知所涉及到的生物学、人类学、心理学、人工智能学等知识统一到一个基底上，并运用语境分析方法来对这些观点进行梳理和整合，以便为不同立场的认知观念提供一个自由交流的平台。语境论的认知策略相较于以往片面化的认知策略确实有其进步之处，它成于基底性，这一特性不仅为认知研究提供了思想源泉，而且使得认知研究脱离了循环之困境；但它败亦基底性，一种不可还原的基底保障注定了它先天的静态性，而我们要获得认知奥秘，就不能仅仅停留在某种基底上，而应该融入这种基底、融入我们要研究的内容之中，形成一种动态的认知结构，这种动态的、避免无限循环的认知方式就是语境化认知策略。

纵观人类历史，我们发现，人们会依据自身经验或所处环境对所观察的对象（自然界、人类社会、人类自身）产生不同的思维认知；即使就同一种现象，不同的人也会依据各自思维的特殊情况而获得对这一现象的不同认知，并会依据这种思维认知产生相应的语言、情态、行为等回应。这就是认知的差异性。那么，是什么导致了这种差异性的呢？在一些学者看来，外在的情境是决定我们认知和行动差异的根本所在，克拉克（Clark A.）就从处境性出发来分析人类心智和思维活动②；而在另一些学者看来，人类自身的心理才是决定一切的关键，比如，索普拉（Thorpe W.）的“学习式人之机制”就是从人的学习性上来探索认知奥秘的③。其实，外在的语境因素和内在的心理因素在决定人类认知和行为方面都起到了非常重要的作用。但是，外在因素是不可控的，我们能够把握的只是人类自身的内在因素。而人类自身的因素也分为两种：先天禀赋和后天努力，前者被

---

① 郭贵春．“语境”研究的意义［J］．科学技术与辩证法，2005（4）：1－4.

② Clark A. An Embodied Cognitive Science?［J］. Trends in Cognitive Science，1999（3）：345－351.

③ Thorpe W. Learning and Instinct in Animals［M］. London：Methuen，1963：113－120.

基因决定，也是不可控的；后者是一种主观能动性，通过它我们可以发现或创造历史。所以，我们能够控制的唯一的认知因素就是人类自身的主观能动性。对于这一特性，马克思曾作过高度的评价："一个种的全部特性，种的类特性，就在于生命活动的性质，而人的类特性，恰恰就是自由的自觉活动。"①

当我们将人的自主性提高到它应有的地位并辅之以语境化认知策略时，就可以推出人类认知的具体过程：在确定认知对象的基础上，认知主体依据自身天赋自主地融入语境，并从语境中获取相关信息，得出一组"行动可能候选集"，而后通过自身的思维能力、经验学习、科学研究、实践检验进行自主选择，选择出最适合/最喜欢或者别的行为响应活动，最终获得有关这种认知对象的螺旋上升认识。这就是认知伦理的基本含义。

从上述分析中，我们可以清楚地看到，认知伦理策略仍旧延续了以人为本的研究模式，它是一个"自主融入语境（自语境化）"从而进行行为选择②的过程，是通过自主性将认知主体人与认知客体语境加以融合的过程。所以，它既符合合理认知策略包罗万象的特征，即可以将人类的一切知识都整合到认知语境这个范畴中来；又符合合理认知策略有形可检的特征，可以用"行为选择是否符合实践"的方法来对人类通过自语境化方式所作出的选择进行检验。

二、认知伦理学的科学主义趋向

西方哲学的另一大思潮是科学主义，这一思潮的主要特征是强调理性的作用，倡导人们用科学理性的观点来解释人，而在认知领域则表现为将科学方法当做认知分析的重要事实根据。因此，笔者没有遵循前人以流派的归属来确定科学主义的分类方式③，而是以认知研究所运用的具体科学方法来锁定科学主义。在科学主义中，与认知研究较为密切的学科很多，但大都是围绕着"生理"和"心理"这两个因素展开的。因此，对认知生理学策略和认知心理学策略的透析有利于人们明确认知科学主义的发展走向。

① 马克思，恩格斯. 马克思恩格斯全集（第42卷）［C］. 北京：人民出版社，1985：96.

② 很多学者都对行为选择进行过研究，泰瑞尔（Tyrrell T.）颇具代表性，在他看来，行为选择是（主体）及时从一组"可能候选集"中选择出最适合的行为。参见：Tyrrell T. Computational Mechanisms for Action Selection (pdf)［M］. Edinburgh：University of Edinburgh，Centre for Cognitive Science，1993：95－129.

③ 刘放桐. 新编现代西方哲学［M］. 北京：人民出版社，2004：29.

（一）认知生理学策略是科学主义在认知领域的最基本方案

19 世纪中期，认知生理学策略已然流行。比如一些对自然科学比较熟悉又不屑于追随思辨唯心主义的知识分子就将心物等复杂的认知问题简单地归结于生理学问题，这种庸俗唯物主义观点并未脱离近代机械唯物主义的范畴，其理论阐释甚至还远远落后于后者。因此，往往昙花一现，随生随灭。

而随着解剖学和生物学的逐步成熟，这类学者又将目光瞄准了“还原主义”，即心理过程可以还原为神经或大脑的生理过程，而且每一个心理性质等同于一个物理性质。[①] 其主要证据是神经科学和脑科学的发展。二者都是以还原主义为指导思想的理论，之所以将其分开看待，是因为，从严格意义上讲，大脑并不是神经网络，因此脑科学也不能算作是神经科学的一部分[②]。神经科学是通过对在发育过程中的神经回路是如何感受周围世界、实施行为的，来了解心物关系的。脑科学则是通过对大脑内部结构的认识来获取心灵知识的。比如彭菲尔德（Penfield W.）就曾提出过这样一种方法：当某人有意识时，对其脑的不同部位进行电刺激，而后将这些发现与那个人后来的行为体验关联起来，通过这种直接刺激大脑的方式我们可以获取到心灵的相关知识。[③] 但是这种过分重视物理特性而忽视心灵等非理性因素的做法为许多学者所鄙弃，而且心理的超物质性在生理或物理上也难以找到一一对应的关系。

（二）认知心理学策略是认知生理学策略发展到一定阶段的必然产物

通过对认知生理学缺陷的总结和反思，一些学者提出了认知心理学。在这些学者的观念中，心理因素应当受到足够的重视，但是他们并不满足于传统的思辨和理论分析，而是希望可以通过心理实验的方式来获取到认知新知识。这一领域最具代表性的学者非弗洛伊德莫属，他开创了以心理实验方法研究人类认知和心理的先河。弗洛伊德最主要的观点是“精神分析”，在他看来，有些精神病的原因不是生理性的，而是由精神性的紊乱和失调引起的，对于这些病人，必须从发

---

① Braddon - Mitchell D，Jackson F. Philosophy of Mind and Cognition [M]. London: Blackwell Publisher Ltd，2000: 96 - 100.

② Harré R. Cognitive Science: A Philosophical Introduction [M]. London: SAGE Publications Ltd.，2002: 201.

③ Penfield W. The Mystery of the Mind: A Critical Study of Consciousness and the Human Brain [M]. Princeton NJ: Princeton University Press，1975: 35 - 41.

掘病人内心隐秘着手进行研究。他对认知重要的贡献之一就是提出并区分了“意识、前意识和无意识”，意识是人类心理状态的最高形式，是诸多心理因素的统帅者；前意识是处于意识边缘的东西；无意识则是人的生物本能和欲望的储藏库。[①] 而且，弗洛伊德运用了很多临床实验来验证自己的结论，这表明，弗洛伊德的理论是一种具有科学实践意义的心理研究策略。用实验方式研究心理的学者还有很多，皮亚杰可谓是其中的杰出代表。他的“基于语言的测试”（the language based test）就是结合自己在实验室进行的心理测试而创造出的一种临床谈话法，即研究者在半自然交往中向儿童提出一些特定问题，进而收集资料的方法。这种方法将他对心灵的认知由“从行到知”发展为“从知到行”，并得出了富有意义的结论：关于思维和动作的关系，“在达到一定水平之后，存在着一种动作概念化的逆向运动”[②]。

但是，从严格意义上讲，认知心理学的研究方法缺乏一种对变量的严格控制和严密的实验程序设计，这是心理学研究的通病。就如我们无法量化我们的“痛苦”和“快乐”一样，目前的心理实验仅依靠自身的能力还无法为这一病症寻到对症之药。

（三）计算机模拟策略是认知科学主义中最普遍、最常用的一种科学研究方案

不管是在生理学还是心理学领域，但凡重大的认知科学研究，大都会采用这样一种研究方法：思想实验模拟—计算机模拟（数字仿真）—相似物理模拟[③]。因此，在一部分既想验证新思想，又希望能够避免因所提方法的不成熟而造成实物损失的研究者那里，计算机模拟就颇为流行了。而且随着人工智能的飞速发展，计算机模拟的应用领域也愈加广泛，人们不仅要用它来模拟事物的物质形态，还希望用它来模拟人类的心理状态，以此来探寻认知的本质。

1. 计算机模拟在认知生理学上应用广泛

用计算机模拟来了解心智的途径之一是对人类生理活动的模拟，其中包括对神经元活动和对脑活动的模拟。通过对神经元活动的模拟可以形成一种人造神经网的认知构架，即由互相连接的人造神经元构成的一个神经网。其主要特点是：

---

① 弗洛伊德. 精神分析引论［M］. 高觉敷，译. 北京：商务印书馆，1984：217－226.

② 皮亚杰. 成功与理解［M］. 济南：山东教育出版社，1989：286.

③ Newell A，Simon H. Heuristic Problem Solving：The Next Advance in Operations Research［M］. Operations Research，1958（6）：6.

内在并行性（非线性系统）、分布式信息存储、容错性、自适应性。① 而对脑活动的模拟则是指，使用计算机来获取脑活动并扫描到计算机中，通过计算机的模拟和计算形成一些有关心智的认识。比如，多兰（Dolan R.）通过使用正电子成像术（PET）扫描识别在此过程期间呈现活跃状态的脑区域，从而获得了这样的认知：当人们看到某人的脸表现出恐惧感时他们也会变得恐惧。② 而后，网络联结主义的出现将神经元模拟和脑模拟联系起来，形成一种更具综合性、动态性的计算机模拟系统。

2. 计算机模拟也可以应用于认知心理学领域

在用计算机模拟神经元和人类大脑取得了初步成就的同时，一些学者开始思索它在心理学上的作用。在它们看来，虽然人和计算机在结构和组成上全然不同，但可被看作是同一类装置的两个不同特例，而这类装置的共性是通过用规则操作符号来产生智能行为。③ 它成为了计算机模拟心智的理论依据。

用计算机模拟心智的灵感来源于“图灵测试（Turing Test）”，它是以“对于提问者的问题，一台计算机能否给出与人类无差别的回答”来定义“意识”的④。“图灵测试”在当时虽只是一个“模拟游戏”，但其间隐含的“计算机能够思维”的论断对20世纪40年代后期刚刚兴起的计算机模拟无疑是一剂强有力的声援。

截至目前，计算机模拟心智策略早已突破了单纯的理论分析，而一跃成为了计算机模拟认知领域的宠儿。加德纳（Gardner M.）的“康韦氏生命游戏（Conway's Game of Life）”⑤ 试图赋予数字以“争夺空间的生存意志”，布鲁克斯（Brooks R.）的“包容结构（Subsumption architecture）”⑥ 想要让机器拥有“完

① 熊哲宏. 认知科学导论［M］. 武汉：华中师范大学出版社，2002：186－190.

② Dolan R. Feeling the Neurobiological Self［J］. Nature，1999，401：847－848.

③ 这是纽厄尔和西蒙的重要观点“物理符号系统假说”（Physical Symbol System Hypothesis，简称PSSH）的核心内容：心灵是一个计算机系统，大脑只是一种执行计算的智能而已，它与可能出现在计算机中的计算是完全等同的。更明白地说，由于计算机具备了正确的因果能力，它们也可以成为智能的：一台计算机就像一个大脑一样，是一个物理符号系统。参见Newell A，Simon H. Computer Science as Empirical Enquiry：Symbols and Search［A］//Boden M. The Philosophy of Artificial Intelligence. London：Oxford University Press，1990：106－130.

④ Turing A. Computing Machinery and Intelligence［J］. Mind，1950，59：433－460.

⑤ Gardner M. Mathematical Games：The Fantastic Combinations of John Conway's New Solitaire Game “Life”［J］. Scientific American，1970，223（4）：120－123.

⑥ Brooks R. A Robust Layered Control System for a Mobile Robot［J］. IEEE Journal of Robotics and Automation，1986（1）：14－23.

成任务的目的性”，而涂晓媛的“人工鱼”① 更是试图用计算机来模拟觅食、争斗、求偶等自寻优、自适应、自进化的认知过程。

可以看出，上述认知方式都是以科学理性为中心来研究人、解释心智的，所以，笔者将其归属于认知科学主义范畴。而计算机模拟又以其“高精确性”和“强实践性”成为了最受认知学者们欢迎的一种研究策略，它体现出的是一种以小搏大的心智研究模式：小是说计算机模拟是一种特别专业、特别精细的技术；大是说它可以被应用到任何领域，包括生物学、人类学、社会学、心理学、神经科学，甚至是哲学。这一发展趋向既体现了科学方式在认知领域的融合，又是对认知哲学与科学技术相互关系的一种反思。

三、以伦理为基准的科学主义和人本主义认知融合

随着认知研究的逐步多元化和深入化，有关认知问题的争论比以往任何时期都更为激烈。认知究竟是要以人为本还是以技术为先，即在探索心智奥秘时，我们是更看重自身的感觉还是要以科学理性为准？这正是人本主义和科学主义在认知领域的分歧所在，二者的对立地位在西方学界曾一度得到相当普遍的认可。一些学者甚至认为二者之间已然难以找到共同语言，生物自然主义和行为主义、功能主义的对立就是明证。但是，还是有越来越多的学者在努力结合和超越二者，比如提出“再语境论”的罗蒂，他的虚无主义态度虽亦遭非议，但就关于超越两种思潮的主张来说，却在一定程度上表现出了认知研究的一种重要趋向②。认知融合何以完成，对先有的认知模式应当进行怎样的变更，应当以何种认知模式来取代它？这是认知学者们一直在探讨和思考、而又一时都难以达成共识的问题。

在这里，笔者不揣浅陋，将认知科学主义的趋向和认知人本主义的趋向加以融合，构想出一种兼具二者优点的新型认知模式——认知伦理模型，它是以人的自语境化过程为模板，用计算机来模拟人的这种演化过程的一种认知策略。因此，要透彻地了解认知伦理，首先就要对其所依据的“人的自语境化过程”有一个更加深入的剖析。

---

① 涂晓媛. 人工鱼［M］. 北京：清华大学出版社，2001：1－130.

② 刘放桐. 新编现代西方哲学［M］. 北京：人民出版社，2004：641.

（一）人类的自语境化何以可能？

如上所述，认知伦理是一种以人类思维为模板的认知方案，以“识蛇”为例，人类的具体思维过程如图 2.1。

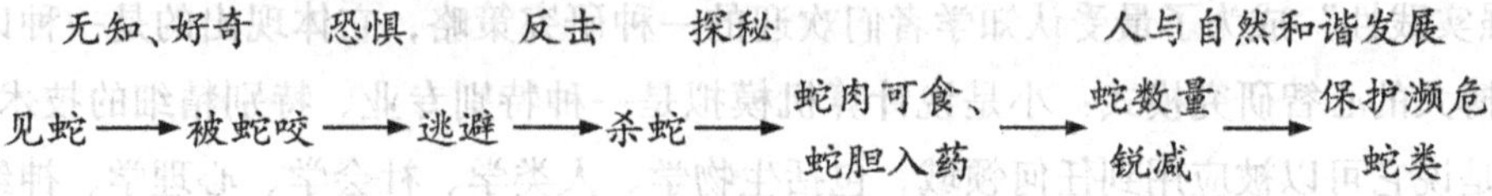

图 2.1　蛇的认知示意图

从图 2.1 中，我们能够发现有关认知的三点知识：首先，整个认知过程是一个思维与行为相互融合的过程，其中，每一个认知步骤都体现出了“从思维到行为再反馈于思维”的行为响应模式：好奇（思维）—被蛇咬（行为）—恐惧（思维）—逃避（行为）—反击（思维）—杀蛇（行为）—探秘心理（思维）—食用、制药（行为）—维护和谐（思维）—保护蛇（行为）。其次，人类对蛇的认知是一个从被动到主动的过程：看到蛇的好奇和被蛇咬的恐惧都是被先天心理和外界环境支配的纯被动行为，而后的杀蛇、食用、入药、保护都是主动的。第三，这个认知过程是一个从低阶到高阶的进化发展过程：开始只是为了最低级的“生存”而起了杀念，而后会为了“救人”而制药，最后会为了“维护自然和谐”而保护蛇。结合这些知识，我们意识到，这就是认知伦理中“自主性”发挥作用的一个过程，也是人类改变自身思维、改变自身行为、改变所处环境的一个过程。基于此，笔者总结出了人类认知伦理的发展三种形态：被语境化状态、拟认知伦理行为和认知伦理行为。

人类认知首先是被动的，或者不能说是“认知”，而只是人类对“自身所处环境”的一种承受罢了。人类是被大自然的规律、被周围的环境、被自己的先天因素所支配而存在和发展的，这是一种“被语境化”。在此状态下的人虽然也能够进行“行为响应模式”，但却无法主动认识，这时的人类行为只是依据自然规律或人为规则进行的一种“机械性”行为而已。

顾名思义，拟认知伦理就是对人类思维方式的一种模拟，是认知伦理的低阶状态。在这种状态下的人类已经能够进行有目的的行为响应模式了，但是这种模式是被“生存、繁衍”① 这样的低阶目标所支配的，因此，还不能算作完全的

① 这一目标的确定依据是弗洛伊德的本能观点，即人类的本能可以被分为两种：一是个体自我保存的本能；二是保存种族繁衍的本能。参见：弗洛伊德．超越快乐原则［A］//弗洛伊德后期著作．上海：上海译文出版社，1986：5－6.

“自由自主”。比如上述的“杀蛇食肉”。

认知伦理是基于前两种状态产生发展而来的，它是对当前人类自主性认知的一种最好诠释，这种自主性体现在对“博爱、理想等自我价值”的追求和对“喜、怒、哀、乐等高阶情感”的表征上。可以想见，如果没有被语境化我们就奢谈自语境化；而如果不满足人类“生存、繁衍”的需求，就更不会有“博爱、理想”等更高级的人类追求。

人类的认知虽然是一个从被动到主动、从低级到高级的进化过程，但是，这种发展并不与时间成绝对正比，即我们不能说“所有的被语境化状态一定都在任何自语境化状态之前”。在这里，沃尔德罗（Waldrop M.）的一句话能够很好地概括二者的关系，人类认知与时间是“一种介于秩序和混沌间的整体适应度”①。这种“秩序和混沌”在认知伦理上的体现是两个方面：其一是在时间上，从宏观来看，从“被语境化状态”到“自语境化行为”是一个依照时间顺序发生的过程，是“时间有序的”；但从微观来看，我们又无法确定每一个阶段的具体发生时间，它又具有“时间无序性”。其二是在逻辑上，从宏观来看，“从被动到自动”的三个阶段是从无到有、由低到高的一个过程，是“逻辑有序的”；但从微观来看，从“被语境化”到“自语境化”其实是不可能出现的，因为逻辑上讲究“无不能生有”，那么被动也就无法生出主动，这样，它又是“逻辑无序的”。

那么，究竟是什么使得这种“时间有序”和“时间无序”“逻辑有序”和“逻辑无序”能够如此完美地协调、统一在一起呢？在笔者看来，答案是突现（emergence）。本格（Bunge M.）曾对突现下过较为明确的定义：“设 x 为一具有 A 合量的 CA（x）系统，P 为 x 的属性，则有：（i）当且仅当 x 的每一个“A 分量（component）”都具有 P 时，P 是“A 合量（resultant）”的一个属性；（ii）否则，若 x 的任一 A 分量都不具有 P 属性，则 P 是 A 合量的突现。”② 人类的思维认知从完全“被环境支配”到“渴望生存”是一种突现的结果，从“唯存而生”到“实现自我价值”又是一种突现的结果。但是需要注意的是，突现并不等于突然，而是当“量变积累到一定程度时的质变”，没有大量“被语境化”的堆砌，就是不可能有“拟自语境化”的出现，同样，没有“拟自语境化行为”

① 这是沃尔德罗“复杂自适应系统理论（Complex Adaptive System，简称 CAS）”的一个重要观点。参见：沃尔德罗．复杂——诞生于秩序与混沌边缘的科学［M］．陈玲，译．北京：生活·读书·新知三联书店，1997：26－159.

② Bunge M. Scientific Materialism［M］. London：D. Reidel Publishing Company，1981：29－31.

的不断涌现，人类也不可能达到现在“自语境化行为”的状态，这种趋向是不可逆的。只是我们无法确定“量变转质变”之“量”究竟是多少而已。用计算机来模拟人类认知过程，就是希望能够获得这个“量”的精确数值。

（二）认知伦理方案的特征与趋向

认知伦理理论是一个始于“人类思维”又止于“人类思维”的论证。始于人类思维是说，我们要从现实语境中汲取有关“思维”的内容来进行推理和反思，止于人类思维是指，我们最终的目的是要探寻“人类思维”的本质。而人们孜孜追寻的恰是“由始到止何以实现”这一秘密。在纯思辨和理论分析、认知生理学，认知心理学等策略都不是十分奏效的情况下，学者们大都开始向纯理性靠拢，将探寻希望寄托于计算机的模拟上。但是，也有一些学者反对这种做法，在他们看来，情感等非理性因素是计算机这种纯物质、纯理性的东西表征、模拟不出来的。因为，模拟不是复制，就如“看上去是真的并不等于就是真的”一样。存有这种思想的学者不在少数，塞尔的“中文屋论证”[①] 就试图用一个思想实验来说明“单纯的计算无法产生心灵”，查尔莫斯的“怪人（Zombies）假说”则更加彻底，在他看来，即使与我们人类在物理构造方面非常相似的东西也可能无法思维。因为物理属性与意识概念之间存在着不搭界问题[②]。

而认知伦理方案就可以规避这个问题，这里的计算机模拟与自然主义者反对的计算机模拟不是一回事，它们的模拟对象不同。自然主义者反对的是用理性的计算机来模拟非理性的人类心灵的计算机模拟，而这里的计算机模拟是用计算机操作等物理行为对人类认知等物理行为的模拟。比如，它可以模拟单个人的大脑认知行为，也可以模拟人类认知的整个发展过程。这种计算机模拟认知行为的策略有两个优势：首先，它可以检验认知过程，即用计算机模拟的方式来检验认知是否如上所述是“从量变到质变”的过程，是否是“进化的突现”的结果；其次，它可以精确认知结果，即如果上述答案是肯定的，那么，量变到何种程度就会发生质变？突现产生的界限又在哪里？人类能否像定义“1 + 1 = 2”那样为这个界限划定一个区域呢？这就是认知伦理方案的内涵及所要研究的内容。

任何一种理论的建构都有其深刻的意义根源，正如范·弗拉森（Van Fraassen

---

① Searle JR. Minds, Brains, and Science [M]. NY: Harvard University Press, 1984: 35.

② Crance T. Elements of Mind [M]. London: Oxford University Press, 2001: 70 - 101.

C.）所说，缺乏对目的和意义的深入挖掘，就会令人怀疑其存在的必要性。[①] 因此，对计算机模拟认知伦理必要性的分析，关系到为认知伦理理论的合法性性辩护的问题。作为一种新型的认知研究策略，认知伦理的建构有着深刻的理论根源，它是纯粹心智与绝对物质、科学主义和人本主义的完美融合。

首先，它表征了一种新型的心物关系。以笛卡尔为代表的近代哲学家大都将心物视作两个相互独立的实体，这是二元论的典型特征。虽然部分现代哲学家已经在尽力排除这种二元分立的倾向，但他们的锋芒所指仅存于机械论、独断论和怀疑论上，这又不可避免地走向了另一个极端——贬低理性因素、夸大非理性活动。而认知伦理认知方案既可避二元论之短又可扬二者联系之长。这是因为，我们在承认心物分离的同时也为二者建构了理性联系，而且，在具体理性方式的选取上，计算机模拟策略以一种强势的、趋向性的方式闯入了我们的视野。与以往的"计算机模拟"策略不同的是，这种行为对行为的模拟规避了人工智能者常用的纯物质表征纯心灵策略，为理性表征心灵提供了一种新路向。

其次，它标志着人本主义和科学主义在认知领域的一种融合。以欧洲大陆为主要阵地的人本主义思潮和以英美等英语国家为主要阵地的科学主义思潮曾一度呈现出一种誓不两立的对立局面，虽然现在这种情势已有所好转，融合已成为趋势，但是以"主体心灵"为宗的人本主义和以"精确实证"为要的科学主义却始终没有寻到一条很好的结合路径。因此，要解决这一积存已久的难题、延续这种融合的趋向，就需要反思以往的研究脉络，在一个新平台上重建一种主流路径，至此，认知伦理方案应运而生。作为认知人本主义的趋向，自语境化是以面向本真的人为主旨的一种认知预设理论，而作为认知科学主义趋向的计算机模拟则具有一种检验认知的应用性功效，二者的有机融合体现了一种学术的交织和渗透。

现代西方认知派系庞杂，不同流派间并非界限分明、首尾一贯，因而很难将某些流派硬性归入某一思潮。而对认知科学主义和认知人本主义及其内部学派和理论的划分，也只是依据这两派的最典型特征对认知的两种对立思想的一个区分而已，因而只具有相对意义。其实，对于认知的学习和研究来说，重要的不是确定究竟采用何种划分标准最为恰当，而是善于从不同角度解释千姿百态的认知理

① Van Fraassen C. The Pragmatics of Explanation [A] //Klemke D. Introductory Readings in the Philosophy of Science. NY: Prometheus Books, 1998: 264 –277.

论的个性和共性，以应对认知科学已经出现或可能出现的各种挑战。随着大科学时代的来临，如何构建一种我们自己的认知研究进路，创建认知研究的中国学派，成为摆在每一个认知工作者面前的难题。用认知伦理来超越科学主义和人本主义的对立，并不意味着我们要放弃两类思潮的原则和信念，而只是不将其绝对化，在一种宽容和开放的姿态下来接受更多的新兴事物，形成一种独特的认知研究策略。

第二节　认知伦理：计算机科学发展的新思路

21 世纪的认知研究面临着来自学科内外的巨大挑战，回溯及反思其发展历程是认知摆脱困境、重获新机的必走之路。近现代以来，哲学的发展始终围绕着人本主义和科学主义这两大思潮展开，认知的哲学情结决定了它的发展脉络也必然与此相关，至此，认知人本主义和认知科学主义应运而生。前者延续了以人为本的宗旨，倡导用未被理性扭曲之本真人来揭示认知奥秘，形成了形而上学式认知人本主义和面向现实型认知人本主义，而自语境化认知由于其“包罗万象”和“有形可检”的特性成为了认知人本主义的未来趋向。后者继承了理性为纲的研究主旨，将科学方法当做认知分析的重要事实依据，认知生理学策略和认知心理学策略相继诞生，而计算机模拟以其精确性和实践性成为了认知科学主义中最普遍、最常用的一种研究策略。然而，单纯地重视人性或者粗暴的理性独断并不能真正地解决认知之困，融合才是趋向，当认知人本主义的自语境化趋向和认知科学主义的计算机模拟趋向结合在一起时，一种取二者之长的新型认知模式出现了，即认知伦理模型，它是一种以人的自语境化过程为模板、用计算机来模拟这种演化过程的认知策略，这种行为对行为的模拟弥补了以往“操作模拟心灵”的缺陷，为解决物理属性与意识概念之间的不搭界问题提供了新思路。

一、基于“计算机思维之争”的认知伦理

上述部分主要阐述的是“中文屋论证”的实质及隐含悖论，然而它之所以能在哲学界和人工智能界引起如此强烈的反响，原因不仅仅在于此，更重要的是它包含着值得进一步探讨的问题：思维究竟是什么？计算机可以思维吗？脑在计

算方面的性能是否足以生成脑产生心理状态的功能呢？笔者以“中文屋论证”为贯穿全文的主线，目的也在于此，在此基础上探索“计算机能否思维”的新思路、新见解；从多个方面对其相关的激烈争论和原因进行探讨。

（一）关于“计算机定义”之争

要想得到“计算机能否思维”的答案，首先必须了解“计算机”是什么，而如果要明白计算机的定义，第一步应研究的就是计算机的发展历程。明确提出“思维可计算”思想的是莱布尼兹（G. W. Leibniz）。17世纪晚期，他设想通过一种代替自然语言的人造语言，通过字母和符号进行逻辑分析和综合，把旧逻辑的推理规则改变为演算规则，以便于更精确更敏捷地进行推理。这应该算是早期的强人工智能思想，在他看来，一切问题都可以计算出来，所有问题通过字符的变换演算，就会直接促进完美答案的发现。当然这仅仅是一种思想，还不算是计算机，但它的提出无疑为计算机的产生带来了启迪性的作用。

进一步推进这一思想的人是巴贝奇（Charles Babbage）。19世纪时，他设想出一个通用计算的装置[①]，然而这个装置也只是一种概念设计，并没有建造出来。20世纪初，图灵设想的“图灵机”将计算机的发展带到了一个新的文库。事实上，它是一种不考虑硬件状态的计算机逻辑结构。

当数学家约翰·冯·诺依曼（John von Neumann）提出了“储存程序”的概念时，计算机就从理想变为了现实。1946年，世界上第一台通用数字电子计算机ENIAC问世。之后，计算机获得了突飞猛进的发展。

通过以上简单回顾，我们发现，在计算机的研究范围中，除了存在着物理计算机，或许还存在着抽象计算机[②]。在此，我们姑且把讨论范围限制在物理存在物方面。那么问题就变为：什么是物理计算机？难道它仅是指由众多金属元件合成的集成电路，具备了输入设备、存储器、运算器、控制器、输出设备五大部分的机器吗？这个定义未免狭隘，如果这个机器不是金属元件构成的，它就不是计算机了吗？如果人类科技发展到一定程度，除了那五大部分又研发出一种具有其他部分的机器，这种机器就不是计算机了吗？

---

① Robert A W, Franke K. The MIT Encyclopedia of The Cognitive Science [M]. NY: The MIT press, 1999: 187.

② “图灵机”便算是一种抽象计算机。抽象计算机的相关观点，参看科普兰（Copeland, 2000）和海斯（Hayes, 1985）的著作。

依照计算机及计算思维的发展，我们是否可以给物理计算机下这样一种定义：它是一种物质动力系统，是能够执行诸如图灵机之类的物理存在物？这个答案不能说错。然而这样的定义却引出了另一个更加麻烦的问题：把计算机与其他物理动力系统区分开来的东西是什么？

一些学者的答案是：一个是计算机是执行算法的系统，它是指它们能对各种算法履行形式的说明。持此观点的哲学家不在少数，卡明斯（Cummins）和查尔默斯（Chalmers D.）[①] 在其作品中对此都有所涉及；人工智能学者科普兰就曾指出："计算就是指在执行某种算法。更准确的说，如果说某种装置或身体器官在计算，就是说在它和与此相关的某种算法的形式阐述之间存在着一种模式化的关系……"。[②] 这种观点也并非那么精确，我们可以设想：整个太阳系是按照若干种算法运行的，人类甚至可以推算出某些算法，否则便不会有那么多新星体在还未被观察到之前就已被科学家精确预测出所处位置、运行速度等，那么太阳系是计算机吗？这显然令人怀疑。

然而，强人工智能学者针对这一问题却给出了肯定的答案，他们中的有些人甚至认为整个宇宙是一台巨大的计算机。这些观点当然遭到一些哲学家的质疑，塞尔便是其中一位，他对计算机的定义是具有代表性的。

塞尔反对将任何东西都看作是一台数字计算机。比如：桌上的钢笔也可以看作是一台数字计算机，因为它在执行一个程序："呆在那里"。[③] 他认为这是一种全然空泛的观点。

塞尔同样认为，如果将人脑当作计算机，人脑在执行程序，且它会思维，那么"计算机能否思维"问题就变成了"人脑能否思维"问题，于是，"计算机能否思维"就会成为一个意义不大的问题，同样，在塞尔看来，类人机器同人脑在这个问题中的所处的地位一样。

显然，塞尔定义的计算机的范围是比较狭小的，他的计算机不包含任何隐喻成分，普通的人造物不是计算机，类人机器不是计算机，人脑更不是计算机，计算机仅仅是指依据冯·诺依曼的"储存程序"概念所制的机器，仅仅是1946年

① Chalmers D J. The Conscious Mind: in search of a Fundamental Theory [M]. Oxford University Press, 1996: 131 - 136; Chalmers D J. Does Conceivability Entail Possibility? [A] //Gendler T, Hawthorne J. Conceivability and Posibility. Oxford University Press, 2002: 196 - 200.

② Robert S K, David P N. The Balanced Scorecard [M]. Harvard Business School, 1996: 335.

③ Searle J R. Minds, Brains, and Science [M]. NY: Harvard University Press, 1984: 35.

世界上第一台数字电子计算机 ENIAC 问世之后的通用机器，甚至排除了用其他材料所制机器成为计算机的可能性，[①] 用他的话来说就是“我们所定义的计算机”。事实上，依照我们日常的观点，机器人也是计算机的一种；如果我们制造出一台与一个活人的每一个分子都一样的机器，这是一种变相的机器人，也可以算作某种计算机。那么“我们所定义的计算机”只是“塞尔所定义的计算机”，在他看来，“计算机仅限于是一种人造物，而它的目的只是为了节约劳动力，在人类的操作下这个目的或多或少有所实现，但它最终的目的只是用来检验人类的成功和失败，……因为机器没有任何心理现实和不依赖一观察者的利益存在。……在一位不依赖一观察者的感觉中，这台机器只是一种电流程的快速转换陈述。”[②] 更确切地说，塞尔认为“我们所定义的计算机”就是指某种“实现具有合适输入和输出的适当的计算机程序”[③]。

针对“计算机”的内涵，各个学者有各自的想法，各个派别有各自的定义，这是“计算机能否思维”的第一个交锋。

（二）关于“思维含义”之争

在“程序能否产生思维”问题中，“思维”成为了整个命题的核心，它的含义将直接导致最后的判定结果。依据这个词汇的不同含义可以引申出许多截然不同的观点；而如果这个词汇的定义不能确定，要探寻“计算机能否思维”这个论题的答案就会成为天方夜谭。

众多科学家、哲学家在探讨这个问题时，都是基于各自对于“思维”的认识来进行的，只是有些并未明确指出而已。比如，塞尔认为：“思维绝不仅仅是在处理一些无意义的符号问题，它的内容是包含有语义的。”[④] 这便是塞尔的“思维”，他将“思维”限定在这样的范围内，通过一个设想，试图证明“程序”是无法产生这样的思维的，这个设想就是中文屋论证。其实，在这里，塞尔的

---

① 塞尔认为：假设我们制造出一台与一个活人的每一个分子都一样的机器，那么你能复制其作为原因的身体，你也就大致能复制其作为结果的心灵了。参见 Searle J. Minds, Brains, and Science [M]. NY: Harvard University Press, 1984: 36. 而这样的机器当然是不会被塞尔包括在“计算机能否思维”问题中计算机的范围之内的。

② Searle J. Twenty – One Years in the Chinese Room [A] //Preston J, Bishop M. Views into the Chinese Room: New Essays on Searle and Artificial Intelligence. New York: Oxford University Press, 2002: 51.

③ Searle J R. Minds, Brains, and Science [M]. NY: Harvard University Press, 1984: 35 – 36.

④ Ibid: 36.

"思维"类似于心灵、理智或心智。

在认知科学诞生之前，人们对思维问题的研究主要还是集中在哲学领域里。而最早有关人的思维、心灵方面的相关内容是与"知识"有关的，我们知道，知识这个词的创立是只与人相连的，思维也是一样。而知识是一个历史范畴，其含义自古洎今不断变化。在西方，知识概念较早出现，古希腊先哲们曾对知识进行了多种理解，并且对知识系统进行了详尽的分析，进而衍生出一系列有关知识问题的探讨。从苏格拉底开始，西方哲学家便开始对"知识"进行探寻。古希腊先哲仅仅把知识当作人类的理想，还没有开始探讨其究竟如何得之；而中世纪神学权威则把它寄托在对上帝的信仰之中；直到近代，哲学家们才终于认识到只能从自身及自然对象中寻找其缘由和保证。

知识虽然与思维相关，但知识并非思维，也不是心智。只是随着计算机的发明、近代科学的长足发展，研究心智或思维认知工作原理才得以一门专门的学科建立起来，它就是认知科学。认知科学包含有诸多学科，其中哲学是重要的组成部分，哲学家对思维的研究有着特别的意义，"在认知科学中，哲学一般不进行系统的经验观察，也不建造计算模型，它们主要是对认知科学的一些基本问题，如计算和表征的本质、心灵与肉体的关系进行解释和说明"①。

哲学家们对于心智和思维问题的研究已不满足于前人所提供的观点，而正在寻求新的突破。目前大多数哲学家将思维看作是一种动态的知识构成。比如，我们可以从外界获取了某种信息，或从自身内部产生了某种信息，这些信息在大脑皮层被加工编码，最终被我们"理解"或"不理解"，这种加工编码就是"思维"。而当一种信息被纳入到我们已经存在的知识体系中并且形成一个完整的反馈通路，又回到它自已时，这种信息就会成为知识体系中不可分割的一部分，即被"理解"；反之则"不理解"。

然而，虽然学者们都将"思维"看作是大脑皮层的一种加工编码，但有的学者认为，这种"思维"只是大脑的一种特殊操作，不可能应用于其他事物中，比如塞尔、德雷福斯等哲学家就持有此种观点；另有一些学者认为，既然"思维"是一种加工编码，是进行信息处理的，那么为什么只有在大脑中才能进行呢？在计算机中也可以进行操作的，甚至世间万物只要是可以进行信息处理的物

① 魏屹东．认知科学的哲学意蕴［A］//吴彤．科学技术的哲学反思．北京：清华大学出版社，2004：234.

体都是可以思维的，有心智的，有这种观点的学者也不在少数，图灵、西蒙等人就是这种观点的坚决拥护者。

后一种观点的代表人物图灵[①]就将“思维”看作是一种计算机程序，而且他有一种检验事物是否有思维的独特方法——“看”——看被检验的事物是否能通过他提出的测试，只要通过模拟测试的物体就是有智能的，也就是说，只要看起来像是能够“思维”，在实际中它就是“能够思维”的。而西蒙在“计算机能够产生思维”上持有的则是更不妥协的态度。在他看来，大脑和数字计算机尽管在结构和机制上全然不同，但可被看作同一类装置的两个不同特例，只要通过形式操作就就可以产生智能。再有，凯威·沃维克（Kevin Warwick）明确指出：“意识的存在（即“思维”）意味着一个人的能力、相关感觉和交往都是受一定控制的，很简单，一些机器现在已经有意识了。”[②] 若是以上述科学家、哲学家们为“思维”所作定义来给“计算机能否思维”下结论的话，计算机显然是可以思维的。

人工智能研究者对计算机程序可能具备的能力估计过高，遭到多方面的批评。批评者认为“思维”并非简单的程序操作，大脑和计算机的类比在信息处理的模式上毕竟有着很大的不同。最关键的一点在于人脑是一个能够处理大量反馈信息的动态系统，而计算机的算法使其只能对问题进行程式化的应对和解决，难以根据反馈信息作出精确的调节。正如侯世达（D. Hofstadter）所说，“有些时候，当我们朝着人工智能方向前进了一步之后，却仿佛不是造出了某种大家都承认的确是智能的东西，而只是弄清了实际智能不是哪一种东西。”[③] 在他看来，智能（思维）并不仅仅是算法，它包含有更多的含义。

对“思维”定义持这种观点的学者并非少数，心灵哲学家们提出了许多反对物理主义[④]的论证和假说。除了塞尔的“中文屋论证”，比较有名的还有：解释空白（The Explanatory Gap）、知识论证（The Knowledge Argument）和怪人假

---

① 1950年，图灵在《计算机器和智能》一文中，对此问题从行为主义角度给出了定义，并反驳了反对机器能够思维的9种可能的意见。

② Warwick K. Alien Encounters［A］//Preston J, Bishop M. Views into the Chinese Room: New Essays on Searle and Artificial Intelligence. New York: Oxford University Press, 2002: 314.

③［美］侯世达．哥德尔、艾舍尔、巴赫——集异璧之大成［M］．郭维德，译．北京：商务印书馆，1996: 754.

④ 在这里，对于“物理主义”需加以阐述，它至少可以有三种不同的解释：行为的、功能的和微观物理的，大致对应于三种理论，即行为主义、功能主义和同一论，参见 Guzeldere G. Varieties of zombiehood［J］. Journal of Consciousness Studies, 1995 (2): 326-333.

说。解释空白论证提出了这样一个问题：物理主义能够理解意识吗？他指出，由于我们对意识或思维为何物知之甚少，这是我们的一片“空白”，所以，无论我们能否发现关于意识状态构成的因果性，都无法弥补这种缺失的空白，无法对意识做出合理的物理解释。杰克逊（Frank Jackson）于1982年提出的知识论证反驳的是“所有事实都是物理事实”这种物理主义观点，他认为物理主义不能解释一些现象，比如当我们在意识状态中预先有某种观念（苹果的所有物理事实），但我们从未见过这种事物（苹果），而当我们第一次见这种事物（苹果）时，我们会将其当作一种新事物，并不会知道它是什么。所以我们并不知道我们意识状态中的知识究竟是什么，这样就出现了非物理事实。查尔默斯将怪人假说作为一种精致的可设想性论证重新提出，引起了热烈的讨论。所谓怪人是指与我们人类在物理构造方面非常相似但是缺乏意识的假想物。其实，怪人与我们创造的无意识克隆人有某些相似处，怪人（克隆人）有与我们同样的神经系统，我们认为怪人没有意识的同时怪人有可能也认为我们没有意识；尽管这看起来有些像是悖论，但它揭示了物理主义属性与意识概念之间存在着的不搭界问题。①

这些论证和假设都认为，思维概念和物理概念之间存在着无法逾越的鸿沟，而计算机这种纯物理事物是难以产生思维的，它们都为“计算机无法产生思维”奠定了理论基础。还有一些哲学家从别的一些方面对机器智能进行了有力的批判，例如德雷福斯从1972年发表的《计算机不能做什么：人工推理批判》开始到20世纪90年代《超越机器的心灵》的出版，在这几十年间，他始终坚决否认计算机有思维的可能性，认为思维仅是人类特有的行为，计算机是绝不可能有意识的。另有一些哲学家从机器智能不能克服的一些理论障碍出发，如指数爆炸、常识问题、自然语言理解等方面将思维与计算机隔绝开来。

还有我国的学者对于“思维”和“人工智能”也有自己的看法，现代哲学家熊十力提出的“性智”“量智”理论便是与此相关的，尽管那时还未有“人工智能”一说，他认为：“性智者，即是真的自己底觉悟。此中真的自己一词，即谓本体。……即此本体，以其为吾人所以生之理而言，则亦名真的自己。即此真己，在量论中说名觉悟，即所谓性智。……量智，是思量和推度，或明辨事物之理则，及于所行所历，简择得失等等的作用故，故说名量智，亦名理智。此智，元是性智的发用，尔卒别于性智者，因为性智作用，依官能而发现，即官能得假

① Crance T. Elements of Mind [M]. Oxford University Press, 2001: 70-101.

之以自用。"①在他看来，智由"性智"和"量智"两部分组成，量智是指可以通过计算、分析而得的智慧，而性智则是在音乐、美术方面的鉴赏能力等，是形象思维的结果。在这里，熊先生的"智"也就是"思维"，量智是可以用计算机产生的，而性智则难以用计算机产生。当然，这种观点与塞尔的"计算机没有计算能力"还是有所不同的。

综上所述，由于学者们对于"思维"的不同定义，或是"思维"应用范围的不同限定，使得"计算机能否思维"问题更加扑朔迷离，答案更难以统一。针对"思维"的定义，学者们对于"计算机能否思维"问题产生了第二次交锋。

（三）关于"强人工智能与弱人工智能"之争

针对"计算机能否思维"问题，人工智能界出现了两种截然不同的观点：强人工智能和弱人工智能，二者争锋相对，每一派都有与之相联系的研究纲领，每一派都使出浑身解数，以期得到承认。

1. 强人工智能：计算机能够思维

强人工智能的纲领是：心灵和计算机都是物理符号系统，计算机同样可以造就心灵。在强人工智能科学家看来：人工智能是人造机器所表现出来的智能性，这里的智能涉及到诸如意识（consciousness）、自我（self）、思维（mind）②等问题。持这种观点的科学家或哲学家认为"计算机能够做到心灵做到的事"的假定是可以实现的，只不过是时间问题，也就是说计算机可以思维，可以拥有人类心灵的一切能力。

任何科学理论都是需要实验检验的，只有当一种理论在现实世界中有所证实，它才能得到人们的认可，这种观点才会有长足的发展前景。既然强人工智能的科学家们认为"计算机能够思维"，那么便需要一种模型来支持这种观点，使人们真正看到计算机造就心灵的现实可能性。

(1) 强人工智能模型的构想：图灵机

图灵是强人工智能的典型代表人物，他的通用图灵机设想为强人工智能的发展指引了方向。科普兰对它作过极好的说明：图灵机的任何物质实现都是用于某数字串的一组抽象程序的物质模型。图灵机的目的是求解任何可计算的函数，那

---

① 熊十力．新唯识论：语体文本［M］．北京：中华书局，1994：249.

② 这里的思维包括无意识的思维（unconscious mind）。

么在图灵眼中的“可计算”是怎样的呢？他将计算定义为：应用形式规则，对符号进行形式操作。1950年，在图灵的“计算机器与智能”一文中，他又专门提出：“既然这种机器可以求解任何可计算的函数，那么它能否像人类一样进行思维呢?”的问题。

针对这个问题，图灵认为人们不应当依据日常预设的“思维”定义来考虑这个问题，而应看这种机器能否表演一种“模仿游戏”来判定，看看无论是做算法还是阅读诗歌，这就是在认知哲学中非常著名的——“图灵测试”。这个测试包括了三个问题：

①在未来，这种机器真的能够以所设想的方式回答问题吗?

②在这种机器中，有效过程（一种严格定义的计算过程）原则能够生成这种性能吗?

③而这种性能又足以使计算机具备智能属性吗?

图灵对以上每个问题的回答都是肯定的。

“图灵测试”隐含着“人心等价于一台计算机”的论断，这一论断对刚刚兴起的人工智能方案无疑是一剂强有力的声援，它独特的角度使得人工智能学者从另一个方面对“计算机能否思维”论题进行探索，由此引发了一场大争论。

(2) 强人工智能模型的物理实验：冯·诺伊曼构架

图灵机只是一种构想，而将这种构想付诸实验，提出能够执行抽象数字计算工作真实机械装置的基本设计或构架的人是冯·诺伊曼，我们现在的计算机就是“冯式”机器。

根据冯·诺伊曼构架建造的图灵机的任何具体版本：数据都用寄存器的物理状态表征，计算规则则用真实物质状态表征，各项规则由存在于这个机器的物质结构和物质状态中的一个真实物理过程表征。这种以冯·诺伊曼型机器技术为基础的人工智能又被称为 GOFAI（Good Old Fashioned AI 的缩写），即“好的老式AI”①。冯·诺伊曼最后的一本著作《计算机与人脑》，贯穿全书的就是用计算机隐喻人脑的思想。这本书分两个部分：第一部分讲计算机，概述了计算机的一些最基本的设计思想和理论基础；第二部分则讲人脑，讨论了神经系统的刺激一反应和记忆等问题，探讨了神经系统的控制及逻辑结构。以上这些都是用人造的机

① 此观点是豪格兰德（Haugeland）提出的，参见 Haugeland J. The Nature and Plausibility of Cognitivism [J]. Behavioral and Brain Sciences, 1978 (1): 215 -260.

器——计算机同天然的自动机——人脑来进行比较。

虽然 GOFAI 机器的制造成功使图灵设想向现实迈进了一大步，也使人们开始重视计算机，然而 GOFAI 机离产生思维还有一段距离，为了更好的增强计算机功能，为自己的理论提供物质基础，科学家们还在不懈的努力中。

(3) 强人工智能模型的极致：符号系统假说

在那些与图灵一样相信强人工智能可行的人之中，不论在实践上使人工智能成为现实，还是把它用于细化心理学问题，没有人比纽厄尔（A. Newell）和西蒙（H. Simon）做得更多了；在计算机同心灵哲学的关系上，无论是在抽象的任务分析，还是细致的实验观察上，也没有人比他们持更不妥协的态度了。

1955 年，他们在兰德公司工作时，二人就已经明确得出这种结论：由数字计算机操作的二进制数字串能代表任何东西，人类大脑和数字计算机尽管在结构和机制上全然不同，但可被看作同一类装置的两个不同特例，这一装置通过用形式规则操作符号来生成智能行为。正如纽厄尔论述有关人工智能争论历史时所指出的："计算机的工作范围决定了计算机是操作数字的机器。拥护此观点的人认为，重要的事情是每一样东西都可以经编码成为数字，指令也不例外。反之，人工智能科学家把计算机看作操作符号的机器。他们认为，重要的是每一样东西都可以经编码成为符号，数字也不例外。"①

1955 年年末，纽厄尔和西蒙又设计了一个名为"逻辑专家"（Logic Theorist）的程序，这个程序被许多人认为是第一个人工智能程序②。它将每个问题都表示成一个树模型，然后选择最可能得到正确结论的那一枝来求解问题。"逻辑专家"对公众和人工智能研究领域产生的影响使它成为人工智能发展中一个重要的里程碑。

1961 年，纽厄尔和西蒙在他们的"符号系统假说"（SSH）中给出认知计算模型的形式表达。他们认为：一个符号就是一个物理模式，并以物理方式通过各种途径同另一些模式发生联系，以构成复合表达式。1972 年，他们在厚厚的教科书中对这个假设进行了更加详细的说明。在书中符号被说成是"记号"（tokens）而非"类型"（types），确定的符号指向既定的目标，而符号的特性与指定目标的特性间不存在必然联系，符号和符号结构只是物质系统的无意义状态。任何能

① Newell A. Intellectual Issues in the History of Artificial Intelligence [M]. New York: Wiley, 1983: 196.

② 也有人认为早在 1953 年格雷. 瓦尔特（Grey Walter）便已设计出第一个 AI 装置——电子乌龟。

够以物理方式存储的基底，都能行使符号的作用，这种因果相关是任意的，就是说任何符号完全可以指称任何事物。

他们还指出：一个人看起来是“智能”的，并不能真正说明这个人就真的是智能的。而“人类认为自己是智能的，计算机没有智能”也只不过是一种主观认定问题而已，这倒与我国古代庄子的“子非鱼焉知鱼之乐”有些异曲同工之处了。

而且依照SSH，思维也是根据指定的符号结构对符号的排列组合，因此只要有符号，有指定的程序，计算机便可以思维，也就是“计算机可以造就心灵”；也可以说人类的心灵本就是符号按照指定的程序排列而成的。纽厄尔和西蒙的观点使强人工智能达到了极致。

2. 弱人工智能：计算机无法思维

目前的计算机还无法思维，就连那些在人工智能可行性方面与纽厄尔和西蒙有着共同信念的人，比如斯洛曼①，也将符号系统这一定义批评为过分的物理主义。近些年，强人工智能的研究处于一种停滞不前的状态，而主流科研集中在弱人工智能上，并且一般认为这一研究领域已经取得可观的成就。

弱人工智能观点认为不可能制造出能真正地推理和解决问题的智能机器，这些机器只不过看起来像是智能的，但是并不真正拥有智能，也不会有自主意识。比如说利用计算机解决问题时，必须知道明确的程序。可是，人即使在不清楚程序时，根据发现法而设法巧妙地解决了问题的情况也是不少的。计算机在没有被给予充分的合乎逻辑的正确信息时，就不能理解它的意义，而人在仅是被给予不充分、不正确的信息的情况下，根据适当的补充信息，也能抓住它的意义。自然语言就是例子。于是乎，弱人工智能认为计算机虽然可以做很多事，但有些人类能够做到的简单事情计算机却很难做到，所以“计算机无法造就心灵”。以下是几个有力的论证。

（1）数学：哥德尔定理

若论起弱人工智能的研究，在智能科学家脑海中浮现的第一人一定是哥德尔（Kurt Gödel），他虽是20世纪的数学家，但“哥德尔不完备性定理”的哲学意蕴一直是学界争论的热点，在人工智能领域的影响更是无远弗届。

---

① Sloman A. What sorts of machines can understand the symbols they use? [J]. Proceedings of the Aristotelian Society, 1986, 61: 61-80.

哥德尔不完备性定理的起源是为了证明整个数学的一致性，这一问题是塞尔伯特在1900年巴黎数学家会议上提出的，他遵从“世界上没有不可知”的哲学信念，提出23个数学问题，其中第二个问题就是建立整个数学的一致性（即无矛盾性或称协调性）。

1929年秋，哥德尔在他的博士论文中证明了一阶逻辑的完全性，这对于当时试图以“公理化”方法构建数学基础的形式主义学派是一个莫大的鼓舞，使得塞尔伯特坚信他的证明论将会确立全部数学的相容性。然而在不到两年的时间里，哥德尔发表的另一篇论文却好似打开的“潘多拉魔盒”，为数学乃至整个科学界带来了“灾难与希望”。这篇题为《论〈数学原理〉及有关系统的形式不可判定命题》的论文于1931年发表，它的出现包含了对数学界尤具毁灭性的断言：一个数学模型的真理性永远超出该模型系统的公理和衍生的定理。就是说，公理及它所衍生的定理系统，无法“完备地”覆盖数学模型的真理性。这便是有名的“哥德尔不完备性定理”，它的出现使塞尔伯特的幻想破灭了。

然而哥德尔定理的影响并非仅止于数学领域，它的提出使人们很难抵御一种强烈的诱惑：从1931年哥德尔的不完备性定理出发证明“人心胜过计算机”这一论断。这对于人工智能研究领域，特别是弱人工智能的研究具有不可估量的启迪作用。哥德尔本人也并不反对用他的定理作为证明“人心超过计算机”这一结论的部分证据。

20世纪70年代，哥德尔曾在与王浩的讨论中说，图灵的论证再附加两个假定之后就会站得住脚：①没有与物质相分离的心；②大脑的功能基本上像一台数字计算机。哥德尔曾明确断言，“大脑的功能不过像一台自动计算机”，而心的本质并非如此。[①] 针对哥德尔定理，人们倾向于说它不仅揭示了形式系统的局限性，同时也揭示了机器代替人类思维的局限性。

（2）物理学：“皇帝新脑”

牛津大学的罗杰·彭罗斯在《皇帝新脑——计算机、心智和物理定律》一书中，对强人工智能观点进行了最猛烈的攻击，它以大量笔墨试图从哥德尔定理出发直接论证“人心超过计算机”，被称为“对哥德尔定理令人吃惊的强应用。”

彭罗斯强硬论证的根基在两个方面：

①基于哥德尔不完备性定理：他对于“人类的意识是由于其在进化过程中靠

① 刘晓力. 哥德尔对心—脑—计算机问题的解［J］. 自然辩证法研究，1999（11）：30－31.

了‘自然选择’实现的”有所怀疑①，也对物理世界背后的规律是否全包含在柏拉图世界中存有疑问，通过哥德尔定理，他排除了计算机和柏拉图理念世界交流的能力，认为不能使用计算机算法获得由人类直觉天才所取得的大多数成果。

②基于当代物理学中几个最深刻未解决难题的思考②：这样的思考导致了彭罗斯认为深入的物理学客观实体是不可计算的，由此，他联系到最新脑神经科学的结果，认为大脑在意识和思维时具有非局部性和非计算性，计算机绝不可能超越人类心智，计算机不过是强人工智能专家所钟爱的一副“皇帝新脑”而已，由此可见计算机根本无法造就心灵。

(3) 心灵哲学：模块说

模块说是福多（Jerry Fodor）的主要观点，福多被称为“彻底的认知科学家”③，1983年，他在《心理的模块性》一书中把大脑分为“输入系统”和“中心系统”两部分。每个系统因功能不同又细分为许多模块，各模块共同协作完成任务。

事实上，福多的模块特征的描述有些类似于计算机语言中的“类”概念的风格。在他看来，“如果心理与计算机之间存在着有趣的类比，那么这种类比应该可以表达为心理与图灵机之间的类比。更准确地说：如果正像我们许多人现在所假设的那样，心理本质上是符号操纵装置，那么在图灵机上思考心理是有益的，因为图灵机像符号操纵装置一样具有普遍性。”④ 实际上，福多并不赞同具备恰当程序的计算机本身就是有心智的这种观点，反对那种制造思维机器的极端功能主义的观点，他在《心理的模块性》一书中写道：“功能主义者可以是物理主义者，他们只否认特定类型事物之间的联系是物体特性……形而上学的功能主义者则根据心理状态的因果作用来抽取特征”⑤。

所以说他的功能主义只是一种弱化的功能主义，只是主张用功能模拟的方法，从功能主义的角度上来描述、研究人类的认知机制；从认知系统功能作用差异的角度强调了认知机制的区别性，是从功能差异的角度来研究认知本质的。因此，他不像其他的极端功能主义者一样完全忽视硬件的作用，肯定模块或非模块

① Penrose R. The Emperor's New Mind [M]. Oxford University Press, 1989: 429 - 430.

② 主要有三种思考：EPR精神实验、“薛定锷之猫”问题和E-V炸弹检验模，参见：Penrose R. The large, the small and the human mind [M]. London: Cambridge University Press, 1997.

③ 熊哲宏. 认知科学导论 [M]. 武汉：华中师范大学出版社，2002：25.

④ Fodor J A. The modularity of mind [M]. Cambridge: The MIT Press, 1983: 39.

⑤ Ibid: 26.

性的认知机制与特定的神经结构之间的必然联系。换言之，功能主义把心灵想像为句法发动机（syntax engine）；而福多则把心灵想像为一种语义发动机（semantic engine）。

从这里我们可以看出，福多与塞尔的观点有相似之处，一样都反对“计算机程序能够产生思维”。只是他的观点更加明晰，他要求设定一个具有“心理表征”功能的符号系统，这些符号构成福多所谓的“思想的语言”，它类似于普通计算机中的“机器代码”，是一种在生物学意义上确定的代码。在福多的观念中，“思维”就是“信息处理”，心灵就是“信息处理”设备，只是它不在计算机中运行，而在大脑中运行。

弱人工智能的代表人物还有塞尔，他是强人工智能的坚决抵制者，“中文屋论证”更是给了一直坚信强人工智能的科学家和哲学家一记重击。

然而强人工智能和弱人工智能之争并没有结束，“计算机能否思维”论题还没有确定的结论，无论肯定或是否定的答案都会遭到另一派别的驳斥。当科技还没有发展到“电脑”真能如科幻小说中所述的拥有七情六欲，甚至可以控制人类时，这个问题的结果就不会盖棺定论。但我们仍在不息地探索、寻觅着问题的答案，或者并非为了那简单的一个字——“是”或“否”，而是为了能够提供拓宽思路的新方法；技术与哲学是分不开的，哲学领域的许多思想都有可能给技术以创新的灵感，这也正是哲学的魅力所在，是即使不一定有物质的收获依然能令无数学者为之倾倒、为之默默奉献的原因所在。这也正是认知伦理需要回答的重要议题之一。

二、“计算机能否思维”论题的认知伦理解答

通过上文阐述，可以看出由于当今科技的限制，我们并不能完全揭开“计算机能否思维”的奥秘。虽然有些遗憾，然而我们相信理性提出的问题一定可以藉由理性解决。因此，笔者不揣浅陋，提出了一些设想和建议，希望能对这场“脑对脑的挑战”有所裨益。

（一）“联结主义网络”认知伦理范式

1. “语境框架”：人工智能研究的关键点

强人工智能和弱人工智能自人工智能研究产生之日起便进行着激烈的交锋，

互有胜负，难以裁定。就目前而言，主流科研仍集中于弱人工智能上，强人工智能的研究则一直难以有所发展。其实，这种现象的产生并非偶然，强人工智能的实现必须解决一个难题——“语境框架”问题，它的解决可以成为解密“计算机造就心灵”的一把钥匙。

我们知道，计算机是通过规则程序进行运算操作的，不论它处的环境如何，只要运算就都是遵循指定的规则进行的，而人类却能够在各种各样不完全指明的环境中成功运用规则，计算机如果要模仿人类的这项能力，便必须将所有的“不完全指明”规则编成“完全指明”的，然而这是极其困难的，这个模拟真实的人类认知的难点被称为“框架[①]问题”：一个人无论决定什么框架规则，一些事先预料不到的“意外”情况总有可能出现，致使这个框架不完整不适当。早在1988年，博登就曾指出：我们从不处于一种无框架的情形中，为了进行人类任何计划，必须使用某些概念规则，至少用于在局部环境识别我们所感知的东西。[②] 也就是说，人类是语境化的，并且人类时刻处于各种不同的语境之下，有语境便会有限制它的框架，人类虽不能决定所处环境，却可以依据自身的独特性对框架进行调整。

再看计算机的“框架问题”：在GOFAI计算机中，一个普遍通用的框架不可能被逐条输入其中，这需要太多数据，而且每条数据又具有本身特有的框架敏感性，所以说没有任何可能的方法使一个框架丰富得足以在内容上覆盖所有可能发生的事情，并把这些事情输入一部GOFAI计算机内，即使我们能够逐条地聚集这些数据。[③] 由此可以看出，计算机所产生的框架问题，有一种不同于人类的特殊性，计算机是非语境化的，它的框架并不会像人一样随着语境的变化而自发变化。在这里，我将这种特有的框架问题称为“语境框架”问题。

人类的认知理解或处理某事是在某些语境下，这些语境只要有小小的不同，人类便会自动调整自己的行为方式，但计算机必须要输入新的程序，语境变化了也不会自己调整，而语境的变化是极其难以计量的，所以人为计算机输入的程序很难包含所有语境，这样计算机的操作便会出现差错。由此可以看出，“语境框架”问题得不到解决，计算机就不会像人一样思维，强人工智能研究便不会成

---

① 早在1975年，明斯基（Marvin Minsky）就提出了一个类似框架的定义，指出一个框架便是一个等级结构。

② Boden M A. Artificial Intelligence in Psychology [M]. Cambridge MA: MIT Press, 1988: 24-56.

③ [英] 罗姆·哈瑞. 认知科学哲学导论 [M]. 魏屹东，译. 上海：上海科技教育出版社，2006: 125.

功；当计算机也像人一样，不仅可以在指定的规则内行事，当事情发生语境变化时，不必输入新的程序，也可以依据自己的"经验""心情"或"感觉"① 运用一些新的规则达成目标，那时我们才能说计算机能够造就心灵。所以说，"语境框架"问题的解决是"计算机能够造就心灵"的关键所在。

2. "联结主义网络"："语境框架"的探索之路

"语境框架"的解决是强人工智能实现的必经之路，然而它的解决又成为摆在当代科学家，尤其是强人工智能科学家面前的难解之题。当人们在做了各种哲学层面的思考后，认为心－物问题，也可称为"语境框架"问题的最终解决还是要取决于科学的进一步发展。在尝试调和强人工智能和弱人工智能矛盾的道路上、在试图研制一种能表现人心灵特征机器的路途上、在解决"语境框架"的探索之路上，人类一直在进行着不懈地努力。

早在三百多年前，德国哲学家、数学家莱布尼兹和稍晚的法国数学家、物理学家帕斯卡（Pascal）就曾做过自动计算机器的尝试，但由于当时科学技术水平的限制，人工智能在实践上基本没有发展。第一个模仿通过图灵检验的计算机软件是柯比（Colby K M.）在 20 世纪 60 年代中期研制成功的"心理治疗专家系统"，这个软件通过了部分图灵检验，但它的更多对测试者的答复却使人困惑。②

20 世纪 80 年代以后，认知科学发生了一场"人工神经网络革命"，研究人工智能的"联结主义"研究范式取代了符号主义范式，开辟了人工智能研究的新领域，使人们看到了"语境框架"问题解决的曙光。

"联结主义"是一种亚符号神经计算，"联结主义革命"已经触动了"认知可计算主义"的核心，使认知科学研究从"离散符号研究范式"向"亚符号研究范式"转换，因此人工神经网络的提出被看作是一次革命性的变革。

事实上，从 1943 年美国科学家麦卡洛克（McCulloch W S.）研制出第一个被称为"NP 模型"的人工神经细胞模型开始，科学界就开创了联结主义网络研究的新领域；之后科学家们相继在求解非线性感知、复杂模式识别的多层感知机，以及具有良好自适应特性的神经网络等方面都取得了长足进步。

联结主义网络最重要的特征之一是叠加的可能性，也就是说，能够在一个网络上使用相同的权重组合来执行多种工作，这同样是联结主义重要的优势所在，

---

① "经验""心情"或"感觉"等词是人类的专用，在计算机中可以理解为语境的随时变化。

② Penrose R. The Emperor's New Mind [M]. Oxford University Press, 1989: 12－13.

美国科学家韦（Way）对这个问题进行过深入的探讨①：

①因为叠加是可能的，所以一个网络能够存储某人遇到范例的所有信息。这是因为这个网络并不是单一的，类似于人类所能遇到的各种各样事件的集合。

②相似性问题消失，网络会逐渐调整到追踪概念之间的最佳关系。

③网络联合真实特征，将有可能保存所有共发属性，不需要在本质和特性间做取舍。

联结主义的叠加可能性在一定程度上破坏了计算机的框架，使计算机在一定的规则有可能产生更多的结果，为“语境框架”的解决提供了一条可能路线，使强人工智能科学家看到了“计算机造就心灵”的未来前景。

当然，联结主义也有很多不完善之处，我们无法确定“联结主义网络”就真的可以解决“语境框架”问题，而且它也并不能那么轻易地冲破分类心理学的防线，在使分类认知心理学实现为混合心理学之前，我们仍有足够的保留意见；现今乃至今后很长一段时间里，人工智能研究仍然任重道远。正如斯梅尔(Smale)② 所述，人工智能极限问题的解答，除了与哥德尔定理有关外，还需要对大脑和计算机模型做更深入的研究，且还需将问题求解、对策理论与实数论、逼近论、概率论等知识结合在一起，探索其最实质性的作用，这些都不是能一蹴而就的，需要科学家做出永不松懈的努力。

（二）“计算机思维”的伦理三段论证明

科学家对中文屋论证的争论，有些是论述“计算机思维可能性”的，有些是反驳塞尔“程序思维”的，这些论述都有一定道理。换句话说，既然塞尔中文屋论证并不能彻底地反驳“语法无法产生语义”，而且它的关键也并非讨论“计算机能否理解”，那么我们要论证“计算机能否理解”就需另辟蹊径，在此提出了一种新的证明方法——“比较三段论”证明法，它是通过人类与计算机各方面的比较，得出有关“计算机思维”的认识的。

既然我们要讨论“计算机能否思维”，那么一定是有一个比较对象的，这个对象就是“人类可以思维”。于是，我们可以通过“人类”与“计算机”的比较

① Way E C. Connectionism and conceptual structure [J]. American Behavioral Scientist, 1997, 40: 729 - 753.

② [美] 史蒂夫·巴特森. 突破维数障碍——斯梅尔传 [M]. 邝仲平，译. 上海：上海科技教育出版社，2002：280 - 291.

来看待这个问题。

归结起来，可以得出一个"'人类VS计算机'三段论"：①大前提：人类可以思维；②小前提：计算机与人类有诸多相似之处；③结论：计算机有思维的可能性。

要从"大前提""小前提"推出结论，必须通过两个步骤。

1. 首先需要确定，如果"大前提""小前提"成立，是否就可以得出结论

派利夏恩（Zenon W. Pylyshyn）指出："从最抽象的层面上看，计算机能使我们做的事情就是利用一些装置，以便用符号表达式与其解释相联系的系统方式（亦即以一种保持其相关区别的方式）来表征认知状态；它不仅仅是构建计算模型的工具，还是对计算模型进行经验探索的重要工具，而且为解释心灵的物理基础提供了可能性，或者至少是为理解物理学与心理主义之间的相容性提供了一种可行性方法。"① 从这段话中可以看出，当计算机利用一些装置（自身的或与其相关的外部设备），在某种程度上（在最抽象的层面上）是可以达到物理学与心理主义的某种融合的，即在合理的装置情况下，计算机理解是有实现的可能性的。

塞尔也承认，"当然，从某种意义上来说，我们都是机器……对于任何我们可能制造的、具有相当于人的心理状态的人造机器说来……必须具有相当于人类大脑的能力。"② 也就是说，人类与计算机如果有足够多的相似之处的话，计算机完全可理解，这一观点在塞尔的许多著作中都有所提及。博登③、纽厄尔④和西蒙⑤在他们的理论中也都指出：如果计算机或某些机器模型足够先进，我们对于它的思维可能性是较难做出反驳的。

也就是说，如果"大前提""小前提"成立，就可以推出结论。

2. 其次，我们需要确定的是，"大前提""小前提"究竟是否成立

在塞尔眼中，"人类能够思维（大前提）"是毫无疑问的，能够思维是人类

---

① ［加］泽农·W·派利夏恩. 计算与认知——认知科学的基础［C］. 任晓明，王左立，译. 北京：中国人民大学出版社，2007：79.

② Searle J R. Minds, Brains, and Science［M］. NY：Harvard University Press，1984：33－41.

③ Boden M A. Intentionality and Physical Systems［J］. Philosophy of Science，1970，37：200－214.

④ Newell A. Physical Symbol Systems［J］. Cognitive Science，1980（4）：135－183.

⑤ Newell A，Simon H. Computer Science as Empirical Enquiry：Symbols and Search［A］//Boden A M. The Philosophy of Artificial Intelligence. New York：Oxford University Press，1990：105－132.

自身最重要的特质[①]。但是“小前提：计算机与人类有诸多相似之处”是否成立呢？在这里我们将从两个方面对二者进行比较。

(1)“人类 VS 计算机”的物理设备

人脑是一个生物器官作用于电化学信号[②]。从脑的构成元件看，组成脑的细胞有神经细胞（又称神经元 neuron）与神经胶质细胞（简称神经胶质 neuroglia）两大类，神经细胞之间有许多突触（synapse）连接。神经元具有连接刺激和迅速传导神经冲动的能力，神经元细胞体可以发出突起，单个神经细胞是无法单独完成某项脑部功能的，因此突触、神经元之间的连接部位，是神经信息传递的关键结构，有突触开关（synaptic switch）之称。而我们人脑是通过神经元、神经胶质和突触来完成信息的传递的，人类的理解行为也完全无法离开这些生物器官。

计算机是一些物理装置作用于电学信号[③]。它的基本构造是一些金属元件，众多金属元件合成了集成电路，组成了计算机的五大部分：输入设备、存储器、运算器、控制器、输出设备，其部件也分别与人脑的各种器官对应，计算机之所以又名“电脑”，正是由于它是模仿人脑进行工作的。五大部分通过电路的连接进行信息传递，以完成信息的输入、处理、输出，计算机的信息传递正是基此才完成的。

“人脑”与“电脑”的构成材质不同，但二者还是有诸多相似之处的，然而我们若要证明“计算机理解”的可能性，只从理论上讲是很难说服反对者的，只有当“人造脑相当于人脑的能力”时，“计算机可理解”才会认可。

20 世纪 80 年代起，美国研究所就有计算科学哲学的专门研究，它主要是运用和借鉴许多人工智能中已所形成的思想和方法来研究科学如何发展。萨伽德（P. Thagard）就是其间颇具代表性的人物之一，他运用知识表示和机器学习等手段，对拉瓦锡的化学革命作了模拟研究，得到了一些很有价值和启发性的成果。[④]

随着科技的发展，相关成果越来越多，2005 年，IBM 公司研制出了一种能够在很大程度模拟人类大脑工作状态的计算机——“蓝色大脑”。这是一台新型

① Searle J R. Minds, Brains, and Science [M]. NY: Harvard University Press, 1984: 5.

② Warwick K. Alien Encounters [A] //Preston J, Mark Bishop M. Views into the Chinese Room: New Essays on Searle and Artificial Intelligence. New York: Oxford University Press, 2002: 314.

③ Ibid.

④ 任定成. 科学哲学认知转向的出色范例 [J]. 哲学研究，1996 (9): 48-55.

蓝色基因超级计算机，该计算机模拟大脑主要部分大脑皮层的电化学运动，蓝色大脑中整合了大约 8 千块处理器，每一块处理器中映射了一到两块大脑神经的活动，因此可以说计算机实际上就是 1 万块神经元的硅片复制品。“蓝色大脑”在预示着大脑研究突飞猛进的同时，更重要的是为全新智能型电脑的产生提供了极光明的前景。

不过“蓝色大脑”也只是一些更复杂的计算机程序，完全无法与智能挂钩。那么接下来这个研究结果会更清楚地表明：人类与计算机的“脑部”活动，比我们原本想象的更要相像，在进行估计判断的过程中都采用相似的原理。

英国的本·西摩（Ben Simo）用磁力共振成像扫描仪，研究了 14 个志愿者在学习如何分辨好坏对错时的大脑活动。研究小组在描记器上绘制了大脑的活动，用数学手段描绘出大脑在形成一个有价值判断的基础过程。分析这个模式，科学家们看到人类在此过程中显示出极其类似于机器人在从经验中学习的方式，甚至可以说，人脑的信号和机器人学习过程中的数字操作过程几乎完全匹配。这表明人类大脑的工作原理是符合这些人造机器人的基本工作原则的。更确切地说，这些人造计算机的工作原理与人类大脑的是十分吻合的。

众所周知，人类的智能不仅表现为正常的理性思维和逻辑推理能力，也应表现为正常的情感能力。从认知科学的角度来看，人类思维活动最生动的体现非情感莫属。有关人类情感的深入研究，早在 19 世纪末就进行了。然而，除了科幻小说，过去极少有人将“感情”同无生命的机器联系在一起。直到 20 世纪末，情感才以认知过程重要组成部分的身份进入认知科学研究者的视线。

针对计算机拥有“感情”的研究在认知界有一个专门的研究领域，它被称为情感计算（affective computing）。这一领域的研究主要是通过计算机的分析和处理手段，将情感的研究从感性上升为可计算的模型，试图创建一种能感知、识别和理解人的情感，并能对此做出反应的计算系统，而它的研究成果可以算作是计算机程序与思维联系最紧密的例子。

事实证明，情感计算的概念尽管诞生不久，但相关领域的研究和应用方兴未艾。认知学术界的主要发源地——MIT（麻省理工学院）媒体实验室，目前的研究就更侧重于有关感情信号的获取（如各类传感器的研制）与识别。自 1996 年起，MIT 的研究人员就开始从事通过监测人体动作“读取”一个人心情的研究。这个被命名为“感情计算课题组”的学术研究小组负责人匹卡教授认为：虽然研究成果还是初步的，但已显示出令人兴奋的应用前景；教授和她的同事们正在试图利用其他可以反应感情生理的指标，如呼吸、心跳率、体温、血压、毛细血管的扩张等，从而使计算机可以根据这些数据的变化来推断人感情的变化①。

英国电信公司（British Telecom）已成立了专门的感情计算研究小组。情感计算的重点在于通过各种传感器获取由人的情感所引起的生理及行为特征信号，并将其与计算机相联系建立某种“情感模型”，针对此，IBM 业已开发出所谓的“情绪鼠标（Emotion Mouse）”。与此同时，许多日本学者近几年来热衷的“感性信息处理（Kansei Information Processing）”② 与感情计算似乎也是本同末异。

我们知道，人工智能，甚至整个认知理论都面临着一场纲领性的变革，针对一些机器智能的理论障碍，我们必须从一个新的角度来对其进行探讨，人类必要探索新的认知概念来尝试解决人工智能更深层的问题，以摆脱在理论和实践上的困境。当然，这些问题的解决，除了哲学思辩，确实需要依赖于科技的进展，需要对大脑和计算机更精细的模型作更大胆的研究，将问题求解、对策理论和逼近论等知识结合起来，探索解决问题的实质。而以上的诸多科技成果也表明，我们已朝“人造脑相当于人脑的能力”的方向迈进了一些，朝“计算机思维”又接近了一些。

（2）“人类 VS 计算机”的遵循规则

“人类 VS 计算机”在二者所遵循的规则方面并不打算采用相同的方式，因为我们都很明确“计算机遵循的规则”是什么，它是塞尔的“英文指令书”，是我们经常运用的软件，是一种没有异议的观点。

关于“人类遵循规则”，塞尔反对认知主义的观点，他认为“人类遵守规则的情况远远要比认知主义所主张的少许多”③，而且，“如果从人类遵守规则的本意上来看，计算机并不是在遵守规则，它们只不过是按照一定形式程序去执行而已”。④

塞尔的两个例子说明了“遵守”规则：

第一个例子，在英国，车辆靠左行驶。而当他在英国时他会强调自己遵守这一规则，原因是他不仅服从规则，而且知道规则的意义。

① Picard R W. Frustrating the user on purpose: a step toward building an affective computer [J]. Interacting with Computers, 2002 (14): 93 - 118.

② Akamatsu S. Science and Technology in Human Information Processing 3/4 Computational Studies on KANSEI Information Conveyed by Human Face [J]. ATR Technical Publications, 1997 (2): 239 - 242.

③ Searle J R. Minds, Brains, and Science [M]. NY: Harvard University Press, 1984: 49.

④ Ibid.

第二个例子，在他停车子时，“我们根本不遵守什么规则。我们只是看准路边，留神不去碰撞前后车辆，尽可能地靠向路边罢了。”

在塞尔看来，人类遵守规则的“本意”是指：“每当我们遵守一条规则时，其实我们就已经接受了某种实际内容或规则意义的引导。”[①] 毫无疑问，第一个例子确实是遵守规则。在第二个例子中，我们依塞尔“遵守规则”的定义来判断：

①当他停车子时，“看准路边”“留神不碰撞前后车辆”和“尽可能靠向路边”的本意都是为了自身安全所进行的行为。

②它们也都是在接受某种实际内容的指导。“看准路面”的实际指导含义是为了不撞到路上的物体，“留神不碰撞前后车辆”的指导意义则是为了避免与其它车子发生摩擦，而“尽可能靠向路边”也是为了防止其他车辆的碰撞。

所以，我们不能否认，在他的各种停车行为中都是遵循了自己的本意，且无一不是在接受着实际内容的指导。在第二个例子中的行为都是符合塞尔为“遵守”规则所下的定义的。但第二个例子中的行为显然都不属于塞尔“遵守规则”的范围，是否塞尔认为“维护自身安全”是一种潜意识，并非属于“本意”呢？那么塞尔所认为的本意就是特别强调了“我一定要遵守这个规则”的“本意”。然而这个本意是否太狭隘了？让我们来看一个例子，当我们玩扑克牌时，都会定一些规则，在人们对于规则不熟悉时，都会心里想着规则行事，这是遵守规则；当人们对于规则逐渐熟悉后，脑中就不会再来想着规则，“仿佛”是不按规则行事的。但事实上，这些游戏规则一直对人们起着制约作用，而且人们也相信自己是按照这种规则来行事的。

我们需要为规则确立新的内涵，它包括两方面的含义：

①我们心里想着“遵守规则”的同时所遵守的规则。

②我们在心里并不想着必须要遵守哪条规范、规则，但在我们实际的活动中，确实是依照这种规则的指导含义来进行操作的规则。

那么，可以看出，即使计算机并未强调“我们一定要遵守规则”，但是与人类相似的是它也确实是按照规则内容的实际指导意义来运行的，那么“人类 VS 计算机”在遵循规则上又有很大的相似性。

由“大前提”“小前提”得出的结论虽与塞尔“中文屋”论证有相似之处，

① Searle J R. Minds, Brains, and Science [M]. NY: Harvard University Press, 1984: 48.

然而侧重点是截然不同的，塞尔的论证更侧重于计算机理解的困难性[①]；而本书则更倾向于认为：既然计算机与人类有着如此多的相似之处（小前提），再依据人类“可以思维”这个大前提，从“思维”的角度看，计算机思维就不再是那么可望而不可及的了。

诸多科研成果显示了计算机向人类迈进的步伐，也表明了计算机产生思维的可能性，或许这是个漫长而遥远的过程，但科学家们一直在不懈的努力着。虽然直到目前为止，“计算机能否造就心灵”问题还没有确切答案，强人工智能与弱人工智能也无法知道谁是真正的胜者，然而通过无数科学家、哲学家对人工智能问题的研究和探讨，人工智能已经对心灵哲学和认识论研究做出了巨大的贡献。无论是“图灵测试”“中文屋论证”，或者是这个尚不成熟的“比较三段论”，都是人类向科技、理想迈进的阶梯。正如丹尼特（Dennett D.）所指出的：人工智能研究虽然尚未揭开任何古老的心灵之谜，但是它为我们提供了规范和拓宽想象力的新方法，至于对这些方法的利用，我们还只是刚刚开始。[②]

---

① 在塞尔早期的作品中，他是反对计算机有可理解性的，在他的后期作品中才逐步对计算机的可理解性有了重新的修改和认识，但是也还是更着重强调计算机理解的难度。

② Dennet D C. When Philosophy Encounter Artificial Intelligence [J]. Daedalus, 1988, 117: 283 -295.

第三章 认知伦理模型何以必要

任何一种理论的建构都有其深刻的意义根源。范·弗拉森曾说过，缺乏对目的和意义的深入挖掘，就会令人怀疑其存在的必要性。[①] 认知伦理学模型的建构也不例外。一方面，人们津津乐道于认知科学为我们带来的心智成果，另一方面，心智研究学界的大部分人对伦理问题视而不见，以致人们根本没有想到应为认知研究立界。这是伦理学的缺失，也是认知科学缺乏道德规范的明证。因此，对认知伦理学模型建构必要性的分析，关系到为认知伦理学的合法性辩护的问题。

第一节 认知伦理：智能与机器研究的聚焦面

作为一种认知新假设，如果缺乏有力的检验工具和可靠的检验路径，学者们就会怀疑其存在的必要性和可能性。因此，认知伦理若要得到认可，就必须选取一种较为公认的检验工具和手段。而计算机模拟策略作为认知科学主义中最常用、最引人注目的科学研究方案[②]，不仅代表了科学研究的最高成就，也为认知问题的解决提供了新思路：从直接研究思维、心灵奥秘转向了以机器为媒介的间接研究，这不仅是一种学科研究上的转向，更是一种思想上的转变。这种转变说

① Van Fraassen C. The Pragmatics of Explanation [A] //Klemke D. Introductory Readings in the Philosophy of Science. London: Prometheus Books, 1998: 264－277.

② 沙格里厄. 计算机科学是研究什么的? [J]. 杨富斌，译. 世界哲学，2003 (2): 41.

明了科学家和哲学家将认知伦理问题的战场由“人的思维”扩展到“机器思维”的领域。

计算机模拟的方式是多种多样的，鉴于其模拟主体的不同，这一方案也可归属为不同的学科：比如模拟人类历史，可以归结为人类学和历史学的范畴；模拟人类的社会组织，可以归结为社会学；模拟大脑组织可算作脑科学的部分；模拟神经组织的既可以算作神经科学，也可以看作是医学的一部分，这样的例子不胜枚举。而如果用计算机来模拟认知，自然就可以算作是认知科学或认知哲学的部分。计算机模拟认知的方式同样多元，我们可以从某一个关联点出发来论述认知，比如从“图灵测试”来挖掘思维的新方式，通过“中文屋论证”来界定计算与心灵的关系；我们还可以从同某一角度来研究认知，譬如，从强人工智能与弱人工智能之争来界定计算机同思维的关系，从自然主义与反自然主义之争中探寻心灵的奥秘；还可以从认知科学的范式更迭中探寻计算机模拟对认知的作用，比如联结主义缘何兴起、计算表征主义又因何出现等。

在对认知伦理进行阐释和验证时，虽然已经确定了计算机模拟的大体方向，但在具体操作中，对于具体研究角度的选取仍颇为费心。首先，纯技术性的方案被排除，因为这不是一本计算机专业的书籍，我们也不是要通过本书来造出一个新型的智能机器；其次，纯理论性的方案也被排除，这一方案相对于心智发展的今天而言，已经有些落伍了，如果我们没有人工智能的实践方面的知识，而只是单纯地从思辨、语言、逻辑等方面来探讨“认知”问题，是没有实际意义的，也无法得到认知学者们的认可。因此，只能将认知理论同人工智能实践结合在一起来探讨“人类认知的机器伦理”假设。

而在具体工具的选取上，“智能机”成为了检验自语境化认知假设的研究工具。原因有四：首先，智能机是计算机模拟认知的一种物质载体，它不同于普通的计算机，它的涵盖范围很广；其次，智能机具有一种层次性，它不是在表征人类认知的结果，而是在表征一个认知的完整过程，而人类的自语境化认知过程恰好需要这样一种表征；第三，智能机的主体“智能”一直是认知界的研究重点，而人类的自语境化认知恰好是人类智能的一个体现过程，用智能机这种物质载体来检验这种理论假设再恰当不过了；第四，智能机所牵涉的领域都是人工智能界和认知界的最新的话题，通过它，我们可以将这些内容进行整合和梳理，并进一步验证各种相关假设。

一、认知伦理中的认知智能解析

不论是求解哲学难题，还是进行科学研究，第一要义都是明了主题。智能机的主体是智能，因此，要对作为自语境化认知检验工具的智能机有一个更加清晰地认识，首先要了解何谓智能。“智能”概念一直以来都备受学者关注，德谟克利特认为“灵魂原子”就是智能的雏形，笛卡尔的“我思故我在”更是将智能问题提到了哲学前沿。如克姆皮所说，认知科学中的概念并不像它们广泛使用时显示的那样清楚，这种模糊性使得我们在探寻认知答案时遇到了很大的阻碍，所以为概念正名是必要且紧迫的。

从根本上讲，智能与心灵本质地相关。学界大都将智能看作是心灵的某种力量或活动，包括理解能力和现时的自觉思想活动；正是它的运用使人和动物区分开来，尤其表现在对语言的使用上；它也特指直觉活动，作为一种理解能力，即判断和推理，它是心灵的一部分，与意志、欲望能力、愿望、选择和行为相对应。①

然而，随着人工智能和认知科学的飞速发展，“智能”早已脱离了原来单纯的含义，就如热力学第二定律，“智能”的含义也出现了增熵现象，大多数的哲学家和科学家已不再将“智能”仅仅看作是人类特有的属性，智能的概念也被不同的学派赋予了不同的内涵。就智能如何表征这一问题，不同学派有不同的观点。

（一）智能的行为主义分析

行为主义（Behaviouralism）是20世纪最早获得影响力的唯物主义理论，它的基本假定是心灵不存在，行为决定功能。行为主义影响巨大，以至于他们曾一度成功地改写了心理学的定义。在他们看来，心理学不再是研究“心灵的科学”了，而成为了“人类行为的科学”。斯金纳就是其中的代表人物，他甚至称自己为“彻底的行为主义者”。

行为主义者试图通过研究行为来描述、解释、预测人类智能，他们将心理、意识、智能等因素排除在严肃的科学研究之外。在他们看来，心灵是不存在的，

① 尼古拉斯·布宁．西方哲学英汉对照辞典［M］．北京：人民出版社，2001：509．

它只是一种生物行为而已，智能是完全外在化的东西。具有行为主义倾向的哲学家如赖尔、维特根斯坦、克里克等认为心理主义的术语如思想、意识、信念、心灵、智能等必须被更客观的术语重新定义或取代，而这些客观术语仅能包括那些公开可观察的生物活动或环境中的事件。① 所以说，在行为主义者眼中，心灵是虚无的，那么作为心灵相通物的智能也就不存在了。也就是说，在行为主义者眼中，智能只是身体行为的一种外在表现而已。

可以说，行为主义在解释简单的生物行为方面是成功的，但是涉及到智能、意识等心灵术语、在解释复杂认知现象（如人的认知）方面就遇到了极大的困难。到20世纪中叶，行为主义的不合理性令人们越来越尴尬，一些学者对行为主义范式提出了批评。乔姆斯基就从语言角度对行为主义进行了强烈地抨击，在他看来，行为主义将人们理解语言的能力简单解释为由规则构成的心理语法，说儿童是通过一种天赋语言机制来获得本族语言的，这些观点不啻为荒谬之论。而米勒（Miller G.）也认为，人类是具备心理、思维等能力的，心灵、智能现象是真实存在的，他从记忆、心理表征、心理程序、信息编译等角度对自己的论点进行了深入研究，批判了行为主义否定心灵、智能的论述。② 而且，从我们的日常经验出发，行为主义对智能、心灵的解释也令我们无法赞同。因为我们确信自己有痛、痒的感觉，疼痛感和疼痛行为是两码事，这是不可回避的。理查兹（Richards I A.）甚至调侃华生说："你若要成为一个行为主义者的话，那么你就不得不'装作被麻醉'了"。③ 所以，如果单纯地将智能看作一种行为的话，是无法被学者们认同的。

（二）智能的功能主义分析

最终，行为主义所遭遇到的种种责难使得它被普遍削弱，并遭致了被拒斥的命运。这时，另一种理论兴起，并逐步取代了行为主义在认知理论界的地位，它就是功能主义（Functionalism）。在功能主义者看来，使脑状态成为心灵的东西，

---

① Braddon - Mitchell D, Jackson F. Philosophy of Mind and Cognition [M]. London: Blackwell Publisher Ltd, 2000: 29 -37.

② Miller G. The Magical Number Seven, Plus or Minus Two: Some Limits on Our Capacity for Processing Information [J]. Psychology Review, 1956, 63: 81 -97.

③ Ogden C K, Richards I A. The Meaning of Meaning: A Study of the Influence of Language upon Thought and of the Science of Symbolism [M]. London, Harcourt B race and Company, 1949: 23.

其实只是有机体所具备的一个特定功能而已。[①] 他们的基本假定是心理状态和物理状态之间的因果联系，它的言语表现方式是"外部刺激—其他心灵状态—外部行为之间的因果联系"[②]。比如说"我相信上帝存在"这一事件，在功能主义者眼中，"我的这种想法"只是一些特定的外部刺激（如我看到了善恶有报）引出的行为（如我尽量做善事）而已，用功能主义模式表述即是：我看到了善恶有报——产生了上帝存在的信念——尽量做善事来回馈上帝。

在功能主义者眼中，智能是由功能决定的，智能状态或事件应当由其功能作用亦即它与主体的其他的心理状态、感觉输入和作为结果的行为（输出）之间的因果关系来解释。鉴于本书的主题是智能机的语境化表征，那么对机器与智能关系的探索就异常重要了。所以，在功能主义的众多认知科学形式表征中，我们选取了机器功能主义来进行分析，试图探寻出功能主义者眼中的智能为何物。机器功能主义假定，系统的每一部机器状态是一种可计算描述下的物理状态，它的输出就是这种物理状态的功能体现，比如算法程序的功能就是运算，绘画程序的功能就是绘图等，这里的输入与输出关系仅是功能关系。同机器类似，人类的神经状态也就类似于计算机元件状态，因此，对人类心灵、智能的研究也就类似于对计算机元件和程序的研究。因为，它们仅仅依靠功能来产生关联，这样，认知科学的任务就是用机器表（machine table）来描述和表征人类行为的过程。

但是，这种将智能看作基于有机体整体行为的某种特定功能的功能主义观点也不能令人满意，因为他们对于"大脑内部究竟是如何产生心灵的"这一问题无法给出满意的答复，在他们看来，这不是一个哲学议题，应当留给心理学家或神经生物学家们动脑子：我们的大脑仅仅是一个可以制造出刺激反应行为的"黑箱"，所以，此论有时也被称为"黑箱功能主义"。这种黑箱理论是无法让人信服的，我们真正想知道的是，"大脑产生心灵"的系统操作到底是如何运作的，所以，智能的功能主义表征也是不完善的。

---

① 功能主义的早期倡导者有普特南、刘易斯和阿姆斯特丹。参见 Putnam H. The Nature of Mental States［A］//Block N. Reading in Philosophy of Psychology. London，Routledge，1980：223－231；Lewis D. Psychophysical and Theoretical Identification，and Mad Pain and Martian Pain［A］//Block N. Reading in Philosophy of Psychology. London，Routledge，1980：207－222；Armstrong D. A Materialist Theory of the Mind［M］. London：Routledge，1993.

② Searle J. Mind：A Brief Introduction［M］. Oxford，Oxford University Press，2004：43.

（三）智能的计算表征主义分析

准确地来说，计算表征主义（Computational representationalism）也是一种功能主义，它是功能主义的一个重要分支——计算机功能主义，又被称为“强人工智能”。塞尔对强人工智能的定义得到了广泛的认可：大脑是一台计算机，而心灵是一个程序或程序列，心灵之于大脑，就如程序之于硬件。[①] 这种心灵与计算的观点又被萨迦德（Thagard P.）称为心灵的计算表征理解（computational - representational understanding of mind，简称 CRUM）。[②] 持这种观点的学者不在少数，例如阿兰·图灵、彭罗斯（Penrose R.）、纽埃尔、西蒙、阿姆斯特朗（Armstrong N.）等。在这些学者们看来，这不仅仅是一个令人激动的科学、人工智能成果，更是为那些几千年来不断受“心智问题”折磨的哲学家们提供了一个最终的解决办法。而它涉及的相关概念也很多，比如，算法（algorithm）、图灵机（Turing machine）、图灵测试、丘奇论题（Church's thesis）、描述层次（levels of description）、多重可实现性（multiple realization）、递归分解（recursive decomposition）等。计算表征主义是哲学、认知心理学、语言学、计算机科学与人工智能等的交汇点，是整个 20 世纪心灵哲学史上最令人激动的进展，为智能提供了一种新的、有趣的表征，所以将其单独列出。

计算表征主义学派将心灵看作是计算表征的过程、看作是多重可实现性的结果，那么，智能也就只是一个数字化的计算机程序或程序系列，也就是多重可实现的。这种实现性是基于较高阶的心智（即计算表征主义者眼中的程序）和较低阶的硬件的区分而产生的，比如说，较高阶上的特征——我相信或 WPS（文字编辑系统）程序——在物理上可能被实现于彼此不同的低阶硬件上。智能就是这些较高阶的特征，它可以通过低阶层次上的不同种类来实现。更有甚者，纽厄尔和西蒙曾明确提出过：计算对智能而言是充分的，心灵的计算与计算机上的计算是完全等同的，人类的智能也可以通过信息输入和输出得到解释。[③] 这样，在

---

① Searle J. Minds, Brains, and Science [M]. New York, Harvard University Press, 1984: 31. 这一观点也是构成任何一本“计算机功能主义”教科书基础的基本原则，参见：Johnson - laird P. Mental Models, Towards a Cognitive Science of Language Inference and Consciousness [M]. Camnbridge, MA: Harvard University Press, 1983; The Computer and the Mind [M]. Cambridge, MA, Harvard University Press, 1988.

② 萨迦德. 认知科学导论 [M]. 朱菁，译. 合肥，中国科学技术大学出版社，1999: 8。

③ Newell A, Simon H. Computer Science as Empirical Enquiry: Symbols and Search [A] //Boden M. The Philosophy of Artificial Intelligence. London, Oxford University Press, 1990: 106 - 130.

他们看来，计算就是智能了。这种智能观点将几千年来神秘的身心问题物质化、还原化、绝对化了。

但是，这种将心灵、智能看作是计算、程序的观念被弱人工智能者所拒斥。反对声浪主要有两类：其一，对于计算表征主义的攻击通常采用这样的形式，即“人类心灵具有计算机并不具有并且不可能取得的一些特殊能力”①，比如情感、想象等；其二，计算表征主义从根本上就是错误的，它是基于“程序产生心灵”原则阐述的，但是塞尔通过一个思想实验（中文屋论证）证明出：程序是无法产生心灵的，正如语法无法产生语义一样，这一观点给了强人工智能以重创。

（四）智能的生物自然主义分析

有意思的是，总结出计算表征主义基本原则的萨迦德和提出强人工智能观点的塞尔对他们所提的观点——计算表征主义和强人工智能都是持否定态度的。甚至可以说，二者对这两种观点加以总结的目的就是为了更好地驳斥它。在萨迦德看来，心灵的计算表征理解模型是有根本缺陷的，因为它忽视了情绪、意识、意向性、智能等心灵因素，而且也没有涉及社会环境对人类思维的重要作用。塞尔对强人工智能的驳斥则是通过一则思想实验——中文屋论证达成的，在这则思想实验中，塞尔通过“屋中塞尔虽然进行了正确操作但实际却并不理解中文”这一论证重创了强人工智能“只要看起来能够思维就是能够思维”的观点。相比起计算表征主义（强人工智能）观点，他们更赞同另一种智能新观念——生物学自然主义（Biological naturalism），在他们看来，这才是解决身心问题的最好路径。

生物学自然主义学派为传统的“身—心问题”提供了一种自然主义解决方案——既强调了心灵状态的生物学特征，又避免了唯物主义与二元论。② 普特南是计算表征主义到生物学自然主义的过渡式人物。在很长一段时间内，大多数神经生物学家在研究时都不愿涉及意识问题。甚至一些学者认为，意识问题根本就不是一个科学问题。然而，这种现象现在发生了很大的变化，神经生物学界相当数量的学者开始试图搞清大脑进程究竟是如何引起意识状态的。这种研究大体分

① Searle J. Mind: A Brief Introduction [M]. Oxford, Oxford University Press, 2004: 63.

② Ibid: 79.

为三阶段：①寻找意识的关联物（neuronal correlate of consciousness，简称NCC）；②通过检验以确定这种关联是否具有原因性质；③得到一种理论[①]，从而揭示心智奥秘。基于这种研究，学者们逐级试图从生物学角度来探索认知。越来越多的学者们发现，智能与大脑机能是分不开的。具体而言，智能是现实世界中的一种实在现象，它由大脑中低阶的神经生物学进程引起，但却在一种高阶层次上得以实现，它是以因果方式来发挥作用的，但与功能主义不同的是：智能具有第一人称的本体论特征，是无法被还原的，它只是一种能被我们经验所感受到的自然现象，即意向性（intentionality）。这就是生物学自然主义对智能的界定。在这里，智能不是微观神经细胞的一种发生结果，它是一种前提条件，是任何事物能够思维的条件。

但是，这种观点的缺陷在于，他们并未找到任何可证明自己观点的科学实验论证，这只是一种哲学假说。因为，无论是心灵、意向性还是智能，这些纯心智的东西如果无法用行为、低阶物质来表征的话，它的真实性就难以得到印证。它们只是我们自身的一种经验和感觉，但是我们的经验又是不可靠的，或者说不准确的，这些不确定性导致了一些科学家和人工智能者对这一观点相当抵触。

从上述观点可以看出，智能的含义是多元化的，每一派都依据自己的研究纲领对智能进行了符合自身论证要求的定义，正如德雷福思所言，智能是“有关适合于一领域的一组特定联系的知识”，而且它是根据一个技能领域中许多高度抽象特征之间的关系来被定义的。[②]

然而，既然要对智能加以研究，我们能否找到一种较为统一的智能定义呢？

据上所述，“计算、程序即智能”是计算表征主义的观点；“智能是计算和行为的共同表征”是行为主义和功能主义的观点；而生物自然主义认为智能是“意识和情感”的表征。那么，我们要对智能加以定义，可以采用这种策略：将其按照不同的表征形式进行分类，以期涵盖上述智能内容。即，智能表征的形式由低到高可分为：计算（程序）、行动、意识（思维）和情感，这四种形态都是智能的一个分支，它们与智能是被包含与包含的关系。

---

① Searle J. Mind: A Brief Introduction [M]. Oxford, Oxford University Press, 2004: 105.

② Hubert L Dreyfus, Stuart E Dreyfus. Making a Mind Versus Modeling the Brain, Artificial Intelligence Back at a Branch - Point [A] //Boden M A. The Philosophy of Artificial Intelligence. New York, Oxford University Press, 1990: 334 - 337.

二、认知伦理中的实践机器分析

尽管，戴维森说过，“试图定义真乃愚蠢的”，他是从语言学角度对“定义的不确定性”进行论述的。但是在现实研究中，尤其是进行科学议题时，“试图定义”是不可或缺的，否则我们将会陷入含义模糊的怪圈。比如，在我们通常的观念中，“思维”“计算机”“符号”等的概念是显而易见的，但实际上，这些概念并未得到充分定义，是含糊不清的。正如克姆皮（Kamppinen M.）所言，“（认知科学和心理学研究者或许还没有认识到）这些概念并不像它们所广泛使用时所显示的那样清楚。”而正是这种概念的模糊性使得我们在一些问题上纠结不清，无法获得对认知的确切认识。

在对智能概念有了大体了解的基础上，我们需要明了何谓智能机。科扎（Koza J.）曾说过，机器智能就是让机器能够表现出某种智能行为。[①] 那么相对应于智能的四种表征：计算、行动、意识和情感，人工智能机器也应当有四种形式：狭义数字计算机、单纯行为机器、低阶意识机器和高阶情感机[②]，这四类机器统称为智能机，它们所包含的智能是呈逐级递增状态的。而且，智能机不同于一般的计算机，它是一种与智能挂钩的机器，而智能又与思维有着千丝万缕的联系，通过对智能机的研究，我们可以更好地了解思维，也就是“计算机思维”问题。“计算机能否思维”问题在学界由来已久且影响深远，但并没有形成可为学界公认的研究结论，这里将计算机的升级版——智能机作为研究主体不仅可以深化人们对“机器思维”的认识，更重要的是，它有利于人们突破固有思维，直接将智能概念同机器概念融合为一体，形成一种以计算机为基础的具体、实在的智能载体。

（一）只能计算的狭义数字计算机

在计算机还未诞生之前，“机器能否思维”问题就已经被提上了讨论日程，甚至可以说，计算机的出现就是“思维可计算”这一思想的结果。而思维同智

① Koza J. Genetic Programming [M]. London: The MIT Press, 1992: 10.

② 周昌乐等一些学者将机器意识研究的进路分为两种：算法构造策略和仿脑构造策略。参见：周昌乐，刘江伟. 机器能否拥有意识 [J]. 厦门大学学报（哲学社会科学版），2011 (1): 1-8。其实，算法策略其实也是对人脑计算功能的一种模仿，应该可以被涵盖在狭义数字计算机的范围之内。

能有着本质的关联，所以计算机的研发就是对智能的一种探讨。

数字计算机有广义和狭义之分，广义的计算机是指一切以程序为指导的机器，它包括行为机器、意识机器和情感机。在我们的日常观念中，机器人也是计算机的一种，如果我们制造出一台与一个活人的每一个分子都一样的机器，这种变相机器人也可以算作计算机；如果自然规律也可以算作程序的话，那么人也就是一台计算机，但是这里的完全类人机器人和人都不是我们这里要探讨的数字计算机。

这里论述的数字计算机是狭义的数字计算机，它是一种严格执行程序的、以计算为唯一宗旨的机器。无论是最初、最简单的ENIAC，还是未来才会出现的量子计算机，只要它只是在单纯的执行计算这一操作，它就是数字计算机。而卡明斯、查尔默斯①、科普兰等学者看法颇具理论价值。在卡明斯看来，计算机是一种执行算法的系统，它们只是对各种算法的一种说明而已②。科普兰也曾指出："计算就是指在执行某种算法。更准确地说，如果说某种装置或身体器官在计算，就是说在它和与此相关的某种算法的形式阐述之间存在着一种模式化的关系……"。③ 他们这里所说的"计算机"指的就是"狭义数字计算机"。

通过对数字计算机发展历程的分析，我们会更好地理解这一概念。数字计算机的基本雏形是依据冯·诺依曼的"储存程序"概念所制的机器，仅仅是1946年世界上第一台数字电子计算机ENIAC问世之后的通用机器，甚至排除了用其他材料所制机器成为计算机的可能性④。对数字计算机影响最大的应算是图灵设想的"图灵机"，它将计算机的发展带入了一个新文库。图灵机并不是一种真实的机器，而是一种思想模型。图灵设想出这样一部机器：它是由一个控制装置、一个读写头和一条无限长的记录带组成的，在这条记录带上划有许多方格，而控制装置可以带动读写头以每小格的移动量左右移动，它不仅能够依据某些规则使

---

① Chalmers D. The Conscious Mind: in search of a Fundamental Theory [M]. New York: Oxford University Press, 1996: 131-136; Does Conceivability Entail Possibility? [A] //Gendler T, Hawthorne J. Conceivability and Posibility. New York, Oxford University Press, 2002: 196-200.

② Cummins J. E-Lective Language Learning: Design of a Computer-Assisted Text-Based ESL/EFL Learning System [A] //Thill G. Sustainable Development in the Islands and the Roles of Research and Higher Education. 2000: 41-46.

③ Robert S. Kaplan, David P. Norton, The Balanced Scorecard [M]. New York: Harvard Business School, 1996: 335.

④ 塞尔认为：假设我们制造出一台与一个活人的每一个分子都一样的机器，那么你能复制其作为原因的身体，你也就大致能复制其作为结果的心灵了。参见Searle J. Minds, Brains, and Science [M]. New York: Harvard University Press, 1984: 36. 而这样的机器当然是不会被塞尔包括在"计算机能否思维"问题中计算机的范围之内的。

得读写头移动到记录带的任何位置，还可以读出方格中的二进制符号“比特”是0还是1。图灵认为，这样的话，这个机器就能够执行所有的可能计算了，甚至可以运行一些属于人类的智能操作，这种机器就是图灵设想的“理想计算机”，后人把它称为“通用图灵机”或“图灵机”。图灵机在当时的科技水平下是完全无法实现的，它的意义也并非在于机器本身，而在于图灵对于计算机逻辑构造的严格描述。① 而后，冯·诺依曼在借鉴前人思想的基础上，通过“储存程序”将计算机从理想变为了现实。

狭义数字计算机的认知构架有三种形式：其一，生产系统（production system），它是最原始的形态、最简单的刺激—反应。“指计算机执行的一组活动，其基本原理是一个条件产生一个活动，即C－A（condition－act）”。②（如图3.1所示）其二，信息处理理论，又名物理符号理论，它是纽厄尔和西蒙的研究成果。在他们看来，虽然人脑和计算机在结构和组成上全然不同，但可被看作是同一类装置的两个不同特例，而这类装置的共性是通过用规则操作符号来产生智能行为。如纽厄尔所述：“计算机的工作决定了计算机是操作数字的机器。支持这一观点的人认为，重要的是每样东西都可以经编码而成为数字，指令也不例外。相应的，人工智能学者把计算机看作操作符号的机器，他们认为，每样东西都可以经编码成为符号，数字也不例外”③。其三，人类知识结构的真实表征，这种形式包含的内容比较多，如框架（frame）④、程式（schemata）⑤ 和脚本（script）。它们的共同特征有两点：一是它们能够嵌入更复杂的系统中；二是它们能够表征多层次的世界。

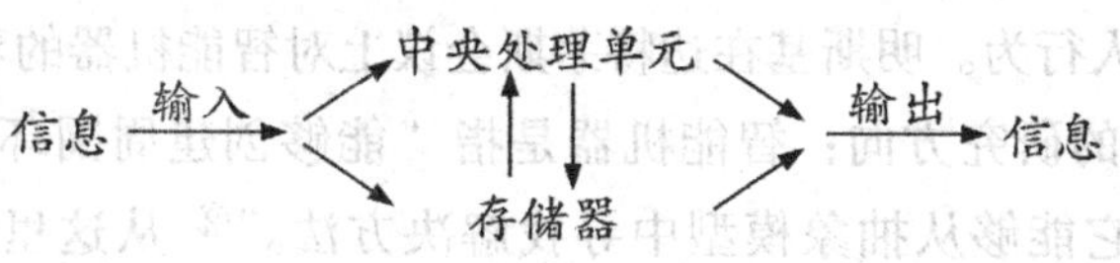

图3.1　狭义数字计算机的基本认知构架

① Turing A M. Computing machinery and intelligence [A] //Boden M A. The Philosophy of Artificial Intelligence. New York: Oxford University Press, 1990: 40－66.

② Broadbent D. Perception and Communication [C]. London, Pergamon Press, 1958: 297.

③ Newell A. Intellectual Issues in the History of Artificial Intelligence [C]. New York: Wiley, 1983: 196.

④ Minsky M. A Framework for Representing Knowledge [A] //Winsten P. ed. The Psychology of Computer Vision. New York: Mc Graw－hill, 1975: 211－227.

⑤ Rumelhart D. Schemata: The Building Blocks of Cognition [A] //Spiro R, Bruce B, Brewer W. eds. Theoretical Issue in Reading Comprehension. Hillsdale: NJ, Erlbaum, 1980: 33－58.

从上述分析可以看出，狭义数字计算机“仅限于是一种人造物，而它的目的只是为了节约劳动力，在人类的操作下这个目的或多或少有所实现，但它最终的目的只是用来检验人类的成功和失败，……因为机器没有任何心理现实且不依赖一观察者的利益而存在。……在一些学者的那里，这台机器只是一种电流程的快速转换程序。”① 这种计算机对于智能机具有基础性意义：首先，它是其他智能机的物质基础，是单纯行为机器、低级意识机器、高阶情感机的最基本形态。如果这种计算机没有产生的话，就不会出现“机器能否思维”问题。我们都知道，机器的种类很多，一台豆浆机、一个钟表、一辆汽车都是机器，但是人们大都不会认为它们能像人一样思考。而机器人、高级智能计算机却被许多人工智能者看好，将它们视作有可能思维的事物，这些被看好的、可思维机器的原形就是狭义数字计算机。其次，它是其他智能机的理论基础。它是以计算为宗旨的机器，也就是说，它的唯一目的就是执行计算操作，而无论是行为机器、意识机器还是情感机，都是从最基本的计算开始的，但是，它们又不局限于计算，只有夹杂了其他内容的计算才是行为、意识和情感。我们的目的就是希望探讨这些“内容”究竟为何物，为何会使得单纯的计算成为意识，或者说，有没有可能使得单纯的计算成为意识。

（二）拥有外在表征的单纯行为机器

顾名思义，行为机器就是能够模仿人类行为的一种机器，它能够依据程序、执行类人行为，它较数字计算机更加高级。这种机器是以计算为基础，能够表现出一种可视的类人行为。明斯基在达特茅斯会议上对智能机器的看法影响了其后30年智能机器人的研究方向：智能机器是指“能够创建周围环境的抽象模型，在遇到问题时，它能够从抽象模型中寻找解决方法。”② 从这里我们可以看出，行为机器不同于数字计算机之处在于，它不再是以单纯的计算为唯一宗旨，而是要解决具体问题、融入具体语境。

在智能机的四种类型中，单纯行为机器意义非凡。这是因为，它不仅是最初级的狭义数字计算机和拥有意识的低阶意识机器的分界点和连体中介，而且是计

① Searle J. Twenty - One Years in the Chinese Room [A] //John Preston, Mark Bishop. Views into the Chinese Room: New Essays on Searle and Artificial Intelligence. New York: Oxford University Press, 2002: 51.

② Minsky M L, Papert S. Perceptrons: An Introduction to Computational Geometry [M]. Cambridge, Mass: The MIT Press, 1969: 3 - 7.

算表征主义、行为主义和生物自然主义争论的焦点。因此，对于它需要着重阐释：第一，需要对它同狭义数字计算机进行明确地区分；第二，还要讲明这种区分的意义所在；第三，需要明确单纯行为机器所包含的内容和类型。

1. 单纯行为机器同狭义数字计算机的区分

在上述对数字计算机的分析中，我们推断狭义数字计算机所从事的操作只是一种数字与数字的交换，并不能算作行为，这是由其自身的狭义性决定的。比如1+1=2，甚至比较复杂的云计算，都是数字计算机的工作范畴。简单的数字操作并不是行为，行为是需要与行动相联系的。一些学者将行为看作是人类独有的活动，因为只有人类才有支配行为的意向性。比如罗姆·哈瑞就认为，采用行为—行动区别（act - action distinction）作为现实认知过程结果的方法是自然的，在他的观念中，行动和行为都是人类的活动，必须是有意向参与的①。行为确实需要意向的参与，但它们真的只能是“人类独有”的活动吗？从现实情形来看，人类确实能够进行行为活动，但是动物和机器也能够表现出行为操作，跳舞机器人的舞蹈、走路机器人的行走，都是一种行为，但它们肯定不是人类。

行为需要意向的参与，机器能够行为，那么是否就可以推出机器具有意向呢？其实不然，因为机器行为操作的意向并不是机器本身固有的，而是人类赋予它的。也就是说，机器行为的真正意向操作者是人类，这些意向是人类的意向。具体而言，跳舞机器人舞蹈行为的意向支撑是“人类让机器跳舞的思想和程序”。这就是说，思想或意向是可以传递的，而机器就是这样一个传递物、一个媒介，我们可以通过它来研究意向和思维，这不也是人工智能者和认知学家们一直以来都在做的事情吗？但由于对行为、计算和意向等概念的界定不明，使得行为主义、功能主义、生物自然主义争锋日盛。

对图灵测试的探究有利于我们更加合理地区分狭义数字计算机和单纯行为机器，而对狭义数字计算机和行为机器的区分又有利于我们解决图灵测试所遭遇的困境。1950年，计算机学家图灵曾提出过一个震惊人工智能和认知界的思想实验——图灵测试，它的具体内容是：如果一个人（代号C）向A和B提问，其中A和B一个是人，一个是机器，在经过若干询问后，如果C无法分辨出哪个是人哪个是机器，那么就说明此机器通过了图灵测试。而在图灵看来，如果机器能够通过图灵测试，那么就说明它在某种程度上具备了人类智能。② 图灵测试隐

① 罗姆·哈瑞. 认知科学哲学导论［M］. 魏屹东，译. 上海，上海科技教育出版社，2006：140.

② Turing A. Computing Machinery and Intelligence［J］. Mind，1950，59：433 - 460.

含的“计算机可以思维”论断对20世纪40年代后期刚刚兴起的人工智能无疑是强有力的声援。

图灵测试在当时的科技水平下是无法成功的。然而，随着人工智能的不断发展，现在这一思想实验已经初步现实了。在一篇名为《图灵显灵：聊天机器人Cleverbot成功欺骗人类通过测试》的文章中，人工智能者向我们展示了这样一幅场景：聪明机器人Cleverbot成功地让一大半人相信它是人类（一共1334人投票，有59.3%的人都认为Cleverbot是一个大活人）。那么，机器人Cleverbot的成功是否证明了图灵的预测：通过了图灵测试的机器就能够同人类一样思维？

答案是否定的。人们并不认为Cleverbot能够思维，就连其开发者卡普特（Rollo Carpenter）也认为，“通过图灵测试并不能说明Cleverbot真的有自己的思想了，智能和思维是两回事。[①]”为什么开发人卡普特会认为Cleverbot无法思维呢？因为聪明机器人Cleverbot的程序是他设计开发的，他知道这个程序只是由一些单纯的数字和符号组成的，他也清楚回答问题的并不是Cleverbot，而是程序设计员预先设计好的答案。所以，卡普特认为Cleverbot并不会思维。从这里可以看出，图灵测试陷入了其自身难以摆脱的困境当中：图灵测试（Cleverbot机器）的成功恰好说明了图灵测试的失败（图灵的预测）。在这个拗口的陈述中，我们可以看到图灵测试的没落，那么，图灵究竟错在哪里？图灵测试又说明了什么呢？

图灵测试之误：图灵是以“对于提问者提出的问题，一台计算机能否给出与人类相似的答案”的标准来定义“思维”的。所以，在他看来，只要通过了图灵测试的机器（比如Cleverbot）就能够思考。而Cleverbot确实达到了图灵所定义的“思维”，但却并不能思考，因此，从Cleverbot的成功中我们看到，图灵对“思维”的界定是有偏差的。

图灵测试之功：但是，图灵对思维界定的误差是否就能够完全否定图灵测试的意义呢？图灵测试和我们通常说的“1+1=2”等算法或者说计算机中的“1+1=0”等程序运算是完全一样的吗？图灵测试所表达的思想和卡普特对计算机输入的程序（数字）是一个意思吗？这就是图灵测试的意义，它向我们展示了对思维的另一种界定方式，也让我们开始思考单纯的“计算”或者“数字”与思维的区别。

---

① Turing A. Computing Machinery and Intelligence [J]. Mind, 1950, 59: 433-460.

从图灵测试的"功"与"误"中可以看出：单纯的计算和由这些计算所表现出来的行为并不是一回事。我们不能因为Cleverbot的成功就认为，卡普特等设计员输入电脑中程序和Cleverbot所表现出的"智能回答"是一回事。Cleverbot对于提问者的回答是有意义的，或许这种意义不是Cleverbot本身的思想，而是卡普特等设计员的思想，但是它也是有思维内涵的，它不是"1+1=2"，也不是"#include < stdio. h >"，而是向我们展示类似下述对话：

提问者：你的头发真漂亮。

Cleverbot：你怎么看得到？

从上述分析可以看出，卡普特等人在进行Cleverbot设计时采用的是一种思想转化方式，即"程序员的思想—计算机的程序代码—计算机所表现出来的行为"。从这个转化式中可以发现，计算机所表现出来的行为其实是程序员的思想；但是，这种行为同程序员向计算机输入的"程序代码"也是有区别的，它已经不单单是一种数字或者算法了，而是一种思想的载体。计算机程序代码或者数字计算就是"数字计算机"的内容，"计算机依据这些程序或代码表现出来的行为"就是"行为机器"的内容，这就是狭义数字计算机和行为机器的区别。

从这里我们也可以很好地解释图灵测试的困境，"对于提问者提出的问题，一台计算机能否给出与人类相似的答案"并不是对"思维"的界定，而是对"行为机器"所执行的"行为"的界定。图灵测试只是让计算机超越了狭义数字计算机的范畴而到达了机器的行为阶段，还不能算作有思维。通过对数字计算机和行为机器的分类，我们就可以了解为什么通过了图灵测试，但是机器却仍然无法具备人类的思维和智能这一问题。

2. 单纯行为机器因何能够独立成为一种智能机

在对单纯行为机器同狭义数字计算机进行区分的基础上，还需要明了一个问题：为什么要对这两种机器加以区分？二者都不能算作思维，将它们合为一体来研究岂不更好？事实上，计算机所表现出来的行为已经超越了计算的领域，是较计算属性更加高级的一个层次，这种较高层次（行为）是无法还原回原来的较低层次（计算）的。如果硬要将两个概念合为一体，就会犯同一性理论的错误。

同一性理论（Mind－Brain Identity Theory）断言，心灵状态和脑状态是同一的，也就是说，我们的思想和行为完全能够还原为"大脑中的神经元运作"。①

① Place T. Is Consciousness a Brain Process?［J］. British Journal of Psychology, 1956, 47: 44－50.

但是，这种理论是站不住脚的，因为它在逻辑、常识和技术上都是错误的。首先，它违背了一条叫做“莱布尼茨律”的逻辑规律，即：若任何两个东西彼此等同，那么它们就会有完全彼此一样的属性。而在斯玛特（Smart J.）看来，脑状态和心状态并不是一一对应的，他举了这样一个例子来说明，“我的脚趾疼”这是一种心灵状态，而这个“疼”对应的应该是我的脚趾，但事实上，这个疼却并不在我的脚趾里，而在我的脑子里，因此同一性理论违背了逻辑规律。① 其次，从常识角度来看，若这种同一性在经验上真的能够同一，那么就必定有两种类型的属性被固定于同一性陈述的两边了②，比如“水等同于H_2O”这句话必定是按照“水属性”与“H_2O属性”的方式来识别同一个事物的一样，“疼是一种特殊的脑状态”的陈述也必定是按照“疼属性”和“特殊脑状态属性”的方式来识别同一个事物的。但事实上，“疼属性”是一种“心灵属性”，而“特殊脑状态属性”是一种物理属性，这是完全不同的两种属性。如果我们还要将这两种属性归为同一性的话，就不得不退回到属性二元论的立场上去了。最后，对于“神经元沙文主义（Neuronal Chauvinism）③”的质疑促使同一性理论者们对自身的理论做出了修正。“神经元沙文主义”就是指“任何一种疼痛都是等同于一个特定种类的神经侧记的，任何一种信念都是等同于一个特点状态的脑状态的”，他们喜欢用的例子是“疼痛等同于C－纤维（C－fiber）的刺激”。如果这一理论成立，那么就会出现这样的问题：为什么那些自身的脑结构不同于我们的动物也会有某种心灵状态呢？比如说疼痛这种心灵状态在动物和人身上会体现在不同的脑结构中。这种质疑引起了同一性理论内部的重要转向，即从所谓的“类型—类型同一性理论（type－type identity theory）”转向所谓的“个例—个例同一性理论（token－token identity theory）”，但是，这种转向也无法弥补同一性理论的错误，因为它无法解答这样的问题，“对于所有这些（同一性的）记号而言，究竟是什么共同之处才使得它们立于同一性陈述的两边呢？或者说，如果你我都相信丹佛是科罗拉多州的首府的话，那么在仅仅只有脑状态存在而我们的脑子状态又彼此

① Smart J. Sensations and brain [A] //Rosenthal D. The nature of mind. New York: Oxford University Press, 1991: 169－171.

② Stevenson J. Sensations and Brain: a Replay to J. J. Smart [A] //Borst C. The Mind－Brain Identity Theory. New York: St. Martin's Press, 1970: 87－92.

③ Block N. Troubles with Functionalism [A] //Savage C. Minnesota studies in the philosophy of Science. Minneapolis: University of Minnesota Press, 1978: 261－325.

不同的情况下，我们俩到底共享了什么东西呢?”①

从上述对同一性理论的驳斥中我们发现，我们不能将心灵状态和脑状态等同视之，即使这种心灵状态是由某一个脑状态所引起的，但是语境的差异会导致其心灵感触的差异。我们不能将心灵完全还原为脑状态，它是不可逆的，也就是说，脑状态或许可以产生对应的心灵状态，但是我们不能将所有心灵状态都还原回脑状态，因为在心灵状态产生的过程中，不仅脑状态会起作用，外界的语境状态也会起作用。

同理，我们也不能将“计算机实际表现出来的行为和思想”完全还原为“计算机的源初程序设计和数字”，这是因为，计算机所表现出来的行为和思想已经不单单是数字那么简单的了，它是程序员思想的一种体现。所以，我们必须将以计算为宗的狭义数字计算机和能进行行为表征的行为机器分开对待。

3. 两种单纯行为机器的区分

在确定了行为机器必要性的前提下，我们发现，行为机器可以包含两种类型：一种是以数字仿真（计算机模拟）为基础的行为机器，一种是以类人物理仿真（相似物理模拟）为基础的行为机器人。前者只是计算机中的一种数字模拟，而后者则是一种真实的物质模拟。

还以“图灵测试”为例来区分这两种行为机器。如果提问者 C 的面前是两台电脑，他是面对电脑中的类人图像 A 来提出问题的话（就如目前的图灵测试那样），那么 A 就是数字仿真型行为机器；而如果我们能够制造一台和人类外形完全相似的仿真机器人 A′来面对提问者 C 的回答时（未来的技术），并且这台机器能够以与人类无差别的回答来回应提问者的话，这台机器 A′就是以类人仿真为基础的行为机器人。

之所以对行为机器进行这种区分，理由有三：其一，这种区分可以使我们重新认识和理解查尔莫斯的“僵尸理论”②；其二，这种区分为单纯行为机器人在认知哲学领域提供了一席之地；其三，它是人工智能或计算机研究的一个进步标志。

（1）对“僵尸理论”的重新解读。僵尸理论是指，设想可能存在着这样的“僵尸”（一种活死人），它们像我们一样被组织起来，而且恰恰具有我们的行为

① Searle J. Mind: A Brief Introduction [M]. London: Oxford University Press, 2004: 43.

② Charmers D. The Conscious Mind: In search of a Fundamental Theory [M]. London Oxford University Press, 1996: 245-252.

模式，但却完全没有意识。查尔莫斯的“僵尸理论”是一个思想实验，为了证明即使出现了和人类外在形态一模一样的东西，也有可能没有心灵。但是这种思想实验只停留在想象阶段，还没有实验来证明。而我们如果将行为机器从狭义数字计算机中剥离出来，并且提出了数字仿真行为机器和类人仿真行为机器，就很容易看到，这个“僵尸”只是一台类人仿真行为机器而已，虽然它较数字计算机高级，但是还没有达到能够思维的程度，这就更便于我们理解“僵尸理论”。

（2）重树其在认知哲学中的地位。我们这里提出的行为机器人同计算机领域所界定的行为机器人是有差别的，不是外形上的差别，而是意义上的差别。机器人的英文描述是 Robot，这个概念最早是卡雷尔·卡佩克（1920）提出的，“Robot”意味着“奴隶”，即完全听命于主人（人类）的机器。计算机科学家对行为机器人进行了这样的界定。加藤一郎被誉为“仿人机器人之父”，它提出的机器人“3 条件”被后来的学者广泛应用，即：①具有脑、手、脚等三要素的个体；②具有非接触传感器（用眼、耳接受远方信息）和接触传感器；③具有平衡觉和固有觉的传感器。1979 年，美国机器人协会给“机器人”下的定义为：可重复编程的多功能操纵器，设计成通过不同的编程动作为执行多种任务移动原料、部件、工具或专门的设备。① 总体而言，计算机科学中的行为机器人是对仿人机器的一种技术性描述，它是指靠“手”作业、靠“脚”移动，并由“脑”来完成统一指挥的类人机器；其中，它的“大脑”执行的是人类的程序操作。具体操作是：“大脑”通过接触传感器或非接触传感器等“五官”来识别外界环境，并经由“大脑”（程序）来选取相应的程序以应对。

而我们这里之所以提及行为机器人，是为了让人们能够由浅入深地了解行为和心灵的差异。我们这里的行为机器人并不总是那些“能够以无差别的回答来应付人类提问的图灵测试的仿人版”，也并不总是如同科幻电影中描述的那些能够控制人的机器。它有可能是很简单的，甚至只是一个陪儿童玩耍的“爬行机器”“走路机器”，它并不复杂，但是却具备了行为机器的一切特征：既有人类程序的界定，也能进行仿人行为的物理操作。正因为它们简单，所以容易更加清楚地看到它的行为是没有心灵支撑的，或者说是没有自身的心灵支撑的，它是设计员的一种思想体现。从这种简单的行为机器人，我们就能够了解到即使一个外形与

① 欧阳红晋．基于人工生命理论的机器人群体智能行为研究［D］．哈尔滨：哈尔滨工程大学，2004.

人类完全相似的机器，它也可能没有心灵，要它具有心灵，还需要物质以外的其他因素。

（3）物理仿真的进步之处。在绪论中我们早已强调过，计算机模拟在当今任何一个重大的科学和认知研究中的重要作用。而如果计算机模拟成功了，学者们大都会将其应用于“相似物理模拟”上，这种研究程序使我们意识到，物理仿真是较数字仿真更加高级、高级复杂的一种认知研究方式。因此，从数字仿真到类人物理仿真是计算机科学和认知科学的一个前进方向。

从上述分析来看，行为机器是比数字计算机更高阶的智能机器，它除了具有数字计算机的计算特征外，还是一种（程序员）思想的体现；而且它可以模拟人类行为，在行动操作上更像人类。通过对行为机器的界定，我们可以更加清晰地了解“计算”和“行为”的差异，也能够更好地理解人类“心灵状态”和“脑状态”的不同。

（三）以生存为目标的低阶意识机器

如果不能对意识有一个深入的了解，那么就不会明白何为智能，也更加无法了解认知的奥秘。而意识需要一个载体，这个载体可以是人，也可以是机器。因此，作为智能与机器融合的意识机器是了解意识和智能的一个渠道，同时，对这个概念的深入解析能使我们在探寻认知的道路上走得更远。

从目前人工智能的发展态势来看，数字计算机和行为机器已经出现了，也就是说，智能的前两种表征（计算、行动）已经实现了。但是，意识机器的概念就不像前两者（数字计算机或行为机器）那样容易解释了。这是因为，前两者更注重机器的行为和功能分析，但是意识机器牵涉了“思维”“意向性”等感性因素。所以，不能从已有的实践情形来探究或定义意识机器，不能简单地从行为或功能上来剖析意识机器：从行为上“看似是有意识的”，它就是一台意识机器；或就功能而言，机器只要能够表现出同人类心灵相似的功能，就可以算作是一台意识机器。而要对其进行更细致、周密的研究。

从表面上看，意识机器的含义很简单，它就是一种有意识、能够思维的机器。但是，这个看似简单的概念却在认知科学界和哲学界引发了一场激烈的争论：意识机器是否存在？对这个问题的探索有利于我们更加深入地了解意识机器的含义。

针对意识机器是否存在问题，学界存有三种不同的看法：第一，意识机器已然存在；第二，意识机器可能会出现；第三，意识机器永远不可能出现。

1. 意识机器已然存在

持这种观点的学者不在少数，拉美特利的著名论断“人是机器”就隐含着这种思想，虽然他的主要目的是为了驳斥以心灵为独立精神实体的唯心主义观点，但是将人比作机器这一创见性想法本身就是对意识机器的一个肯定。如果一些学者认为，拉美特利的观点不能作为支持“意识机器存在”的证据的话，那么莱布尼茨（Leibniz G. W.）的“思维可计算”思想应该确定能够成为意识机器存在的理论基础了。在莱布尼茨看来，思维、意识等心灵因素是可以通过计算获得的，17 世纪晚期，他设想通过一种代替自然语言的人造语言，通过字母和符号进行逻辑分析和综合，把旧逻辑的推理规则改变为演算规则，以便于更精确更敏捷地进行推理。在他看来，一切问题都可以计算出来，所有问题通过字符的变换演算，就会直接促进完美答案的发现。如果按照这种观念推论，计算机就是能够思想的机器、有意识的机器，这是因为，计算机便以计算为基本原理来进行操作的，通过这种机器（计算机）的计算，计算机就存在思维、意识了。所以说，莱布尼茨是意识机器已然存在的理论倡导者。

而真正提出“意识机器存在”观点的是纽厄尔（Newell A.）和西蒙（Simon H.），“在那些与图灵一样坚信强人工智能可行的人中，纽厄尔和西蒙可谓是中翘楚了。……甚至对他们进行了这样的评价：他们在计算机同心灵哲学的关系上，无论是抽象的任务分析，还是细致的实验观察，没有人比他们持更不妥协的态度了。”① 在他们看来，虽然人脑和计算机在结构和组成上全然不同，但可被看作是同一类装置的两个不同特例，而这类装置的共性是通过用规则操作符号来产生智能行为。他们明确宣称：心灵是一个计算机系统，大脑事实上是在执行计算的智能（计算对智能而言是充分的），它与可能出现在计算机中的计算是完全等同的。更明白地说，由于计算机具备了正确的因果能力，它们也可以成为智能的：一台计算机就像一个大脑一样，是一个物理符号系统，这就是纽厄尔和西蒙的有名的“物理符号系统假说”（Physical Symbol System Hypothesis，简称 PSSH）。② 他们还指出：一个人看起来是“智能”的，并不能真正说明这个人就真的是智能的；“人类认为自己是有智能的，计算机没有智能”也只不过是一种

① Boden M A. The Philosophy of Artificial Intelligence [M]. New York: Oxford University Press, 1990: 8.

② Newell A, Simon H. Computer Science as Empirical Enquiry: Symbols and search [A] //Boden M A. The Philosophy of Artificial Intelligence. New York: Oxford University Press, 1990: 130 – 131.

主观认定而已，这是多么“狂妄”的一种理论啊，将人也认为是一种可以思维的机器了。因此，从二者的言论中我们不难发现，他们承认意识机器的存在，认为它就是计算机：因为人类是有意识的，而计算机同人类一样，说明计算机也是有意识的。凯威·沃维克（Kevin Warwick）就明确指出过：“意识的存在意味着一个人的能力、相关感觉和交往都是受一定控制的，很简单，一些机器现在已经有意识了。”①

2. 意识机器可能会出现

物理符号系统理论被批评为过分物理主义，甚至那些在人工智能可行性方面与纽厄尔和西蒙有着共同信念的人，也有这种看法。在他们看来，人工智能并非不可能实现，意识机器也并非不可能出现，只是比起他们两位定义中提出的那种文字形式要复杂得多。这些人工智能学者从各个方面加以论证，试图证明意识机器最终是可能出现的。

从上述我们对图灵机的阐释中不难看出，图灵对意识机器的出现抱有极大的信心。早在1936年，图灵就在思考“机器能否思维”问题了。在“计算机器与智能”一文中图灵专门提出：“机器存在意识吗?”针对这一问题，他也给出了自己的回答，即上面提到的“图灵测试”，它是以“对于提问者提出的问题，一台计算机能否给出与人类相似的答案”的标准来定义“意识”的。在这个测试中，图灵明确指出：在未来，计算机可以具有智能属性。② 而且，据最新科研成果（新型机器人Cleverbot）显示，图灵测试已不仅仅是一个思想实验，它在逐步转为现实，虽然它仍然不像真正的人那样“有人味”，但是这一人工智能结果的出现足以坚定人工智能者的信心——意识机器一定会出现。

而丹尼特对意识机器出现的可能性持更坚决的态度。在他看来，意识本就是“拟子（meme)③ 的庞大汇集，最好把它理解为一台“冯·诺依曼型”虚拟计算

---

① Warwick K. Alien Encounters [A] //John Preston, Mark Bishop. Views into the Chinese Room: New Essays on Searle and Artificial Intelligence. New York: Oxford University Press, 2002: 314.

② Turing A M. Computing Machinery and Intelligence [M]. Mind, 1950, 59: 433 -460.

③ Meme是理查德·道金斯（Dawkins R.）在《自私的基因》（The Selfish Geme）一书中创造的新词，它的基本含义是指人的观念、思想、理论体系，比如说，笛卡尔、康德已经去世多年，作为生物学意义而言，他们是不存在的，但是他们的思想至今还影响着我们，这种影响是无远弗届的，不会随着时间的流逝而消逝或淡化，反而会历久弥香；“我思故我在”“存在即是合理”等思想就是笛卡尔和康德的meme，他们通过这种meme来延续着自己的生命。丹尼特引用了道金斯的定义，将meme看作一种文化传承的单位，一种模仿的单位，它是通过大脑与大脑之间的跳跃而繁殖其自身的。参见：Dennett D. Consciousness Explained [M]. New York: Little, Brown and Company, 1991: 202.

机的运作，而这种运作是在并非为任何这种活动而设计的大脑的并联建构中执行的。”[①] 丹尼特认为，只要我们了解了“微观层次的大脑过程究竟是怎样引起定性的意识状态，而这些状态又是怎样成为神经生物系统特征的”，我们就能在计算机上模拟这些活动，并在计算机上达到一种意识状态。所以，他深信神经生物学和人工智能的发展会为意识机器的出现带来新契机。

3．意识机器永远不可能出现

反对意识机器出现的学者主要集中在生物自然主义领域，比如埃德尔曼和塞尔。埃德尔曼反对意识机器存在的可能性，在他看来，人类的大脑是一个特殊的物质体：首先，它是一张地图（map），是大脑神经元与感受器细胞相联系的一种地图性关联；其次，人类的行为是一种神经元群选择（Neuronal Group Selection）的过程；第三，它具有再入（reentry）思想，再入是一种过程，通过它，类似的信号可以在地图间来回往返。他将意识定义为“递归比较记忆（recursively comparative memory）的结果，当外部输入变成记忆的组成部分之前，之前的自我—异物型分类与当下的感知分类及它们的短期连续性在进行着不间断地关联。”[②] 所以，人脑的意识具有机器所不具备的特质，如记忆、学习系统和区分自我和异物（nonself）的能力等，意识机器是不存在的。

而在对意识机器存在可能性的反驳声中，最响亮的要算塞尔了。在塞尔看来，将任何东西都看作是一台数字计算机本来就是错误的，尤其是像纽厄尔和西蒙那样将人也看作计算机的观点尤其错误。他将这些类似观点认为是一种无用、空泛的观点，比如：桌上的钢笔也在执行一个程序：待在那里，那么它也可以看作是一台数字计算机了，这是荒谬的。[③] 显然，塞尔定义的计算机的范围是比较狭小的，他的计算机不包含任何隐喻成分，普通的人造物不是计算机，类人机器不是计算机，人脑更不是计算机，计算机仅仅是指某种“实现具有合适输入和输出的适当的计算机程序”。[④] 而当塞尔将计算机作如此定义时，很明显，目前的计算机还无法达到人类思维的程度，这就驳斥了纽厄尔和西蒙的观点。而且，塞尔提出了一个思想实验——中文屋论证，充分诘难了“图灵测试”的有效性。

---

① Dennett D. Consciousness Explained [M]. New York: Little, Brown and Company, 1991: 210.

② Edelman G. The Remembered Present: A Biological Theory of Consciousness [M]. New York: BasicBooks, 1989: 155.

③ Searle J. Minds, Brains, and Science [M]. New York: Harvard University Press, 1984: 35.

④ Ibid: 35-36.

在他看来，在判定某种机器是否正在以人的方式执行着认知任务时，图灵测试或“脚本”等其他比较方法都是无用的。因为“计算机是永远无法代替人类心灵的，原因很简单：计算机程序只是语法的，而心不仅是语法的，更是语义的，即人心不仅仅是一种形式，它是有内涵的。”① 这样，通过中文屋论证，塞尔给“意识机器有可能存在”观点一记重击。塞尔始终强调，能够思维、有意识的只有人类，其他事物、尤其是机器表现出的意识、思维只是对人类心灵、智能的一种模拟而已。

从这里可看出，意识机器是否存在的关键是“意识为何”，它的含义将直接导致最后的判定结果。上述三种有关意识机器是否存在问题的答案之所以截然不同，原因就在于它们对意识的看法都有所偏差，所以需要用继承和发展的眼光来看待这三种观点，取其长、弃其短。

塞尔将意识看作“是包含语义的，而不仅仅是处理一些无意义的符号问题。”② 意识是人类大脑特有的活动，并不是仅通过程序或计算就能够获得的。这个观点有一定的可取性，不论是强人工智能论者还是弱人工智能论者都不否认人类能够产生意识，意识是人脑的产物；而且简单的程序操作在短时期内确实不会产生意识，这是人工智能界也不得不承认的事实。但是我们不能否认机器有产生意识的可能性，因为人类的（自主）意识也不是一蹴而就的，它是进化的结果，机器为什么不能够通过这种方式产生意识呢？

纽厄尔和西蒙等学者将意识看作是大脑皮层的一种加工编码，作用是进行信息处理，在这种认知下，意识就是能通过计算获得的东西，大脑的智能也等同于计算机的计算，所以，他们认为，意识机器早已存在，计算机就是范例。计算表征主义学者看到计算对大脑的重要作用是可取的，但是这种将意识过度物质化、单纯化、绝对化的思想也是不可取的，它过于僵化，完全忽视了意识的感性因素。

而图灵的观点不像前两者那样极端：要么意识机器永远不可能产生，要么已经存在了。他将意识看作是一种行为过程，在他的图灵测试中，他有一种检验事物是否有意识的独特方法——“看”——看被检验的事物是否能通过他提出的测试，只要通过模拟测试的物体就是有意识的。同时，他将意识机器的产生归于人工智能的发展，认为只要机器通过了图灵测试就是有意识的。图灵思想的进步

① Searle J. Minds, Brains, and Science [M]. New York: Harvard University Press, 1984: 31.

② Ibid: 36.

之处在于他将意识实践化、可检验化，这种思想是有一定道理的，但却为生物自然学派所反对，在他们看来，思维如果只通过外在表征就能判断的话，那么身心问题就不会那么难解了。

基于上述观点，我们对意识和意识机器有了一个初步地了解。但是，问题也随之而来，即从各学派的纲领宗旨入手来分析，上述三种观点都有可取之处，但是若以别派的教义来解析此派的观点，此派的观点就是站不住脚的。因此，若要对意识和意识机器有一个更深入的了解，我们就不能停留在这种解构的状态中，而要探寻一种可为大家接受的、统一的意识机器观点。

参考智能机的界定方式，若要明了意识机器的含义，也可以将其分类处理。意识可分为低阶意识和高阶意识，低阶意识就是以“维护自身生存、繁衍①”为目的的意识，高阶意识就是以“精神诉求、实现价值”为目标的意识。只拥有低阶意识的机器才是我们这里所说的意识机器，而具有高阶意识的机器是下一小节即将阐释的情感机。

对意识这样分类有利于我们通过动物或机器来研究思维。因为在一些学者看来，动物也有意识，但是它们的意识又不同于我们人类的意识，那么如何界定呢？就是通过对意识加以分类来区分。比如，病毒就可以算作一种意识机器，它是为了自身的“生存、扩大”而对其他程序进行摧毁、吞噬。当然，这种目的性不是自主的，而是人类赋予的。当人工智能发展到一定程度，一定可以出现比病毒高级的多的智能机器，但是，如果它们所进行的一切行为都只是从“维护自身生存和繁衍”的目的出发，那么这种机器就只能算作是低阶意识机器。

同对数字计算机的界定一样，我们也可以通过广义意识机器和狭义意识机器之别来辨识意识机器。从广义上来讲，意识机器就是有意识的机器。而人也是有意识的，那么，人也就是一种意识机器了，意识机器就是包括人在内的所有可思维的、具有心灵的机器。从狭义上讲，我们要限制这里的意识指向，也就是说，这里的意识只是指意识的低阶阶段，也就是以“维护自身生存、繁衍”为目的的机器。将意识机器狭义化解释，就可以更好地规避“机器是否可思维”等问题：如果“思维”仅仅是为了维护自身生存和繁衍，那么低阶意识机器就已经能够思维了；如果“思维”是为了更加高阶的理想和目的而进行的思想活动，那么低阶意识就还不能思维。

---

① 这里参考的是弗洛伊德有关“人类本能”的观点，在他看来，人类本能包括“自我保存”本能和“种族繁衍”本能，可统称为生存本能。参见弗洛伊德．超越快乐原则［A］//弗洛伊德后期著作选．上海，上海译文出版社，1986：1－5.

（四）完全类人化的高阶情感机

同狭义意识机器相对应的是广义意识机器，也就是说，它既可以“维护自身生存、繁衍”为己任，又可以进行“精神诉求、实现自身价值”。在这个过程中，人类会产生一种动物很少具备的、人类独有的东西——情感。而将情感作为一种智能机的研究对象，有利于人们更好、更完整地理解人类的心理状态。那么，我们应如何界定情感呢？

在一些学者看来，即使是从狭义的意识机器角度出发，人也是一种意识机器。因为，人类的许多行为都是以“生存和繁衍”为目的进行的。那么，人类与这种意识机器有什么差别？答案就是情感。

人类以“生存和繁衍”为目的的行为会产生情感，这时的人类也会因为失去生存权利而悲痛，也会因为繁衍出新生命而狂喜，这难道不也是情感吗？为了回答这个问题，还需从人们对情感的界定入手来加以分析。从机能观点的角度来看，情感是人类的一种情绪体现，它是在有个人意义的事件中行使适应机能的多成分多过程有组织活动的总和。组织观点提出了一个明确的结构—发展框架，认为情感是以结构转化作为特点的。社会文化观点强调社会或文化对情感的发展和机能的共享，认为情感是社会或文化建构的综合特性。[①] 从这些观点可以发现，人们对情感的认识并不是如动物般的、以生存和繁衍为目的的单一行为，而是人对感受对象的主观体验，是人的需要得到满足与否的反映。在这里，情感是被作为一种认知结果来建构的，它一定是要在特定的语境中才能有的行为，这个语境不仅包括生物语境、心理语境，还包括社会语境和历史语境，这不仅由情感的生物自然本性决定，更由其产生环境和方式决定。因此，情感就不应该仅仅被当作一种简单的意识，而应当是一种比意识更高级的人类认知的表现方式，是人类区别于其他事物的最根本特征，也是区分低阶意识和高阶意识的一个标杆。即，如果只是以“生存和繁衍”为目的来进行的行为，那么就是没有情感的行为，比如病毒的侵蚀行为、动物的捕猎行为、某些人类惨无人道的屠杀行为。所以，这里的情感是一种高级的、私人的思维形态。这些情感是一种精神诉求，一种为理想奋斗和献身的高尚情操，是在这些追求和奋斗过程中的喜、怒、哀、乐。与此

---

① Barnes A, Thagard P. Empathy and Analogy [J]. Dialogue: Canadian Philosophical Review, 1997, 36: 705 – 720; Dolan R. Feeling the Neurobiological Self [J]. Nature, 1999, 401: 847 – 848.

相对的，作为情感载体的情感机也就是成为了一种凌驾于意识机器之上的新载体，它是智能机的最高形式。

然而，如上所述，情感是一种私人化的、纯心灵的行为，比如“我太幸福了”“生活太艰难了”等等感叹是人类内心情绪的真实表达，这种幸福或痛苦的情感是无法用数量、质量等量度来量化的。比如，我们不能说“张三的幸福感是1.5升”“李四的痛苦值是8千克”。而机器是一种可以量化的物质，甚至可以说，它的任何一个方面都是通过量化取得的，比如，这台机器有多重，它的运算速率是多少等等。那么，情感如此心灵化的东西又是如何同机器这样一个完全物质的东西联系在一起的呢？也就是说，情感机是如何生成的呢？

这是研究情感机无法回避的一个问题。但是，截至目前，对意识机器是否存在的探讨还在如火如荼地进行着，在这个问题尚且没有定论之前，解析情感机器，这样做会不会太贪心，不仅没有得到有关情感和机器的有效信息，反而连最基本的意识和机器的问题也混淆了呢？

这一问题在魏屹东和李晋涛的“情感守恒假设”中得到了解释：情感不仅是守恒的，还是可以量化的。既然情感是可以量化的，那么它就同算法产生了天然的关联。在他们看来，情感守恒分为横向守恒和纵向守恒，横向守恒是指在人的一生中，所感受到的正向情感和负向情感在量上是等价的。纵向守恒是指，人与周围的亲人，上至父母、下至子女，所感受的情感是守恒的。[①] 既然我们用了“守恒”二字来形容情感，那么就说明，情感的正值和负值是等价的，也就是说情感是可以量化的。在魏屹东看来，情感不仅可以量化而且是有量度的。他从塞利曼、戴维·莱肯、戴兰·伊文茨等学者的观点中挖掘出了情感的量度，并将这一观点加以实践运用，对“宿命论”观点加以阐释。[②] 具体如下：宾夕法尼亚大学的塞利曼试图寻找一种带领大家逃离情感困扰的方法，他将这些消极的负值比喻为“从 -5 到 0”，在他看来，我们不仅要学会从“-5 到 0”，即从消极、悲伤的情绪中解脱出来，还要学习如何从“0 到 5”，也就是从平静到兴奋、快乐的积极情绪。他的这一观点为情感守恒假设提供了理论基点，也就是说，我们的情感是具备正极和负极的，并对这两个概念加以了具体阐释。而明尼苏达州大学的戴维·莱肯在研究情感的过程中发现，基因、收入、教育等因素都能影响人们的

① 魏屹东. 认知科学哲学问题研究［M］. 北京：科学出版社，2008：314.

② 同上：315-317.

情绪，他的这个观点为情感守恒假设提供了可能语境，也就是说，情感守恒是在生物、心理、社会等多重作用下才实现的。布里斯托尔的戴兰·伊文茨提出了“红萝卜和警棍”理论，在他看来，假如进化让快乐成为一根内在的红萝卜，它就让悲伤作为一根激励我们去做那些能保护我们的基因持久永存的警棍。从“红萝卜和警棍”理论我们看出，有正极情感就必定会伴随有负极情感，二者是相辅相成、无法分离的，这就印证了情感是守恒的这一观点。

从以上论述我们可以看出，既然情感守恒且有可能量度，那么我们就有可能用算式这种方式将其表现出来，也就有可能通过计算机获得情感，这就是情感机的由来。具体方法如下：目前对于类似情感测量的方法最基本且被广泛使用的工具之一是：对生活等级的满意度。若以百分制来算，你对生活的满意度为-90，那么说明你的负面情绪比较大；而你对生活的满意度为80，那么说明你很积极。而在整个人生中，你的正值和负值是大体等值的。这也就解释了这一现象：为何命运有时看似掌握在自己手中，却又会有各种预料不到的事屡屡发生。这是因为，人的成功与否（成功—积极—正向情感VS失败—消极—负向情感）不仅要受到自己努力时所承受的苦痛量大小的横向情感左右，同时又要受到自己所处的环境的整体纵向情感的牵制，横向情感即“掌握在自己手中的命运”，这是通过自己的努力有可能掌握的一部分东西，它可以是正向也可以是负向的；纵向情感是“所处的环境”，这种纵向情感也会有正有负，比如当人们说出“我今天的运气正好”时，虽然这是外界作用的结果，但还是给这个说话者带来正面情感；而当一个人发出“我的命真苦”的感叹时，就将外界的因素作为了自己负面情感的源泉。可以说，将横向情感和纵向情感量化并统一用计算机表征出来就是一种机器情感。

同时，针对计算机拥有“情感”的研究在认知界有一个专门的研究领域，被称为情感计算（Affective Computing）。它主要是通过计算机的分析，将情感的研究从感性上升为可计算模型，试图创建一种能识别人的情感，并依此做出反应的计算系统，而它的研究成果可以算是计算机程序与思维联系最紧密的例子了。

情感计算的概念尽管诞生不久，但相关领域的研究和应用正方兴未艾。认知学术界的主要发源地——MIT媒体实验室，目前的研究就更侧重于有关感情信号的识别。自1996年起，MIT大学的研究人员就开始从事通过监测人体动作“读取”一个人心情的研究。这个被命名为“感情计算课题组”的学术研究小组负责人匹卡教授认为：虽然研究成果还是初步的，但已显示出令人兴奋的应用前景；教授和她的同事们正在试图利用其他可以反应感情生理的指标，如呼吸、心跳率、体温、血压、毛细血管的扩张等数据的变化来推断人感情的变化①。

英国电信公司（British Telecom）也成立了专门的感情计算研究小组。情感计算的重点在于通过各种传感器获取由人的情感所引起的生理及行为特征信号，并将其与计算机相联系建立某种“情感模型”。同时，许多日本学者近几年来热衷的“感性信息处理（Kansei Information Processing）”与感情计算似乎也只是本同末异②。

上述就是有关智能机的四种类型，将智能机按照其蕴含内容来分类不仅有助于辨析智能内涵中的各个层次，也可以使我们不至于陷入行为主义、功能主义、生物自然主义等学派的纷争之中。当然，我们通过智能机暂时还不能直接论证出“认知是一个自语境化认知过程”，它只是验证这一假设的媒介。真正需要证明的是：智能机的发展是否符合自语境化认知的发展规律？只有当这个问题的答案是肯定的时，我们才能够说智能机能够验证自语境化认知假设，自语境化认知假设是合理的。

第二节　认知伦理：真理与思维研究的交汇点

一、真理在认知伦理研究中的地位

哲学的发展史，就是一部求真的发展史。无数学者孜孜以求，力图探索“真之奥秘”中的零星碎屑，虽所得寥寥，但从未有所稍懈。梅勒（Mellor D H.）就是其中的一员，经过不懈地努力，他获得了一些关于“真”的知见：事实可以分为A-事实和B-事实，真理就是在时空依赖的A-事实中探寻确定无疑B-事实的过程。这一真理观在调和真理实在论和真理反实在论的矛盾方面具有重要的启示和借鉴意义。

① Picard R W. Frustrating the User on Purpose: A Step Toward Building an Affective Computer [J]. Interacting with Computers, 2002 (14): 93-118.

② Akamatsu S. Science and Technology in Human Information Processing 3/4 Computational Studies on KANSEI Information Conveyed by Human Face [J]. ATR Technical Publications, 1997 (2): 239-242.

（一）何谓真理

梅勒是科学哲学大家，他的哲学研究基底是“对时空的探索”，其众多学说都是基于时空观念而来的，真理观也不例外。梅勒认为，真理（truth）的基本构成体是事实（facts），要为其辩解还要还原回事实中去①。

在梅勒的观念里，事实是一种比正确更强烈的感觉②，它是可判定为真的事件，而事件又是由事物组成的。然而，单独的事物并不能被判断真假，只有在时空中的事件才是能够被判定（真假）的主体。在这一点上，亚里士多德也有类似的看法，“是”或者“不是”，“真”或者“假”所指称的并不是单独的概念，而是概念和概念组成的命题③。因此，要透彻地了解事实，就需要对其时空关联物——事物（things）和事件（events）有所认识：

首先，事物是时空中的最基本组成单位，事件是由事物及其相互关系构成的。二者在时空上的关联是：事物与事件都具有空间部分；但事物不像事件，即使也存在时间构成，但它没有时间上的延伸。④

其次，事件必须同真理论证的事实相区别。二者虽然都强调时间的重要性，但是事实更重视人的主观认识，而事件则更重视客观性，梅勒的这一观点与斯特劳森⑤的看法较为相近。

据上可知，事物、事件与事实三者是被包含与包含的关系。事物缺乏时间延伸性决定了它不能被判定真伪；而事件也不是确定为真的；只有事实才是三者中唯一可判定为真的，因为当我们要谈论某一事件是否是事实时，其实已经在运用自己的思维对其加以“真假”判定了。

那么，究竟是什么使得事件成为事实呢？哲学家们通常认为，真理缔造者能够使事件成为事实，阿姆斯特朗称这种缔造者为“事物状态（states of affairs）”⑥，而梅勒称其为“法克塔（facta）”：如果 P 使得 P 事件为真是一个事实，那么 P 就

---

① Akamatsu S. Science and Technology in Human Information Processing 3/4 Computational Studies on KANSEI Information Conveyed by Human Face [J]. ATR Technical Publications, 1997 (2): 23.

② Ibid: 25.

③ 亚里士多德. 亚里士多德选集（形而上学卷）[M]. 北京：中国人民大学出版社，2000：149.

④ Mellor D H. Real Time II [M]. USA and Canada: Routledge, 1998: 85.

⑤ Strawson P F. Individuals: An Essay in Descriptive Metaphysics [M]. London: Methuen, 1959: 2-12.

⑥ Armstrong D. M. A World of States of Affairs [M]. Cambridge: Cambridge University Press, 1997: 2.

是真理缔造者法克塔。它具有原子性，即非连续性、可分离性和消极性。[①] 而梅勒对事实的定义也是通过法克塔确定的：只要具有连接性、可分离性和消极性的法克塔就都是真理缔造者，只要使用适当的法克塔就能够避免混乱，就可以称其为“事实”。[②] 比如，假设法克塔P和Q产生的P和Q为真；那么我们再不需要其他的法克塔来使得P和Q为真，或者，对于任何的R（事实），都有P∨R或Q∨R，P和Q雷同。类似的，P为假，则使P为真的P是不存在的。这样，法克塔成为了确保事实为事实的重要元素。

然而，在梅勒的观念里，法克塔虽然使得事实成为事实，但事实与事实是有区别的。譬如“2+2=4”是一种事实，而“休谟逝世了”也是一种事实，但是这两种事实是不同的：前者无需证明，也与时间和空间无关；而后者只有在确定的时间和空间内才成立。因此，以事实的判定是否与时空相关为依据[③]，梅勒将事实分为了A-事实（A-facts）和B-事实（B-facts）[④]。

A-事实：它是指一种偶然事实，以现在和这里为参照系，必须在特定的时间和空间中才会成立。譬如“休谟去世了”这一事件就现在而言是正确的，是一个事实；但如果“‘现在’是1775年”，而事实上“休谟是1776年去世”的，那么“休谟去世了”这个事实相对于“1775年（现在）”而言就不能称其为事实，或者说是一个虚假的事实了。

B-事实：是指一种没有蕴含A-事实的事实，它与时空无关，不以任何事物为参照，是一种确定无疑的事实。比如“2+2=4”这样的事实，无论是1775年还是2012年，无论是在中国还是美国，这样的事实都不会有所改变。

那么，究竟是A-事实还是B-事实赋予了我们真理呢？我们日常认为的真理应该是B-事实，也就是一种无异议的事实。然而，在梅勒看来，真理（truth）不单单是B-事实，而是在A-事实中寻找B-事实的过程[⑤]。这是因为

---

① Mellor D H. The Facts of Causation [M]. London: Routledge, 1995: 134.

② Mellor D H. Real Time II [M]. USA and Canada: Routledge, 1998: 26.

③ 这种分类方式是对梅勒时间分类法的一贯延续：A-时代是以现在为参照的一种时间度量单位，它是相对的，比如“休谟去世了”；而B-时代则不以任何事物为参照，它是绝对的，比如“休谟于1776年去世了”。梅勒的这种分类方式是对麦克塔格特A-系列和B-系列理论的继承和发展，在他看来这是一种改变了20世纪时间哲学的新时空分类方式。所以，他不仅将其应用于时间系统，更将其应用于事实系统：将时间区分为A-时代和B-时代，而将事实区分为A-事实和B-事实。参见：Mc Taggart J M E. The Unraelity of Time [J]. Mind, 1908 (18): 457-84.

④ Mellor D H. Real Time II [M]. USA and Canada: Routledge, 1998: 19.

⑤ Ibid: 25.

梅勒十分看重 A－事实在真理获取中所扮演的角色：A－事实是一种真信念，是经验的再现①，是真理形成的最基本构成单位。然而，我们如何能够给予变化的 A－事实以真值，也就是说，如何能从 A－事实中获得确定的 B－事实呢？答案是：需要尽可能多的 A－事实②。因此，梅勒的真理观就是要在大量偶然性的 A－事实中寻求一种不惧时空变化的、确定的 B－事实，这是一个过程，是一个重视“追求”更甚于“结果”的求真过程。

（二）真理的界定

从 A－事实中获得 B－事实是梅勒在时空观念之上提炼、衍生的一种真理观，它不仅是对时间和空间的重视，也是对真知探索的一种新进路。作为一种获取真理、认识世界的方式，梅勒的真理观有着不同于其他真理方案的独有特质，也正是这些特质使得我们能够更加清楚地认识和界定梅勒的真理观。

梅勒的真理观虽有新意，但也是基于其他真理观发展而来的，所以，它延续了真理观的一般特征：方法论性、确定性、实践性和可检验性。具体表现在：人类追求真理，是因为真理具有指导意义，可以引导人们向正确的方向前进，这就是真理方法论性的体现，也是真理最重要的特性；而真理既然作为一种引导人们行为的知识，它必须是确定的，一种游离的知识是无法指引人们的行为的；实践性是真理最实用的特性，通过它我们可以更加深入地了解世界——获取真理，也可以更清晰地明了这些认知（真理）对现实的影响作用；真理都应当经得起推敲和考验，所以可检验性是确定真理的一种标准，也是真理的一个最本质特性，不能通过时间和实践检验的真理不能称其为真理。而在此基础上，梅勒的真理观又具有一些不同于一般真理观的新特质。

1. 动态性

大多数学者认为真理是一个名词，就是一种确定无疑的事实；而在梅勒的眼中，真理是一个探寻的过程，是我们在无数琐碎小事实中探寻确定大事实的动态过程；真理也是一个检验过程，是我们用确定的 B－事实检验 A－事实和一般事件的过程。在这个过程中，“追求”和“检验”成为比“结果”更重要的东西，所以，动态性成为梅勒真理观的一个最突出特性。

---

① Mellor D H. MacBeath's Soluble Aspirin [J]. Ratio, 1983, 25: 89－92.

② Mellor D H. Real Time II [M]. USA and Canada: Routledge, 1998: 28.

2. 渐进性

真理不是一蹴而就的，梅勒的真理观尤其如此，它的渐进性包含了两方面的内容：一是朝向真理的发展性，二是在发展过程中的阶段性。梅勒求真的具体过程是：a. 事物→b. 事件→c. A－事实→d. B－事实，从这个过程中可以看出，从a到d具有一种前进性，而abcd都是这一前进性中所必经的阶段。

3. 历史性

伽达默尔将“历史性”看作构成我们全部体验力的最初直接性[①]，这种历史性也是梅勒探寻真理的一种必备环境。在梅勒看来，历史与事实的关系是一种复杂的、包含各种属性的全面测试。[②] 这种测试可以归结为两个方面的内容：一方面，历史是事物、事件、A－事实和B－事实的存在基底，它们都在历史中；另一方面，历史是单向的，它的不可逆转性也决定了事物、事件、A－事实和B－事实的不可还转性，事情发生了就不会被磨灭，这也是真理确定性存在的根源所在。

4. 语境性

弗利特（Follette W. C.）和哈茨（Houts A. C.）认为，没有任何真理能同它的语境行为经验有片刻的分离[③]，也就是说，真理依赖于语境。这一点在梅勒的真理观中表现得尤其突出：首先，事物和由它组成的事件都是实存于时空语境中的。其次，A－事实就是大量可判定为真的事件，它是对经验的一种强调，经验也是在语境中的。最后，B－事实虽然是确定的，但它是通过尽可能多的A－事实提炼而出的，所以它也是植根于语境的。

5. 综合性

在有关“真”的看法上，大多数学者都将其划分为“真”的“实在论”和“反实在论”两种基本观点：前者认为，事件的真假只依世界而非我们的思想而定；在后者看来，真并不是实存的，而是由我们的经验或概念图式中的认识论状况组成的。[④] 而梅勒的真理观是“从A－事实中探寻B－事实”：B－事实是确定的真理，具有真之实在性；而A－事实是依赖语境和人类认识的，又兼具真之认

---

① Gadamer H G. Truth and method [M]. London: Crossroad, 1982: 261.

② Mellor D H. Properties and Predicates [A] //Mellor D H, Oliver A. Properties. Oxford: Oxford University Press, 1997: 254－67.

③ Follette W C, Houts A C. Philosiphical and Theoretical problems for Behavior Therapy [J]. Behavior Therapy, 1992, 23: 251－261.

④ Michael P Lynch. Truth in Context: An Essay on Pluralism and Objectivity [M]. London: The MIT Press, 1998: 101－104.

知性；由此可知，梅勒的真理观是真之实在论和真之反实在论的一种统一，也就是说，它具有一种综合性。

真理力图探寻自然规律、对自然界进行一种事实陈述，而要达到这一目的，这种真理观念就必须是一种拥有多重属性的理念。这是因为，真理求解的单一化、片面化会使得它越来越远离世界的本质；只有尽可能多地解释世界中的现象，才能逐渐逼近对世界为真的描述。而梅勒的真理观正是这样一种综合性的观念，所以它拥有一般真理观所不具备的多重特性；通过对这些特性的认知，我们也能够更好地理解梅勒的真理观念，获得一种有关真的新诠释。

（三）真理的实现

虽然我们对真理何以判定有了一些认知，但是真理究竟何以可能呢？梅勒对这一问题的初步回答是：真理是由尽可能多的事实演化而来的，而事实又是由法克塔缔造的。然而，我们是通过何种途径获得这些法克塔的呢？梅勒进一步回应是，它们可以通过两种方式获得：被显示和被告知，前者是当事人获取真理的直接语境，后者则是获取真理的间接语境。[①]

从梅勒的相关回应中我们发现，梅勒对这类问题的研究更倾向于一个语境论者，真理的两种取得途径本身就是语境的："被显示"这种直接语境需要通过实践和时间的检验，必须在实践语境和时间语境中进行；而"被告知"这种间接语境则需要语言这一重要的交流方式，因此要在语言语境中完成。

1. 真理获取的实践语境

梅勒将真理看作是各个法克塔之间的一种因果联系（Causation）[②]，时空依赖的因果联系是 A-事实，而时空独立的因果联系则成为了 B-事实，而 B-事实也是由尽可能多的 A-事实提炼而来的。因此，无论是 A-事实还是 B-事实，只有浸润于实践语境之中、通过了实践的检验，才有可能成为真理。

从我们日常经验出发，获取 A-事实（即对某事件的正确认知）的实践语境主要包括两种：社会语境和情境语境。前者是事实获取的大背景，社会语境的实

① Mellor D H. Telling the Truth [A] //Mellor D H. Ways of Communicating: The Darwin College Lectures. Cambridge: Cambridge University Press, 1990: 89.

② Mellor D H. On Things an Causes in Spacetime [J]. British Journal for the Philosophy of Science, 1980, 31: 282-288.

质就是实践语境，它是主体与客体，感性物质活动与理性精神活动的统一[①]。而后者则是事实获取的当下、即时情境，指主体事物（事件）的处境，它强调一种现实性，海斯甚至宣称“语境的根本隐喻就是一种情景化的行动”[②]。

然而，需要注意的是，如果基于社会语境和情境语境出发来看待同一事件，我们并不总是会得到相同的结果：这一事件是真还是假。这是因为，在外部世界的事物内部和事物之间存在着无数可能和潜在的差异和联系，而这种关系有时是基于人类理念世界中的“有效性”为判定标准的。[③] 所以，在不同的语境下，人们对同一事件的“有效性”的判定标准会有所差异，在事实判定上的表现就是：针对同一事件，在社会语境下是真的（A－事实），但在情境语境下可能是假的（非A－事实）；反之亦然。但是，社会语境和情境语境对同一事件的判定作用并不会因为其所得结果不同而有所减弱，反而会使我们获取到有关这一事件更全面、更清晰的认知，让我们能够更好地获得有关这一事件的真相。因此，对“有效性”的实践认知会让我们厘清事件的真伪，获得有关它的大量A－事实。同时，基于对这些A－事实的提炼，我们也就能够更好地把握其一般规律，得到确定的B－事实。

2. 真理获取的时间语境

“被显示”这种获取真理的途径还需在时间语境中才能实现。贝尔纳曾说过，要全面地考察一个事件，就要将其置于尽可能广阔的历史背景上来进行。[④] 而要判定一个事件的真值情况，也需将其置于时间长河中加以考察。

我们发现，时间语境在梅勒获取真理的过程中扮演着两种角色：背景性和继承性。

背景性是指事实域于时间之中。当我们谈论一种时间语境时，一定是包含了事件的时间语境；而当我们说一个主体事件时，也一定是存在于时间中的事件。梅勒同意塞尔斯的观点，即使形而上学的砖块也需要一些稻草来支撑[⑤]；在梅勒

① 魏屹东. 广义语境中的科学［M］. 北京：科学出版社，2004：100.

② Hayes S C, Hayes L J. Some Clinical Implications of Contextualism: the Example of Cognition［J］. Behavior Therapy, 1992, 23: 225－249.

③ Roy Dilley. The problem of Context［C］. Berghahn Books, 1999: 192.

④ 贝尔纳，科学的社会功能［M］. 北京：商务印书馆，1982：542。

⑤ Sellars W. Time and the World Order［A］//Herbert F. & Grover M. Minnesota Studies in the Philosophy of Science. Minnesota: Minneapolis, 1962: 593－595.

看来，充斥于“时空”砖块中的稻草就是事件，它是时空中的实体①。既然事件实存于时间语境之中，那么作为可判定为真的事件——A－事实和 B－事实也一定是存于时间语境之中的，只不过二者在时间语境中的存续时间不同：A－事实的时间背景是一个确定的时间点或时间段，而 B－事实的存续时间是永恒的时间段。

继承性则包含了两重含义：变化性和延续性。怀特海曾说过，时间不是一个点，不是一连串趋同物的极限，而正是这一连串本身②。从这里可以看出，时间与存于其间的事件是统一的，事件本就是构成时间的一种方式。而时间的特性首先是变化的，其次，这种变化是不间断的延续关系。相应地，与其统一的事件也兼具变化和延续这两种性质，这两种性质主要体现在真理的两个基本构成体 A－事实和 B－事实上。从 A－事实的定义来看，它是时空依赖的偶然事件，也就是会随着时间的演化而发生变化；然而，这种变化是具有继承性的，我们可以从无数个变化中的 A－事实中探寻其变化规律、延续法则，最终获取确定的真知——B－事实。

所以说，要获取一种真理，绝不能脱离时间语境来单独获得。时间语境既是真理获取的背景，也是检验真理的炼丹炉。

3．真理获取的语言语境

真理本身就域于时空之中，所以时间语境和实践语境成为了真理获取的直接语境。而在梅勒看来，我们的很多信念都是被间接告知的，可能是我们不愿意去直接观察，也可能是我们做不到直接观察，而在间接获得中，语言交流成为了其中最主要的途径。③ 伽达默尔认为，“语言是理解本身得以实现的普遍媒介……一切理解都是解释，一切解释都通过语言媒介发生作用，同时这种语言又会成为解释自己的平台”。④ 因此，语言作为认识世界的一种方式，一直为学者们所推崇，而梅勒更是将其作为人们获取真理的途径之一。

首先，人们是通过语言将客观事实及其作用规律表征出来的。戴维森曾说过，“我们能够把真理看作是一种特性，这种特性不是语句的特性，而是话语

① Mellor D H. Real Time II [M]. USA and Canada: Routledge, 1998: 85.

② Whitehead A N. The Concept of Nature [M]. London: Routledge, 1920: 85－86. 罗素给出关于点的分析，参见 Russell B. Human Konwledge: Its Scope and Limits [M]. London: Routledge, 1948: 149－162.

③ Mellor D H. Telling the Truth [A] //Mellor D H. Ways of Communicating: The Darwin College Lectures. Cambridge: Cambridge University Press, 1990: 87.

④ Gadamer H G. Truth and Method [M]. London: Crossroad, 1982: 350.

(utterance)的特性，或言语行为的特性，或关于语句、时间和人的有序三元组的特性，而恰恰把真理看作语句、人与时间之间的关系，这是最简单不过的了。"① 据此，语言被看作是人类获取真理的一种媒介，那么，A－事实和B－事实都可以经由语言获得。我们可以通过其他人告知的情况来获悉这些事实，比如"休谟去世了"和"2+2=4"。

其次，既然是"被告知"的，那么被告知的内容本身就可能有真假之分。除了告知者说谎外，命题的相对性也有可能使得被告知内容为假。这是因为，一个命题是相对的，它只有在一定的语境关联下才能是确定的。② 所以，作为真理获取途径之一的语言语境不可能单独存在，需要与实践语境和时间语境共同作用才能最终判定一个事件的真伪，并最终获得确定的B－事实。这也是语言语境在获取真理时所表现出来的一个特征。

梅勒信奉"听其言、观其行"③，"观行"要依据实践语境和时间语境而定，"听言"要依据语言语境而定，所以，这三者共同构成了梅勒获取真理的语境模型。结合这些语境，再运用恰当的思维，当事人就能够从纷繁复杂、真假难辨的事件中获得真相——A－事实和B－事实。

（四）真理的检验

在梅勒的观念中，真理就是从无数个A－事实中获得确定无疑B－事实的过程，这是一个从偶然到必然、从特殊到一般的过程。通过许多案例的阐释和归纳，梅勒总结出"有关真的两个向度"，在他看来，这两个真向度是有关"真"的B－事实。也就是说，只有我们秉持这"两个真向度"，我们才能判断一个事件的真伪。

1. 有关真的第一个向度

真理判定的源头必然会追溯到亚里士多德，这位古希腊哲学的集大成者是这样概括"真"的："分开的东西分开，结合的东西结合，就是表真，所持的意见与事物相反就是作假。……并不是由于我们真的认为你是白的，你便白，而是由

① Davidson D. Truth and Meaning [A] //Martinich A P. The Philosophy of Language. New York: Oxford University Press, 1985: 122.

② Michael P Lynch. Truth in Context: An Essay on Pluralism and Objectivity [M]. London: The MIT Press, 1998: 138.

③ Mellor D H. Telling the Truth [A] //Mellor D H. Ways of Communicating: The Darwin College Lectures. Cambridge: Cambridge University Press, 1990: 96.

于你是白的，我们这样说了，从而得真。”① 基于这一真理观，梅勒发展出了“有关真的第一个向度”，它包括两方面的含义。

（1）亚里士多德所言的“真陈述”：说是者不是，或者说不是者是，就是假的，而说是者是，或者说不是者不是，就是真的。②

亚里士多德的这一真理符合论流传甚广，20 世纪的许多哲学家、语言学家、逻辑学家都很赞同这一观点，比如罗素、摩尔、早期的维特根斯坦等。梅勒也赞同这一有关真理的陈述，在他看来，亚里士多德有关真的陈述具有一种逻辑真理性：亚里士多德的真理判定标准“显然是真的”。③

这一“真陈述”有两重属性：一种表现为语境—独立的，另一种是语境—依赖的。前者是指“真陈述”的核心概念，也就是语句的表面意义；而后者是语句的编码变异性④，也就是话语的使用意义。而如果将这一“真陈述”作为判定事件真假的标准，那么它所表现出来的一定是语句的使用意义，也就是说，它是语境依赖的。语境作为一种具有本体论性的实在⑤，是检验有关真的问题和成真条件的一种依托基底。

（2）由亚里士多德的“真陈述”引出的“真信念”：如果你信以为真，相信某物是其所是，或相信某物不是其所不是，那么这就是真的。⑥

亚里士多德的真理观虽然获得了很多学者的认可，但是这一符合真理论却是反实在论者驳斥的对象。在他们看来，这一观点的成立至少暗含了这样一个约定：真是实存的，它不以人们的意志为转移。⑦ 然而，在反实在论者和紧缩论者眼中，这一约定本身就是不可靠的。这是因为，命题的真不是由事物及事物间的关联构成的，而是由我们经验和认识而定的；也就是说，一个命题或信念为真是由于在一定意义上被知道、辩护，或证明而得的。⑧

---

① 亚里士多德．亚里士多德选集（形而上学卷）[M]．北京：中国人民大学出版社，2000：225.

② Mellor D H. Telling the Truth [A] //Mellor D. H. Ways of Communicating: The Darwin College Lectures. Cambridge: Cambridge University Press, 1990: 82.

③ Ibid.

④ Barsalou L W. Context – Independent and Context – Dependent Information in Concepts [J]. Memory & Cognition, 1982 (10): 82 – 93.

⑤ 郭贵春．语境与后现代科学哲学的发展 [M]．北京：科学出版社，2002：1.

⑥ Mellor D H. Telling the Truth [A] //Mellor D H. Ways of Communicating: The Darwin College Lectures. Cambridge: Cambridge University Press, 1990: 82.

⑦ Putnam H. Meaning and Moral Sciences [M]. New York: Routledge, 1978: 125.

⑧ Michael P Lynch. Truth in Context: An Essay on Pluralism and Objectivity [M]. London: The MIT Press, 1998: 101 – 102.

而梅勒的真理观则综合了亚里士多德的符合真理论及其反对者的观点：一方面，他赞同真理的实存性，强调B-事实的确定实存性；另一方面，他也认为事实是会随着人们的认识、环境的变化而发生改变，比如A-事实就会随着时空和人类经验的认识而变化。他的这种真理观更倾向于语义建构主义，即命题是社会建构的，但客观事实确实存在。[①] 所以，从亚里士多德的“真陈述”中，梅勒引出了以人们认识为基础的“真信念”：它是以人类“信以为真”为标准来制定的真理判定向度。在这里，我们需要为梅勒的这一“真信念”提供一个依托，也就是说，这种“真信念”不是天马行空式的，而是语境依赖式的。这是因为，感觉经验作为一种特殊的心理经验一定是受到意向作用影响的，而意向是各种“构成性”的复合体[②]，这些构成性包括的范围很广，比如人物、时间、地点等，而它们共同构成了认识为真的概念框架，虽然这个框架本身无所谓对错，只是为我们描述现象所设定的一个范畴，但是这一框架本身就是感觉经验形成的一个语境。

综合亚里士多德的“真陈述”和由此引申的“真信念”，梅勒“有关真的第一个向度”形成了：无论说真话还是信以为真，都是说某物是其所是，或相信某物是其所是，或者说某物不是其所不是，或相信某物不是其所不是。

2. 有关真的第二个向度

梅勒“有关真的第二个向度”是基于“第一个真向度”含义的一种延伸，在他看来，真是“我的信念”的这样一种特质，它可以确保我们由以采取的行为取得成功。[③] 从这一观念中可以看出，这里的真向度更倾向于一种实用主义的真向度，是用真信念来指导行为并使得行为获得成功的一种真理判定方式。这个真向度有两方面的表现：

(1) 你的行动要取得成功。换句话说，一个陈述或信念的真就在于该陈述或信念与世界之间的某种符合[④]。

(2) 即使行动是成功的，但是这种成功只有在“‘我相信’这一成功行为一定会出现”信念的支配下出现了，这种成功和信念才是真的。

---

① Kukla A. Social Constructivism and the Philosophy of Science [M]. London: Routledge, 2000: 1-18.

② 胡塞尔．纯粹现象学通论［M］．李幼蒸，译．北京：商务印书馆，1995：317.

③ Mellor D H. Telling the Truth [A] //Mellor D H. Ways of Communicating: The Darwin College Lectures. Cambridge: Cambridge University Press, 1990: 83.

④ 戴维特．真之形而上学［J］．王路，译．世界哲学，2006 (2)：37.

我国古语"有心栽花花不成，无心插柳柳成荫"是诠释梅勒"第二个真向度"最好的例子，二者都不符合梅勒"真的第二个向度"：前者有信念但这种信念却得不到成功的结果，而后者虽有成功的结果但是却无此信念。

梅勒"有关真的第二个向度"也就是在我们感觉经验的基础上建构一个"真实的外部世界"，要完成这个过程需要三个步骤：第一步是关注各种原始概念，即与感觉经验直接相关的一些概念，它是以语境为基底的；第二步是从这些概念中抽取那些不再与感觉经验直接相关的概念作为一般感念①；第三步是用这些概念来指导实践，并最终达到逻辑和现实的统一。可以看出，这个过程也就是从事件到A－事实再到B－事实的一个过程，而第二个真向度就是对这一过程结果——逻辑和现实是否统一的一种判定和检验。

据上可知，梅勒"有关真的两个向度"是一种B－事实，至少是他自己信以为真的信念。也就是说，即使时空变换，它们依旧存在，我们依然可以依据这两个真向度来判定一句话、一件事是否为真，这就是梅勒的真理检验方式。

然而，梅勒的这种B－事实并不是一种空中楼阁式的真，他的真是一种从无数A－事实中提炼的总结真，是一种从言到行的递进真：陈述真—信念真—行动真。其中的每一种真都是需要与实际的语境相结合才能判断的，脱离了语境，这些真理的检验方式就不能奏效了。因此，没有A－事实，我们就总结不出B－事实；而没有B－事实，真就没有标准，我们就无法判断一个事件是真还是假。

总而言之，梅勒的真理观是一种重视过程更甚于结果的理念，它让我们领略到另一种求真：不仅仅为了"真"，更是在于"求"。这是探寻真理的人们一直在进行的事情，却被梅勒一言以道破：从琐碎中探寻唯一，从短暂中寻求永恒。其实，这种真理观更贴近哲学，更贴近生活，更贴近真理。

二、认知思维与伦理真值的交汇

时空的话题历久弥新，在人类的发展过程中，学者们从未放弃过对其本质的探寻。梅勒的整个思想体系都是建构在时空观基础之上的，他的所有研究都是围绕着"时间是什么、时间与空间的关系、时间如何存在"等问题展开的。这些问题本是时空研究学者们的必研课题，而梅勒时空观的突出之处在于，他还研究

① 阿尔伯特·爱因斯坦．爱因斯坦晚年文集［C］．方在庆等，译．海口：海南出版社，2000：63．

了“时间与思考”的关系问题，即思考是如何存续于时空中的？或者说，在时空中的思考是以何种方式表现出来的，它本质上究竟是时间的还是空间的？通过对这些问题的深入探索，梅勒提出了以 A－信念（A－beliefs）和 B－信念（B－beliefs）为研究内容的独特思维理论，这种将思考介入时间研究的方式为时空观的研究开拓出一片新图景，也为系统哲学的研究提供了一种新思路。

梅勒在探索“思考是什么”这一哲学命题时，是将其置于时间理论中加以考察的。在他看来，思考就是人类在时空中所获得的一种信念，同时间分类方式类似，信念也可被分为 A－信念和 B－信念，其区分依据是前者以“我和现在”为参照物，后者则不然。由于二者参照物数量和性质上的差异，容易形成概念辨析的不稳定性和模糊性，梅勒为解决此问题寻到了一条“诉诸‘真值条件’”之路。梅勒以“信念同时间是同构的”且“思考只能以时间作为量度”的理由，将思考限制在了时间范围内，但依从“空间是‘时间的空间类似物’”和“B－信念需要空间属性”分析可知，思考只有在时空中才具有可能性。在研究思考何以为真时，梅勒确定了两个“真值条件”，但从这两个真值条件出发会导致梅勒理论自身的一个悖论，解决这个悖论的关键在于承认 A－信念在探寻真理过程中的基础性作用，并结合 B－信念的客观性作用，最终使思考趋近于真理。

（一）信念：思考的表现物

为了阐明思考是如何存续于时间中的，梅勒的出发点和落脚点都放在了时间概念上。梅勒的时间观是以“A－理论（A－theory）和 B－理论（B－theory）”为研究基点，将时间、空间同事件的关联作为研究内容的一种时空观①。以 A－理论和 B－理论作为时空分类方式并非梅勒首创，它是上世纪初美国学者麦克塔格特（McTaggart J E.）提出的一种时间认知模式，只是当时麦克塔格特称其为 A－系列（A－series）和 B－系列（B－series）②。麦克塔格特认为，A－系列和 B－系列是一种时间量度，前者的时间表述是相对的，它是以“现在”为参照的一种模糊时间概念，比如“今年是康德诞辰 290 周年”；后者的时间表述则是绝对的，它无需任何参照物，比如“康德生于 1724 年”。梅勒继承并发展了麦克塔格特对于时间的分类认知，将其扩展至多个领域，这些领域的综合名称就是 A－

① 杨小爱，魏屹东．时空同构认知模型的内涵、归因与表征［J］．自然辩证法通讯，2014（3）：6．

② McTaggart J E. The Unreality of Time ［A］ //Robertson G C. Mind：A Quarterly Review of Psychology and Philosophy. London：Oxford University Press，1908：456－473.

理论和 B – 理论。其中 A – 时代（A – times）和 B – 时代（B – times）[①] 同麦克塔格特 A – 系列、B – 系列的含义一致，都是以有无“现在”这个参照物作为时间区分标识、以时间表述的相对性和绝对性为特征的，只是称呼上的差异而已。

梅勒有关“思考”的认识正是这种时间分类方式在思维领域的扩展。在梅勒看来，思考（thinking）是人类在时间和空间中的一种脑力活动，是人对某种事物进行分析并获得的一种信念，依据麦克塔格特“A – 系列和 B – 系列”的分类方式，人类的思考也可分为 A – 信念和 B – 信念[②]。A – 信念是以“我（I）和现在（Now）”为参照物的一种思考方式，是通过这种思考方式获得的一些认知成果，也就是人们通常说的“我相信”，它是一种相对主观的信念，比如：“我不知道康德是不是最伟大的哲学家，但是我现在很相信他的理论。”B – 信念则不以“我”或者“现在”为参照，是人类的一种共识，或者说是某类人的公共认识，是一种相对客观的信念，比如，“康德是最伟大的哲学家之一”，这句话就是哲学研究者的一种共同认识。

从 A – 信念和 B – 信念的概念和例证中可以看出，要区分 A – 信念和 B – 信念并不像区分 A – 时代和 B – 时代那样容易。这不单单是因为两类概念参照物数量和内容上的差异，更源于信念分类理论中参照物交错复杂所造成的句子和表述混乱，这种混乱会导致 A – 信念与 B – 信念的难以厘清。早在梅勒提出 A – 信念和 B – 信念伊始，奥克兰德（Oaklander L N.）就敏锐地意识到了这个问题[③]。

要更好地认识并解决这一问题，需要将 A – 时代和 B – 时代的参照物同 A – 信念和 B – 信念的参照物加以比对。这不仅仅是数量上的差别，即区分 A – 时代和 B – 时代所依赖的是“现在”（或其他相对时间概念）一个参照物，而 A – 信念和 B – 信念的区分则依靠“我和现在”两个参照物才能达成。更重要的是，“现在”和“我和现在”这两类参照物性质上差异颇大，A – 时代和 B – 时代仅以一个句子是否出现或者隐含着“现在”或类似的相对时间概念就可以判定，但 A – 信念和 B – 信念的参照物“我和现在”既包括了人称概念又包括了时间概

---

① Mellor D H. Real Time [M]. University of Cambridge: Syndicate, 1981; Mellor D H. Real Time II [M]. USA and Canada: Routledge, 1998: 8 – 11.

② Mellor D H. I and Now [A] //Mellor D H. Matters of Metaphysics. Cambridge: Cambridge University Press, 1991: 17 – 29.

③ Oaklander L N. A Defence of the New Tenseless Theory of Time [J]. Philosophical Quarterly, 1991, 41: 26 – 38.

念，这种不同类型的相会交错容易形成概念区分的不稳定性和模糊性①。

将A－时代/B－时代和A－信念/B－信念的参照物单独罗列出来有利于更好地辨析这两类概念。其实，它们共涵盖了四个参照物：i相对时间概念，ii绝对时间概念，iii我，iv我们，仅包括"相对时间概念i"的是A－时代表述，仅包括"绝对时间概念ii"的是B－时代表述，包括"相对时间概念i"和"我iii"的确定是A－信念表述，包括"绝对时间概念ii"和"我们iv"的是B－信念表述。但是，如果一个句子包括的是"相对时间概念i"和"我们iv"，或者说包括的是"绝对时间概念ii"和"我iii"，这个句子是属于A－信念还是B－信念呢？继上述例证而论，"今年是康德诞辰290周年"无疑是一个A－时代的时间表述，相对应地，"我相信今年是康德诞辰290周年"就是一个A信念的时间表述；而B－时代"康德生于1724年"相对应的B－信念则是"我们相信康德生于1724年"。但是上述句子并不能完整地涵盖"时间概念"和"人称概念"交叉的全部情况，还有两种情况上述例子中没有出现：情况a，我相信康德生于1724年；情况b，我们相信今年是康德诞辰290周年。其中，情况a"我相信康德生于1724年"中具备了A－信念的"我相信"，又具备了B－信念的"绝对时间概念1724年"；情况b"我们相信今年是康德诞辰290周年"具备了A－信念的"相对时间概念今年"和B－信念的"我们相信"，这两种情况究竟是属于A/B哪种信念呢？鉴于这两种情况的特殊性，我们不能简单地将其归结于任何一个信念中，那么这个问题究竟如何解决呢？

针对A－信念和B－信念交错模糊的情况，许多学者提出了自己的看法。总结起来有两派：一派是以梅里克斯（T. Merricks）为代表的"舍弃派"，另一派是以奥克兰德为首的"归B派"②。舍弃派③的观点是：梅勒对于A－信念和B－信念的定义很清楚，是以"我和现在"为参照物的，而情况a或是情况b要么没有"我"要么没有"现在"，所以这两类句子既不能归作A－信念范畴，也不能

---

① Oaklander L N. A Defence of the New Tenseless Theory of Time [J]. Philosophical Quarterly, 1991, 41: 27.

② "舍弃派"和"归B派"是笔者依据两派的主要特征命名的，在外文文献中并没有出现过这样的称谓。

③ 这一派的主要人物除梅里克斯外还有施莱辛格、威威林等。参见：Schlesinger G N. A Short Defence of Transience [J]. Philosophical Quarterly, 1993, 43: 359－361; Merricks T. On the Incompatibility of Enduring and Perduring Entities [J]. Mind, 1995, 104: 523－531; Vihvenlin K. What Time Travellers Cannot Do [J]. Philosophical Studies, 1996, 81: 315－330.

归为 B－信念范畴，情况 a 和情况 b 都要舍弃。归 B 派[①]的观点是：情况 a 和情况 b 都不能舍弃，因为它们既具备了"信念含义"——相信，也具备了 A－系列和 B－系列的分类特征，而从梅勒的观点来看，他仅是以一个句子是否存在"我和现在"来定义 A－信念的，也就是说，只有包括"相对时间 i"和"我 iii"这样的句子是 A－信念表述，其余（包括绝对 B－信念情状、情况 a 和情况 b）都应属于 B－信念范畴。

梅勒并不赞同两派对于情况 a 和情况 b 的归属分析，在他看来，讨论情况 a 和情况 b 的归属要从 A－理论和 B－理论的实质出发。A－理论和 B－理论最根本的特征不是一个还是两个参照物，也不是"现在"和"1724""我"和"我们"之间的区分，而是"相对"和"绝对"的区别，这点在上述时间领域和思维领域都有所体现。时间领域中 A－时代的参照物是"现在"，它正是要通过"现在"这个时间概念来说明 A－时代的所有表述在时间上都是相对的，而 B－时代的时间表述则比较准确、绝对性强；A－信念中的两个参照物"我和现在"也体现了这种特质，"我相信""我认为"这样的说法是主观的、相对性强的，而"我们相信""我们都认识到"这样的说法则至少融合了多人的看法、客观性强些。所以梅勒认为应当以相对性和绝对性来划分情况 a 和情况 b 的归属[②]，相对性、主观性强的就划分在 A－信念中，客观性、绝对性强的就划分在 B－信念中。但是这样新的问题又产生了，如何判断一个有关信念的句子究竟是主观性强还是客观性强呢？梅勒给我们的答案是：要依据客观事实的"真值条件（truth condition）"来判定[③]，而确定真值条件的过程就是探寻真理的过程。

（二）时空：思考的存储器

在进行任何理论研究时，我们都需要像康德那样提问：它存在的可能性及其可能性的条件是什么？探讨有关思考的论题也不例外，梅勒为人类思考划分了类别：A－信念和 B－信念，并给出了区分二者的关键——客观事实的真值条件，它们何以存在呢？用梅勒的话来说就是："思考在哪里进行"问题是思考得以存

---

① 这一派的代表人物有奥克兰德、史密斯等。参见：Oaklander L N，Smith Q. The New Theory of Time［C］. New Haven：Yale University Press，1994：3－5；Oaklander L N. McTaggart's Paradox and Smith's Tensed Theory of Time［J］. Synthese，1996，107：205－221.

② Mellor D H. Real Time II［M］. USA and Canada：Routledge，1998：25.

③ Ibid：27.

在的依据[①]。

梅勒对这个问题的回答是：在时间中思考（thinking in time）[②]。梅勒为什么认为思考应当在时间中进行呢？或者说时间是思考得以存在的条件和依据呢？原因有两个：其一，作为思考结果的信念同时间是结构类似的；其二，思考是以时间为量度的，任何思考都需要时间而非空间作为计量单位进行[③]。

第一点原因无需再证，如上所述，信念的划分本就是时间划分的衍生物，二者结构类似：A－信念对应A－时代，B－信念对应B－时代，A－理论都以相对性为特征，B－理论则以绝对性为要素。

梅勒对第二点的论证是基于经验而来的。思考是人类大脑的一个活动，而且是最神秘、最难以认知的一项活动。几千年来，无数学者都对它进行过深入思考，柏拉图的“回忆说”、亚里士多德的“四因说”、笛卡尔的“身心二元论”都是围绕人类思考、心灵等问题展开的研究，但仅是自成一派，并没有达成有关“思考”活动的共识。为什么思考如此难以研究呢？究其缘由，就是因为“思考”只存在于时间而非空间中。存在于空间中的事物总是有形的，是可以辨别、可以描述其形状的，比如桌、椅等，甚至于黑洞、暗物质等目前物理学界最具挑战的课题，它们也是可以被描述的。唯有“思考”“心灵”等没有空间属性的概念才会无法言其状。但事实上，“思考”的存在性又可以被我们每个人感知到，比如“回忆说”“四因说”“身心二元论”等都是思考的结果，这个过程不是一蹴而就的，而是经过时间磨砺的。也就是说，思考虽然没有形状但是又可以被每个人所感知的关键原因就在于：思考是存在于时间而非空间中的。

无疑，梅勒将时间作为思考存续“容器”的论证是有道理的，但是思考真的同空间无关吗？笔者认为并非如此，原因也有两点：首先，作为思考结果的信念划分不仅同时间类似，也同空间类似；其次，思考确实需要以时间为量度，但也是在空间中进行的。

第一点原因的根据来自于梅勒的观点——空间是“时间的空间类似物”（spatial analogues of time）[④]。据上可知，梅勒延展了麦克塔格特的时间分类方式，而这种延展不仅体现在时间和思维领域，还体现在空间领域，梅勒的空间分类同

---

① Mellor D H. Real Time II [M]. USA and Canada: Routledge, 1998: 58.

② Ibid.

③ Ibid: 58－69.

④ Ibid: 47.

样依循了A－系列和B－系列的分类方式，被分为A－场所（A－places）和B－场所（B－places）[①]：A－场所是指以“这里”等相对空间概念为参照的一种空间表述，比如“康德出生在这里”；B－场所则是一种确定、绝对的空间表述，通常需要用精确的空间术语来表达，比如“康德出生在普鲁士的柯尼斯堡”。故此，在梅勒这里，时空是同构的[②]。这种同构不仅体现在分类、参照物上，还体现在其特征上，A－场所的特征是空间相对的，B－场所的特征是空间绝对的。既然时空是同构的，结合梅勒信念同时间的相通性可知，信念同空间在结构上也具有相似性，A－信念对应A－场所，B－信念对应B－场所，这样“时间—信念—空间”三者的相互联系就形成了。

第二点原因同样是从梅勒理论出发来论证的。首先，梅勒认为思考是时间的结果，人类的每一个思考都需要时间、都浸润于时间之中；其次，他将信念看作人类思考的结果，并依据主观性和客观性将其分为A－信念和B－信念，那么，综合上述两观点可得这样一个结论：A－信念和B－信念都是在时间中形成的。如梅勒所证，“回忆说”“四因说”“身心二元论”等思考结果确实需要时间，但是，经过更进一步地推敲可以发现，这些理论其实都是A－信念，也就是“我相信……”：“‘我相信’人们关于理念的知识只有通过回忆的途径才能获得”（柏拉图），“‘我相信’事物的产生和运动变化都可归结为四种原因”（亚里士多德），“‘我相信’宇宙中存在心灵和物质两个不同的实体”（笛卡尔）。然而B－信念呢，也就是说“我们相信……”这种思考结果仍然要完全依靠时间才能获得么？答案是否定的，B－信念更多依赖的是空间，这种空间指的是空间中的多个人，比如“我们相信哥白尼的日心说是正确的”，“i哥白尼的日心说”是A－信念，而“我们相信这个i理论是正确的”就成为了B－信念，B－信念的形成不仅需要时间的思考，更需要“我们相信”中的“我们”，而“我们”一定多个人，它是空间属性的。

所以说，时间和空间都是人类思考必须具备的条件，思考依赖于时空、在时空中形成，时空是思考的永恒存储器。

（三）真理：思考的目标值

梅勒为思考寻到了可能的坐标，即只有在时空中的思考才具有可能性。在确

① Mellor D H. Real Time II [M]. USA and Canada: Routledge, 1998: 47－50.

② 杨小爱，魏屹东．时空同构认知模型的内涵、归因与表征［J］．自然辩证法通讯，2014：6－11.

定思考可能的基础上，我们需要将目光重新放回到对"真值条件"判定的研究上。梅勒将思考同真理联系在了一起，将人类思考的目的看作是对真理的探寻过程，这种观念并不新奇。怀特海曾说过，上帝是一个无限的永恒客体，他不光是一个诱因（lure）吸引着一个特定的过程，而且是无限的诱因，一切过程都引导自身向那个方向趋附"[①]。真理也是这样的一个诱因，无数学者都将"真"作为自己研究的目的和方向，向这个"罗马"无限趋近，所不同的是研究方式。而梅勒朝向这个目的的研究道路有两条，它们分别是有关"现在"和"我"这两个参照物的。

第一个"真值条件"是有关时间参照物的，即无论是思考还是表述上都尽量少用有关"时态逻辑（tense logic）"的表述。所谓的时态逻辑指的是像所有 A－时代那样以独特方式表述时间的逻辑，如果改变 A－时代的逻辑表述方式就有可能使真相变得虚假、谎言成为事实[②]。举例而言，"今年是康德诞辰 290 周年"就存在时态逻辑问题，这句话只有在今年是 2014 年时才是真的，其余都是假的；同样"明年康德就诞辰 290 周年了"，这句话也不一定就假，如果这句话是去年 2013 年说的它就为真。而时态逻辑同 B－时代没有同源语，重复它们的归因也不会制造一个真实的虚假或虚假的真实，比如"康德生于 1724 年"。这样来看，使用 A－时代这样的表述（现在等相对时间表述）就有可能造成虚假，一个句子如果出现了"时态逻辑"，就说明说话者的思考有可能表现出时间上的混乱，而避免这种思维混乱的方式就是尽量减少时态逻辑的使用[③]。

第二个"真值条件"是有关人称参照物的，即若要达到真理，就要尽量减少"我相信"这样的主观思考或表述。这项真值条件不像前一项那么容易，并不是说将"我相信"改成"我们相信"就好，这样反而容易造成更大的虚假，比如将"我相信钱是他偷的"改成"我们相信钱是他偷的"并不能说明第二句话就是真实的。在梅勒看来，要将"我相信"改成"我们相信"最重要的是"经验"，只有"经验的存在（the presence of experience）"才能使主观变为客观，更加贴近现实和真理。[④] 这里的经验指的是实际调查研究所获得的成果。比如"我相信钱是他偷的"比较主观，经过调查研究后发现众多证据都表明"钱确实

① 柯林伍德．自然的观念［M］．吴国盛，柯映红，译．北京：华夏出版社，1999：186－187．

② Mellor D H．Real Time II［M］．USA and Canada：Routledge，1998：14．

③ Ibid：14－16．

④ Ibid：34．

是他偷的”，而后公之于众，那时就可以说“我们相信钱是他偷的”，这时就比较客观了。

梅勒的这两个“真值条件”在“思考何以为真”的解释上是有道理的，但如果依照这样的解释，梅勒的理论就存在一个悖论。

一方面，梅勒认为应当尽量避免A－信念而使用B－信念才更易达成真理。上述两个真值条件是围绕“现在”和“我”展开的，在梅勒看来，要达成真理就需要尽量避免“现在”和“我”这样的思考或表述，而A－信念的参照物正是“现在和我”，那么就是说要尽量避免A－信念的表述和思考方式，只有B－信念的表述和思考方式才更接近于真。

另一方面，梅勒又赞同“信念A－信念和B－信念都可能达成真理”这样的观点。首先，梅勒要探究“思考何以为真”，那么就说明梅勒认可“从思考可以达成真理”这样一个前提条件。其次，据上可知，梅勒将信念看作是思考在时空中的表述，且将其分为A－信念和B－信念，也就是说二者都属于思考的范畴，只是表述方式不同而已。那么，既然A－信念和B－信念都属于思考，而思考又可能达成真理，也就是说这两种信念都可能达成真理。

这样，梅勒既认为A－信念和B－信念都可能达成真理，又认为应当尽量避免A－信念而只使用B－信念，这就是梅勒有关思考的悖论。如果依照这个悖论继续研究，就会发现，达成真理的道路将越来越狭窄，达到真理会愈加困难，而且即使达成了真理，这个真理的涵盖面也就不那么广了。

针对这个问题，一直研究真理同时间关系的学者保罗（L. A. Paul）给了我们启示。保罗在研究真值条件时指出，真理的获得不是一蹴而就的，它应是一个阶梯式的循序渐进过程①。保罗的这个观点可以为上述梅勒悖论寻到一条解决之途。A－信念和B－信念确实都是通向真理的表述和思考方式，其中，A－信念是主观的，起到了基础性作用；而B－信念是客观的，是更加接近真理的表述和思考模式。比如说，“我相信地球是圆的”到“我们相信地球是圆的”是需要过程的，需要时间磨砺和经验积累的，只有这样才能最终获得“地球是圆的”这样一个真理。也就是说，在达成真理之路上，A－信念和B－信念都是不可或缺的，只是需要先经过A－信念而后才能获得B－信念，最终趋近于真理。

---

① Paul L A. Truth Condition of Tensed Sentence Types［J］. Synthese，1997，111：54－58.

梅勒在研究时空中的思考何以存续时发现了信念这一概念，并将其作为人类思考的结果加以重点分析。但是在依循 A－理论和 B－理论对其分类之时又发现，A－信念和 B－信念相较于以往概念的分类更为复杂，两类不同性质参照物交错出现的情况使其产生了概念界定的不稳定性和模糊性，如果要解决这一问题就要诉诸于“真值条件”这样一个判定依据。而这一依据恰恰又将梅勒理论带至一个更加深入的层面——真何以可能，或者说思考何以为真。对于这一问题的研究使得梅勒的时空观陷入了一个困境：一方面他试图通过规避具有时态逻辑模糊性的 A－信念来达成真理，另一方面他又承认 A－信念与 B－信念都可能达成真理。而这样一个困境可以通过“真理阶梯式获取方式”来解决，也就是说，通过思考先获得 A－信念而后成为 B－信念，直至达成真理。认知中的重要因素——思维同伦理的主要目标——真理是需要联系在一起加以讨论的，这种联系也正是认知伦理模型建构的必要性之一。

第四章
认知伦理模型何以可能

认知伦理学虽然也以认知技术为依托，但却不同于一般的技术伦理学，它是一种始于人类主体又止于人类主体的规范伦理学：始于人类主体是因为它的研究对象是人类心智，止于人类主体是因为它以人类定制的规范为约束基底。[1] 因此，认知科学所面临的最大困难不在于其技术的发展，而是很难为这样一个快速化、多元化的学科制定出具有普遍约束力的规范原则。在这样的背景下，认知伦理学模型的建构就显得十分迫切，它在融合认知相关知识的同时，更向认知科学及其研究人员指明了一个未来走向——伦理规范，这种趋向已经不以人们的意志为转移地进入了我们的研究领域，也使得我们在认知科学和伦理研究的道路上走得更远。

第一节 “中文屋论证”：认知伦理建构的社会科学路径

1956 年夏，在美国达特茅斯大学举行了一次盛大的学术会议，会议宗旨是探讨在数学、物理学、神经学、心理学和电子工程学等方面如何用计算机模拟人的智能行为。在此次大会上，美国科学家约翰·麦卡锡（John McCarthy）第一次

① Morrison M, Mary M. Models as Mediating Instruments [A] //Mary M, Morrison M. Models as Mediators. Cambridge University Press, 1999: 25.

提出了“人工智能”这一概念，并为其定义，它标志着人工智能研究的开始，是认知科学现代研究的开端。同时，它也是认知伦理的发源之处。

计算机文化日益在人类文化中凸现其重要地位，“电脑可否代替人脑”“计算机能否产生思维”这类人工智能问题的争论已在心灵哲学家和人工智能专家中呈现白热化状态。针对此问题当代心灵哲学领域最著名的代表人物之一塞尔提出了自己的看法——“中文屋论证”，此论证是围绕一个论题——“计算机能否思维”——展开的，它的起源、论证过程、结论及其引发的争论无一不是以这个论题为基础进行的。“计算机能否思维”是认知科学与哲学界极具争议性的一大论题。事实上，人工智能研究只是计算机科学的一个分支，它的目的是探索智能的实质，并生产出一种新的能以与人类智能相似的方式做出反应的智能机器；而依据这种机器产生的可能性及产生后是否具有智能，就是“计算机能否思维”论题，它可以说是人工智能研究中强人工智能和弱人工智能的分水岭。塞尔提出的“中文屋论证”简单有力地驳斥了某些强人工智能的观点，当然它自身也有一些不完美之处，然而此论证之所以在人工智能界有如此强大的影响力，成为心灵哲学中不可或缺的论证，从某种程度上来看，或许并不在于论证本身的完美性，而在于它引起了极其广泛的争论。

“中文屋论证”是从一个新的角度对“计算机思维”是否具有可能性进行探讨，由于这个例子比喻精当、见解独到，所以自产生之日起便引起了激烈的争论。

国外的专家如罗杰·彭罗斯（Roger Penrose）、博登（Margaret Boden）、德雷福斯（Hubert Dreyfus）兄弟等人都从不同方面对其进行了评论；而国内的人工智能专家针对此论题也谈了很多自己独特的见解，从心理学、哲学、计算机学等方面提出了或支持或反对的意见，涌现出一批在这一领域杰出的学者，如刘晓力、周昌乐等。然而针对“中文屋论证”所体现的中心论题：计算机能否思维，目前还没有定论，而且答案也不仅仅是简单的“是”或“否”就可以解决的，最新的主张是建立以“认知是算法不可完全的”理念为基础的研究纲领和研究范式，从而试图寻求新的计算模型。近年来，作为对人工智能研究和计算机科学飞速发展的回应，更有人开始倡导计算哲学运动。①

目前，虽然国内对此问题的研究有了一定的成果，但与国外相较，还存在一

① Loui R, Smith B C. On the Origin of Objects [J]. Artificial Intelligence, 1998, 106: 353-358.

定的差距。国内对“中文屋论证”的研究仅局限于一些零散、个别的方面或仅仅局限于单纯的思想讨论，而缺乏系统规范的理论阐述和深层的挖掘与分析；而且，由于大多数内容都是由国外借鉴而来，在自创性方面有所欠缺。其实，中文屋论证正是认知伦理社会科学研究的最好例证。

一、“中文屋论证”的哲学内涵

早期的人工智能研究主要是围绕着智力游戏、定理证明和字符识别等领域展开的，之后，它不断拓宽研究领域，分别在机器学习、专家系统、知识工程、人工生命等多方面开展系统的研究。任何学科的研究都不是一帆风顺的，在人工智能的研究中存在许多富有哲学意味的争论与反思。“计算机能否思维”问题就是其中极具争议性的论题，它也是人工智能的最本质问题，可以说它是人工智能研究中两大派别的分水岭。无数科学家、哲学家穷尽毕生精力致力于此研究，得出的结论当然也各有不同，在这许许多多的思想中，塞尔的见解独树一帜，有学者称：“他的说明以全面系统、思想深刻独到而著称。”[①] 这主要得归功于1980年他的“中文屋论证”的问世，“中文屋论证”也是针对“计算机能否思维”问题而提的，它角度新颖、寓意深远，为此问题的研究开辟了新思路，吸引众多学者向更深层面探索。本书是以中文屋论证为主线对“计算机能否思维”论题进行探讨的。

（一）“中文屋论证”的背景

中文屋论证的提出是有其历史渊源的。早在1936年，图灵（Alan Turing）就在思考“计算机能否思维”问题了，当时他设想出这样一部机器，认为它至少可以运行一些属于人类的认知操作：一条无限长的记录带上划有许多方格，该机器有一个控制装置，可以带动读写头以一小格为移动量相对于带子左右移动，它能读出方格中的二进制符号“比特”是0还是1，且依据某些规则它可以在记录带上移到任何位置，如此这个机器就可能执行所有的计算了，这就是图灵设计的“理想计算机”，后人把它称为“通用图灵机”或“图灵机”。图灵在不考虑硬件的前提下，严格描述了计算机的逻辑构造；图灵机并非是实物，所以它的意

① 高新民. 现代西方心灵哲学［M］. 武汉：武汉出版社，1996：596.

义并不在于机器本身，而是在其中蕴含了“作为计算的思维”这一深刻思想。1950年，在《计算机器与智能》一文中，图灵专门提出：“机器能够思维吗?”针对这一问题，他也给出了自己的回答，他设计了一种非常巧妙的检验方法，在认知哲学中被称为“图灵测试”（Turing Test）。在这个测试中，图灵明确指出：在未来，计算机可以具有智能属性。[①]“图灵测试”隐含的“计算机可以思维”论断对20世纪40年代后期刚刚兴起的AI（人工智能）无疑是强有力的声援。然而，“图灵测试”仅是一种“模拟游戏”，是以“一台计算机能否以无法与人类回答相区别的方式来回答提问者的问题”的标准来定义“计算机能否思维”的。

于是针对这种“模拟游戏”，塞尔的“中文屋论证”诞生了，它充分诘难了“图灵测试”的有效性。在这个论证中，塞尔设想，他被关在一间充满中文字条的屋子（称为Clerk）里，通过在窗口传递中文字条与外界发生联系，并靠一本英文指令书将各种中文字条配对而后输出。由于他可以正确回答屋外中国人的提问，因此屋外人认为他懂中文。但在塞尔本人看来，自己仍然对中文一窍不通。“中文屋论证”的提出是有感于1977年设计的一个叫作“脚本”（Scripts）的人工智能程序，它是罗杰·香克（Roger Schank）设计用来模仿人类“思维”行为的一种软件包，且好似已经通过了简化的图灵测试，但塞尔认为这个程序并非是像人那样的“思维”。在他看来，以计算机代替中文屋中的人，即使计算机通过了图灵检验、可以正确解决或回答人提出的问题，也并不能说明他真的理解了人类所提出的问题，因而也就没有意识；或者说，在判定某类存在物是否正在以人的方式执行着认知任务，图灵测试或任何其他的比较行为的方法都是无用的。塞尔还指出：“计算机永远不可能代替人类心灵，原因很简单：计算机程序只是语法的，而心不仅是语法的。心是语义的，即人心不仅仅是一种形式，它是有内涵的。”[②]

（二）“中文屋论证”的实质

人们对于“中文屋论证”的理解常常会出现这样的偏差：塞尔反对“人脑是计算机”，反对“一台机器能够思维”。然而，塞尔认为：“从某种数学角度来

① Turing A M. Computing Machinery and Intelligence [J]. Mind, 1950, 59: 433-460.

② Searle J R. Minds, Brains, and Science [M]. NY: Harvard University Press, 1984: 31.

看，任何东西都可以被描述成似乎是一台数字计算机。”① 同时，他又指出：“由于人脑同样能执行多种计算机操作，人脑当然也是数字计算机，而人脑当然是会思考的”。②

由此可以看出，塞尔并不反对“计算机能够思维”，他反对的是这样的观点：任何东西仅仅因为具有一种正确的程序就能具有思维能力。③ 在“中文屋论证”中，塞尔着重强调的有两点：①任何计算机程序自身不足以使一个系统具有一个心灵。②对于任何我们一种可能创造的、具有相当于人类心理状态的人造机器来说，单凭一个计算机程序的运算是远远不够的。这种人造机器必须具有相当于人类大脑的能力。④

以上两点才是“中文屋论证”的实质，“计算机程序不能思维”才是塞尔所要论证的重点，甚至塞尔的整个论证体系都是由此引申、围绕此展开的。

（三）“中文屋论证”的哲学内涵

事实上，塞尔并非无意解决“计算机能否思维”问题，只是从其中的一个方面——计算机程序来对其进行论证，他将“计算机程序”看作一种语法，而将“思维”当作语义，用语法无法产生语义的观点阐述了“计算机程序不能产生思维”。这样塞尔就将“计算机能否思维”问题上升到哲学层面，从“语法”和“语义”的角度来探讨这个问题。

对于“语法能否产生语义”问题，塞尔给出的答案并不像对“计算机能否思维”问题那样模棱两可⑤，他非常明确地指出“语法无法产生语义”，是什么原因令塞尔如此确信？他指出，这是因为语义较语法多了一样东西——意向性。在他看来，“形式符号操纵本身不具有任何意向性，它们是无意义的，它们甚至都称不上是符号操纵，因为符号是不能将任何东西符号化的。用语言学的术语来说，它们只有语法而没有语义。”⑥

---

① Searle J R. Minds, Brains, and Science [M]. NY: Harvard University Press, 1984: 35.

② Ibid.

③ 这种观点是强人工智能观点，1980 年，塞尔针对计算机和其他信息处理机器，将强人工智能定义为：计算机不仅是用来研究人的思维的一种工具，而且，只要运行适当的程序，计算机本身就是有思维的。

④ Searle J R. Minds, Brains, and Science [M]. NY: Harvard University Press, 1984: 40.

⑤ 塞尔虽然没有反对“计算机能够思维”，但也没有明确指出“计算机能够思维”，他将能够思维的“计算机”添加了诸多限制，使得他对这个问题的回答并不像强人工智能学者那样明确。

⑥ Searle J R. Minds, Brains, and Programs [J]. Behavioral and Brain Sciences, 1980 (3): 417 -457.

事实上，大多数心灵哲学家已经承认意向性是心的本质特征。但是，塞尔的“意向性”并非指日常意义上的“想要”，而且对于传统的意向性观点也作了大胆的超越，他另辟蹊径地把“意向性”放在与其他相关事件、状态、属性的关系中予以分析。塞尔的“意向性”大致可概括为以下两个方面的特征。

（1）意向性满足的判别条件是：“言语行为与它所要表达的心理状态的满足条件是一致的。”① 也就是说，它取决于世界与意向状态是否符合。这是意向性最重要的特征，是确定一种事物是否具有意向性的关键所在。当世界的实际如同言语行为时，那么这种言语行为的行使者就是有意向的；反之亦然。因此，在日常生活中，常常会有这样的现象：一个有愿望的人必定能意识到他的愿望是满足或受挫。同样，一个有意向的人必定能确认他的意向是实现还是未实现。

（2）并非一切心理状态都具有意向性，也就是说，意向性不同于意识。在塞尔看来，“有意识的心理状态与意向性心理状态是有交叠部分的，但并非等同的，也不是一类包含着另一类。”② 例如，莫名的焦虑、兴奋，或是无名的烦恼等一些心理状态就没有意向性，原因是它们并没有针对、关涉到它们之外的什么东西。同理，“而某些非心理的事件和状态也可能有意向性，比如计算机没有心理状态，但其内部计算也可能有意向性。”③ 塞尔的这一意向性特征与布伦塔诺的很不相同，布伦塔诺明确地把意向性当作区分心理现象和物理现象的标准。

从上述塞尔对“意向性”所做的特征分析可以看出，“符号操作本身”——计算机程序——无法产生语义，我们并不能否认“计算机程序”中是包含有内容的，但塞尔看来，这种内容与“计算机程序本身”并无关联，它只与编写程序的人有关，也就是说，程序本身的“言语行为”与其心理状态并不符合，甚至程序本身根本没有心理状态、没有意向性。举个简单的例子，如果计算机翻译一本书，但是计算机本身并不知道，自己是翻译成功了或是失败了。而它为什么不知道自己的成功与否呢？是由于它没有意向性。

这样，塞尔就以自定义的“意向性”为媒介，论证出“语法没有意向性、无法产生语义”，“计算机程序本身没有意向性，无法产生思维”，从而将“计算

① Searle J R. Intentionality: An Essay in Philosophy of Mind [M]. New York: Cambridge University Press, 1983: 10-11.

② Ibid: 2-3.

③ 高新民. 现代西方心灵哲学 [M]. 武汉: 武汉出版社, 1996: 596.

机能否思维”论题上升到哲学层面，论述了“计算机程序没有意向性”，这也正是“中文屋论证”的哲学内涵。

二、“中文屋论证”隐含的哲学悖论

尽管“中文屋论证”比喻精当，为解决“计算机能否思维”提供了新的途径和思路；然而，它也并非无懈可击，自身仍隐含有某些悖论。

（一）“整体论”悖论

在对中文屋论证的众多反对观点中，有一种观点是十分流行的，他们认为：在中文屋中，尽管“我”这个在屋中处理符号的人不懂中文，但我只是整个屋子的一部分，我不理解中文，并不能代表整个屋子不理解中文，因为整间屋子除了我，还有许许多多符号和其他组成部分，当将这些看作一个整体时，这个整体是可能理解中文的。这一观点有些类似马克思哲学中“整体与部分”的关系论证，即整体有可能具有各个部分不具有的功能。针对这一观点，塞尔反驳：“作为符号操作中心部件的‘我’，既然都无法理解任何一个符号的意义，那么整个系统也同样是如此的”。①

笔者认为，塞尔这样的反驳有些牵强，在这一反驳观点中，人们并未否定中文屋中的“我”无法理解的真实性，也就是说，他们没有认为纯语法可以产生语义。在这个屋子中，我若只是单纯地按照规则书来翻译英文的话，我确实不懂中文，但与其他事物相关联起来，整间屋子是有理解中文的可能性的。举例来说，在人脑庞大的神经元系统中，其中某部分的某一些神经元控制着人类的绘画能力，而我们知道它们是单个神经细胞与相互间的突触连接而成的，在我们通常的认识中，这些单独的神经元和突触是能够理解绘画还是能够绘出一幅图画？结果都是否定的。在脑中，这些单独的神经元和突触是无法进行绘画理解的，但是它们又是一个人进行绘画加工最关键的部分，虽然它们无法领会绘画，我们也不能说一个人无法理解绘画，画不出图画。同样，中文屋的中心部件“我”无法理解中文，也不能说明整间屋子无法理解中文。

---

① Searle J R. Minds, Brains, and Science [M]. NY: Harvard University Press, 1984: 33.

(二)"能力"悖论

在塞尔看来，计算机程序之所以无法思维，是由于计算机程序不具有思维甚至计算能力，在"中文屋"中的体现就是：中文屋中的"我"之所以无法理解中文，是由于中文屋中的"我"没有思维能力；整间屋子无法理解中文，是由于整间屋子不具备思维能力。但是中文屋中的"我"真的没有思维能力吗？让我们看一下下面这个例子就会清楚了。

二战期间，图灵设计了一种破译德国海军密码的方案，称为"Enigma"（谜），Enigma 任务最初是被"Wrens"（鹪鹩）[①] 操作运行的，它是通过使用人类计算机、依照图灵设计的破译程序进行的。为了保密，Wrens 对于他们得到要输入的东西和产生后需要输出的东西（还有关于潜水艇位置、德军情况等信息资料）完全不知道，这一切全在一种"黑暗"的状态下进行。"Wrens"只做他们被指定的任务而完全不知道原因，这就有点像塞尔的中文屋了。

那么如果"Wrens"的工作被一种机器来做的话，这些机器同样也是有智能的——如同"Wrens"一样；图灵将这些机器命名为"Bobmes"，这种机器在 1940 年 3 月 18 日被正式启用。[②] 让我们观察这个真实状态下的中文屋实验版，似乎是"Wrens"正在做一件有智能的（破译密码信息）无意识事件。安德鲁·霍奇（Andrew Hodges）在他的记述中曾这样阐述：图灵"着迷于这样一个事实，人们可能很清楚是在操作某事，但却是以一种无思想的方式进行的"[③]。

正如我们看到的，整个 Bobmes 与中文屋很相似："Wrens"相当于中文屋中的"我"，二者都不知道输入和输出的内容，在整个事件中唯一了解的就只是行动的规则而已；不论是"Wrens"破译密码，还是"我"翻译中文，二者看似都是一种无意识的行为，但我们就可以说二者没有思维、理解能力吗？很明显，"Wrens"是有思维能力的，那么中文屋中的"我"也就并非不会有思维这种能力了。

在"中文屋论证"中"我"被看作"计算机程序"，那么"我"有思维能力，如何就能否认"计算机程序"有思维能力的可能性呢？在"计算机程序能

---

① 这一团体的成员都是从英国女子皇家海军团中挑选的杰出、优秀的女性。

② Hodges A, Turing A. The Enigma [M]. New York: Simon & Schuster, 1983: 191.

③ Hauser L. Nixin' Goes to China [A] //Preston J, Bishop M. Views into the Chinese Room: New Essays on Searle and Artificial Intelligence. New York: Oxford University Press, 2002: 134.

否思维”论题中，即使计算机不能理解某种事物，例如制表、绘图等，但是不能否认计算机有可能具有思维这种能力。

（三）“隐喻”悖论

有学者认为，塞尔的中文屋论证之所以会产生如此大的影响力，不仅由于其独特的角度，更重要的是它的隐喻十分精当。在这个论证中，可以看出：如果以计算机代替中文屋中的人，即使计算机通过了图灵检验、可以正确解决或回答人提出的问题，也并不能说明他真的“理解”了人类所提出的问题，因而也就没有意识；更准确的说，应该是用中文屋中“我”的行为代替计算机程序，“我”只是在进行英文转化为中文的程序操作，“我”并不理解中文，同样计算机程序在进行相同事情时，也不会懂得所输出内容的真正含义。

依据上述论证，塞尔将中文屋中的人、输如与输出的内容、屋中的规则书等一切事物都进行了一对一的隐喻，在这样狭小的隐喻范围内，一句“我不懂中文”确实可以产生“程序不会思维”的效果。但是这个隐喻真的那么精确吗？

如果隐喻本身出现了问题，如果隐喻的双方本就是无可比较的事物，那么“中文屋论证”还能得出“计算机程序无法思维”的结论吗？

首先，在某个隐喻中，两个被比较的事物肯定不属于同一类事物，但它们最基本、最主要的部分是类似的。举例来说，张三是头蠢驴，在这个隐喻中，张三和驴不同类，但二者有着最基本的相似处——蠢，只有这样才成为被比较的双方；如果我们知道张三极其聪明，但蠢驴极蠢，而且论证的目的是说驴蠢，那么这个隐喻根本就不会成立。

接下来，让我们重新审视“中文屋论证”中隐喻的双方：A—中文屋中的人；B—计算机中的程序。

塞尔将A与B进行隐喻比较。A的特性是：有思想，会思维；而B最主要的、也是论证的目的所在是：没有思维能力。塞尔将这两种特性完全不同的事物进行比较，将这两种在最基本原则上出现抵触的事物进行比较，而且最终是试图证明最基本的抵触特性中的被隐喻方是正确的，即，用一方A的特性证明与其有相抵触的特性的一方B拥有与它截然相反的特性，这显然是不合理的。所以塞尔的中文屋论证从根本上很难成立，它采用了两个在最原则性特性上完全不同的事物作为自己的隐喻对象，而且这两者还是他所论证的最主要目的，这个隐喻就显得不那么恰当了。

我们可以假设中文屋中的人没有思想，不会思维。当然如果中文屋中的人真的无法思维，他就不会懂得英文，或许塞尔会反驳说这只是计算机的一种“输人”，并非“懂得”，即使这种说法成立；那么中文屋中的人最后说：我不懂中文，从这句话可以得出，他只是不懂中文，但他是有思维能力的，否则他不会得出这样的结论。①

我们再设想，如果想证明B是无法产生思维的，那么A与B的最基本特性一致，也就是中文屋中的我是没有思维能力的，那么他是不可能得出“我不懂中文”结论的。同样，我们更不可能证明出计算机程序能否思维，便会重新陷入“程序能否理解”的困惑中。这样看来，塞尔的“中文屋论证”也没有证明出“程序无法产生思维”。

（四）“结论”悖论

塞尔“中文屋论证”的结论是：计算机程序无法产生思维，它是语法的，不具意义的。针对“计算机程序是语法的”这种观点，许多学者还是有不同意见的。博登②就从语法和语义不可分的关系出发对塞尔的论证进行了批判；类似的看法也见于斯洛曼（Sloman）③ 的论述。他们都认为程序指令和计算机符号是要通过参照它与其他现象的因果联系来寻找的，而且指令必须在一定意义上看作是具有某些语义的。

在众多的论证中，沙格里厄（Oron Shagrir）的观点有其独到之处，他在《计算机科学是研究什么的?》一文就试图反驳这种观点：计算机程序是“非语义”系统。也就是说，如果说计算机程序仅仅等同于某种依赖句法或形式的特性，它就是不可取的。

首先他阐述了一个执行（抽象的）自动机S（图4.1）的物理系统P。

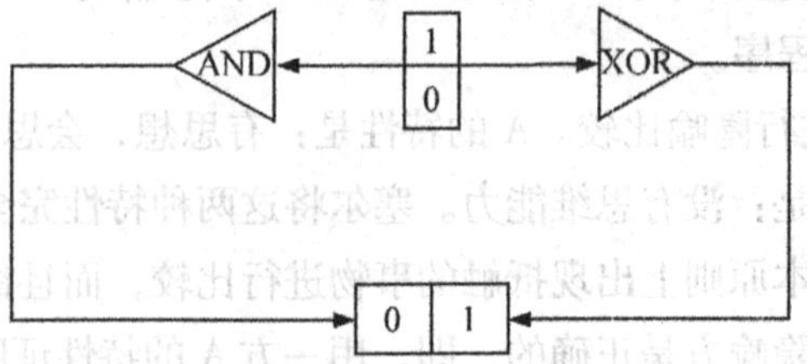

图4.1 抽象自动机S（Block 1990）

① 此点在上一个“能力”悖论中有较详细的阐述。

② Boden M A. The Philosophy of Artificial Intelligence [M]. Oxford University Press, 1990: 89 -104.

③ Sloman A. What sorts of machines can understand the symbols they use? [J]. Proceedings of the Aristotelian Society, 1986, 61: 61 -80.

而后，他设计了一种新型抽象句法系统装置S′，S′同样是在执行物理系统P。（见图4.2）

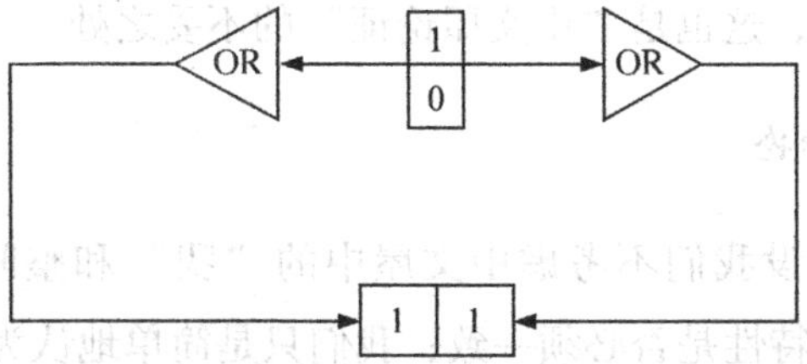

图4.2　抽象自动机S′[①]

从以上两图可以看出，物理装置P的执行既可由抽象装置S进行，也可由抽象装置S′进行。换句话说，正是这同一个物理系统P不仅执行了抽象系统S，而且执行了抽象句法系统S′。这样，从句法的观点看，P的行为可用两种函数来描述：f和f′。换言之，结构S和S′，以及函数f和f′是对P的功能的两个不同的句法描述。沙格里厄试图证明计算机程序是有语义的，这是他论证的第一步，也是最重要的一步。

步骤1：物理系统可能执行不只一种句法结构。

而后，通过另外两个步骤：

步骤2：系统计算上的等同在不同背景中会改变。

步骤3：系统的内容会影响它计算上的等同。[②]

沙格里厄得出物理系统内容和背景是相关的。虽然系统计算的等同是由该系统在履行一项给定的任务时所执行的句法结构所决定的，但是，该系统的任务在任何给定的背景中都（至少部分地）是用语义规定的，即根据该系统所具有的内容规定。这样他大致勾画出一种计算程序的语义概念。

1992年，塞尔提出了“普遍的可实现性”观点，他认为：“不论是任何程序或是任何复杂的客体，对此我们都有某种描述，但这种描述中执行着的却是我的‘程序’（思维）。”[③] 而沙格里厄的上述论证较塞尔的这种观点温和，他并不像塞尔认为的每一种程序都可执行我的程序，而仅仅是只有某些物理系统在同样的物

---

① Shagrir O. What is Computer Science About [J]. The Monist, 1999, 82: 134 - 136.

② Ibid: 137 - 149.

③ Searle J R. The Rediscovery of the Mind [M]. Cambridge: MIT Press, 1992: 208 - 209.

理状态下可执行不同的程序。

从以上这些科学家的观点可以看出，“计算机程序是语法的”这种观点并非如塞尔讲的那样确定，这也是“中文屋论证”的不妥之处。

（五）“突现”悖论

退一步来说，假设我们不考虑中文屋中的“我”和整间屋子的关系问题，也不考虑隐喻双方的特性是否必须一致；我们只是简单地认为：塞尔的“中文屋论证”确实可以导出“计算机程序不能产生思维”，塞尔的整个推理过程是无懈可击的，那么过程的正确就能得出结果的正确吗？也就是说，“计算机程序不能思维”这个观点就一定正确吗？答案似乎并非那么肯定。

举例来说，古希腊哲学史上著名的悖论——阿基里斯追龟，在理论上它近乎完美，整个论证在论者的规范限定内毫无破绽，但事实上，我们都知道阿基里斯会在一定时间内赶上乌龟并超过它；同样，秃头论辩也是，我们知道，头发掉到一定限度就会是秃头。我们明确知道这些论辩有问题，但却难以通过理智的论证来反驳它们。

在这里，我们不能说“中文屋论证”也是诸如此类的芝诺悖论，因为现实并没有明确证明出“程序可以产生思维”或是“语法能够产生语义”。但是我们可以有这样一个结论：理论能够导出的东西，在现实中并非一定成立。换句话说，“中文屋论证”即使在理论上导出了“程序无法产生思维”“计算机不能思考”，也不能说明“程序真的无法产生思维”或“计算机真的不能思考”。

人工智能领域的一种新型理论——“集群智能”（Swarm Intelligence）就是从这样一个全新的角度来探讨“计算机程序能否思维”问题。集群智能是指智能或认知是信息处理发展到一定程度突现的结果，此理论运用复杂性科学中的“突现”概念反驳塞尔的论证，它是指系统的组分在不同的结构方式作用下会产生整体具有的、但系统组分所没有的属性和特征；也就是说，中文屋中的“程序”或“语法”在一定数量、速度或时间内确实无法产生“思维”和“语义”，但是当“程序”的数量大到一定程度、速度快到一定程度，在某一时刻“程序”或许就突破了限制、产生了思维，正如人的头发掉到一定程度时就成为秃子一样，同理，“语法”在某种程度下也不能排除产生“语义”的可能性。

那么，“中文屋论证”究竟是如芝诺悖论一样“华而不实”，还是确实给出了“计算机程序能否思维”或“计算机能否思维”问题一个准确的答案呢？“中文屋论证”的以上悖论究竟是否真的是反驳塞尔观点的有力论证呢？理论上的成果在遭遇现实时会出现怎样的状况，我们还无法预料。或许在金属机器人有自己的思维、甚至可以控制人类前，我们不会知道计算机与思维最准确的关系；而且，在现实未来临之前，种种计算主义心智学说坚定的支持者和反对者们仍会处在长期的唇枪舌战中，他们仍希望能通过自己的推理为自己所支持的观点画上完满的句点。

三、中文屋论证中的认知逻辑可能性

塞尔的中文屋论证自产生之日起便引起了包括强人工智能者在内的反对者的兴趣，在他们看来，中文屋论证仅是一枚吓唬人的“哑弹”（dud）[①]。塞尔在《意识的奥秘》一书中曾说过，“从中文屋论证第一次发表到现在（1997）年，公开出版的英文批评就超过一百种了。”[②] 笔者发现，这些批评主要集中在四个方面：第一，中文屋论证预设前提错误，“脑模拟者应答”认为塞尔理解中文的基础是人的理解，如果依照中文屋论证，那么讲中文母语的人也无法理解中文[③]；第二，中文屋论证论证过程中的逻辑错误，从这个角度对中文屋论证进行驳斥的论证最多，比如系统应答、豪瑟（Hauser）的两种诊断模式[④]，卡普兰德（B. Jack Copeland）的中文屋论证技术变种研究[⑤]，它们或从整体与部分的关系、或从语法和语义的逻辑分析角度对中文屋论证进行了驳斥；第三，中文屋论证衍生结论的不现实性，在塞尔看来，计算与语义无关，但沙格里厄（Oron Shagrir）从语境角度分析出计算和语义无法分割[⑥]；第四，中文屋论证论证过程与论证目的

---

① Hauser Larry. Searle's Chinese Box: Debunking the Chinese Roan Argument [J]. Minds and Machine, 1997 (7): 199.

② Searle J R. The Mystery of Consciousness [M]. NYREV, 1997: 11.

③ Searle J R. Minds, Brains, and Programs [J]. Behavioral and Brain Sciences, 1980 (3): 420.

④ Hauser Larry. Searle's Chinese Box: Debunking the Chinese Roan Argument [J]. Minds and Machine, 1997 (7): 199 - 226.

⑤ Copeland B J. The Chinese Room from a Logical Point of View [A]. Preston J, Bishop M. Views into the Chinese Room: New Essays on Searle and Artificial Intelligence [C]. Oxford: Oxford University Press, 2002: 109 - 122.

⑥ Shagrir O. What is Computer Science About [J]. The Monist, 1999, 82: 134 - 149.

不一致性，徐英瑾通过否定中文屋系统（CRS）同人工智能系统（AIS）间的逻辑同构关系，得出中文屋论证过程同反对强人工智能的目标是无法共存的[①]。这四种反驳思路各有侧重，笔者更倾向于最后一种[②]，因为如果要反驳一种论证，没有什么比否证它的论证过程同论证目的的不相容性更令其难堪的了，这会令被论证者的论证如同“缘木求鱼”一般苍白。笔者正是秉持这种观念，从中文屋论证的论证过程和塞尔要论证的目的这两方面入手，探究存在于二者间的类比关系，并通过分析得出，这种类比关系是连接中文屋论证论证过程和论证目的的纽带。

（一）中文屋论证中类比关系问题

塞尔是针对当时强人工智能的“带有正确编程的计算机可被认为具有理解这种状态”的观念而提出中文屋论证的。在他看来，“对于任何我们有可能制造的、具有相当于人心理活动的人造物来说，单凭一种正确的程序是不足以产生的，这个人造物必须具有同人脑相当的能力。”[③]

我们知道，要通过任何论证过程或思想实验证明一个目的，二者间必须存在一种联系。从中文屋论证的论证过程中可以看出，它是在阐述一种思想实验，这是关于“单纯执行中文操作系统的塞尔是否理解中文”的思想实验，那么它是如何同“单纯执行编程系统的计算机是否能够理解”联系在一起的呢？答案是类比[④]。他在 CRS（中文屋系统）同 CS（计算机系统）间建立了一种类比关系，

---

① 徐英瑾. 对“汉字屋论证”逻辑结构的五种诊断模式［J］. 复旦学报（社会科学版），2008（3）：87-9.

② 在展开论证以前，笔者必须澄清一个疑问：针对“CRA 论证过程和论证目的的不相容性”，徐英瑾已经对此进行过论证，再论证它有必要吗？答案是确定的。首先，众所周知，达到同一个目标的方法和途径可以有无数种。徐英瑾在对 CRA 进行反驳时，更侧重从语法和语义的角度来进行分析；而本书主要是从 CRS 和 CS 中子系统/子事物的类比关系进行论述，驳斥角度不同。其次，徐英瑾的论证过程容易让人产生误解，在他看来，“塞尔和丹普尔假设 AI 是对的，通过 CRA 得到一组无法彼此融贯的命题；而现在是假设 AI 是错的，还是通过 CRA 得到一组无法彼此融贯的命题”（参见：徐英瑾，对“汉字屋论证”逻辑结构的五种诊断模式，复旦学报，2008（3），第 87 页。这里的 AI 应是 SAI）。我们来看，假设 p 为假，通过 q 为真，得到假命题，也就是说？$p \wedge q$ 为假，那么就能证明 q 为假了吗？单从逻辑角度看这一答案也是否定的，所以，“当假设 AI 是错的，得到 CRA 一组无法融贯的命题”并不能证明 CRA 就是错误的。基于上述原因，我们必须探寻一种新思路来论证“CRA 过程同 CRA 目的间的不相容性”，这也是本书的意义所在。

③ John R. Searle, Minds, Brains, and Science［M］. Cambridge: Harvard University Press, 1984: 41.

④ 这里的“类比”是对联系的一种解释，也可以理解为对应、置换等词，而在这里之所以使用“类比”是向普瑞斯顿（John Preston）致敬，他在《走进中文屋》一书中曾使用过这个词——analogous，参见 Preston J, Bishop M. Views into the Chinese Room: New Essays on Searle and Artificial Intelligence［C］. Oxford: Oxford University Press, 2002: 29.

也就是说，在 CRS 中的每一个为执行中文理解操作而必需的子系统同 CS 中每一个为了执行思维而必需的子系统/子事物间存在类比关系。只有这种类比关系恰当、行得通时，才能说明可以通过中文屋论证得到其论证目的——计算机程序无法思维。

从塞尔的论证我们可以看出，他在进行中文屋论证论证之初便预设了这种类比，它存在于“CRS 中的子系统/子事物（x）同 CS 中的子系统/子事物（y）之间”，并且他从未怀疑过这种类比的合理性。否则他也不会从中文屋论证的结论（塞尔无法理解中文）直接导出 CS 的结论（计算机程序无法思维）了。

然而这种类比关系真是那么毋庸置疑么？

对于这个问题的回答，其实就是对于“CRS 中的子系统/子事物（x）”和“CS 中的子系统/子事物（y）”到底是什么的回答，只有这个问题得到解答，我们才能够分析出二者间到底有没有关系、有什么关系。学者们对于 x 和 y 的内涵的阐明如下：

博登在《逃出中文屋》中曾说过“根据塞尔的意思，‘屋中的塞尔’显然可被当作计算机程序的示例”①，这里的 x 指“屋中的塞尔”，y 指计算机程序。

而布劳克（Ned Block）认为，“你作为计算机中的 CPU（中央处理器），依照上述的计算机程序描述在一名讲中文母语者头脑中的符号流程”。② 根据“你作为计算机中的 CPU”得出，x 指“你”（屋中的塞尔），y 指 CPU；而根据“依照上述的计算机程序描述在一名讲中文母语者头脑中的符号流程”得出，x′指“讲中文母语者头脑中的符号流程”，y′指“计算机程序”。

徐英瑾更加明确地提出：“中文屋论证与强人工智能之间关系是什么呢？概而言之，‘汉字屋系统’中的规则书对应计算机的程序，被试对应计算机中的 CPU，每一个被递送进来的问题对应计算机的‘输入’，每一个被递送出去的答案对应计算机的‘输出’。”③ 根据“‘汉字屋系统’中的规则书对应计算机的程序”可以得知，徐英瑾认为，x 指“‘汉字屋系统’中的规则书”，y 指“计算机程序”；根据“被试对应计算机中的 CPU”得出，x 指“被试（塞尔）”，y 指

① Boden M A. Escaping from the Chinese Room [A] //Boden M. A., The Philosophy of Artificial Intelligence. Oxford: Oxford University Press, 1990: 90.

② Block N. Searle′s arguments against Cognitive science [A] //PrestonJ, Bishop M. Views into the Chinese Room: New Essays on Searle and Artifical Intelligence. Oxford: Oxford University Press, 2002: 70.

③ 徐英瑾. 对“汉字屋论证”逻辑结构的五种诊断模式 [J]. 复旦学报（社会科学版），2008 (3): 83.

CPU；根据“每一个被递送进来的问题对应计算机的‘输入’”得出，x 指“递送进来的问题”，y 指“计算机的‘输入’”；根据“每一个被递送出去的答案对应计算机的‘输出’”得出，x 指“递送出去的答案”，y 指“计算机的‘输出’”。

从上述学者的论述得出，x 和 y 的指向并不明确，而当涉及 x 和 y 的关系时：同样的 x（屋中的塞尔）可能类比不同的 y：

x（塞尔）→ y_1：计算机程序（博登），

y_2：CPU（布劳克、徐英瑾）；

而同样的 y（计算机程序）也可能类比不同的 x：

y（计算机程序）← x_1：屋中的塞尔（博登），

x_2：讲中文母语者头脑中的符号流程（布劳克），

x_3：中文屋中的规则书（徐英瑾）。

据上我们可以说，CRS 中的子系统/子事物（x）同 CS 中的子系统/子事物（y）的指向并不明确，且二者间的类比关系也不明确，这导致了中文屋论证论证过程中的一项内容（x）和中文屋论证论证目的中的一项内容（y）的指向和对应关系不明的问题。

（二）中文屋中的类比逻辑分析

从上节论述中我们发现，CRS 中的子系统/子事物（x）同 CS 中的子系统/子事物（y）间的类比关系不明确，各个学者都有自己的看法。但如若我们说，二者没有类比关系，中文屋论证论证过程和论证目的间不存在联系，塞尔及中文屋论证信奉者一定不会同意。那么塞尔认为 CRS 和 CS 间的类比关系是什么呢？

虽然，塞尔没有明确提出 x 和 y 的指向及类比关系，但我们可以从塞尔的论证目的（y）出发来寻找它在论证过程中（x）可能的类比关系①。

1.“塞尔”同“计算机程序”的关系

“塞尔无法理解中文”是中文屋论证的结论，要通过这个结论证明“计算机程序无法思维”，如果用“S”表示塞尔，“R”表示理解中文，“P”表示计算机

① 由于我们要证明的是 CRA 论证过程和论证目的的关系，那么必须从论证目的出发来发现与其相对应的 CRS 子系统，而一些与目的无关的对应关系的论述就不必要了。例如中文屋中的“窗口”→计算机中的键盘、鼠标等输入输出设备，还有徐英瑾提出的“递送进来的问题”→计算机的“输入”，“递送出去的答案”→计算机的“输出”等。

程序，"M"表示思维。那么上述结论可以概括为：

已知　（A1）　（x）$S_{(x)} \to \neg R_{(x)}$（塞尔是无法理解中文的）；

（A2）　$R_{(x)} \leftrightarrow M_{(y)}$（塞尔认为"意识问题等同于感受性（qualia）问题"①。所以$R_{(x)}$同$M_{(y)}$意义一致，理解和思维都是心理状态的一种）；

（A3）　$\neg R_{(x)} \leftrightarrow \neg M_{(y)}$；

要证明　（C1）　（y）$P_{(y)} \to \neg M_{(y)}$（计算机程序是无法思维的）；

必须证明　（C2）　$S_{(x)} \leftrightarrow P_{(y)}$。

所以，单从中文屋论证的结论"塞尔不懂中文"这一结论出发，如果能够证明出"塞尔"（CRS 中的子系统/子事物 x）同"计算机程序"（CS 中的子系统/子事物 y）类比恰当，那么就可以证明出（C1）计算机程序无法思维。

2. "中文屋"同"计算机程序"的关系

然而，整个中文屋论证并非只有一个"塞尔"，它还包括其他东西，比如规则书、输入输出的窗口等。而塞尔要证明的也是"中文屋不懂中文"，这一观点可以从他对系统应答②的回应中看出。

对于系统应答，塞尔并没有直接宣称"塞尔无法理解中文"就说明"计算机程序无法思维"，而是进行了这样的回应：让个体将整个系统的所有元素内化。③ 也就是说，这种内化系统理论是指在中文屋论证中，塞尔等于整个中文屋子，塞尔牢记规则书，牢记中文符号数据库，这样便不用外界的输入，塞尔在自己脑中完成所有运算，而这个"塞尔"已不同于中文屋中的"塞尔"，姑且称之为塞尔＊。可以看出，无论是塞尔自己澄清还是针对其他人的驳斥，塞尔都没有将中文屋论证中的"塞尔"作为同"计算机程序"相应的一方，他认为只有"整个屋子不理解中文"才能说明"机器人程序无法思维"，也就是说，塞尔认为中文屋论证的类比双方应该是"塞尔＊"/"中文屋"同"计算机程序"。

具体证明过程类似于第一组的证明过程，只是将只是将 S（x）换成了 S＊（x）（塞尔＊/"中文屋"），这里不再赘述。

---

① John R. Searle, How to study consciousness scientifically [J]. Philos Trans R Soc Lond B Biol Sci, 1998, 353: 1938.

② 系统应答是指中文屋中除了塞尔还有规则书、中文符号数据库等，中文屋中的一部分（塞尔）不理解中文，并不代表整个中文屋不理解中文，也就如同部分无法代替整体一样。这个系统应答理论得到很多哲学家的支持，如布劳克、科普兰德、丹尼特（Daniel Dennett），福多（Jerry Fodor）等，成为早期反对 CRA 的经典观点。

③ Searle J R. Minds, Brains, and Programs [J]. Behavioral and Brain Sciences, 1980 (3): 419.

3. “单纯的中英文输入输出过程”同“单纯的程序”的关系

还从塞尔的目的出发，他希望通过中文屋论证证明“单纯的输入输出程序即使正确，也无法构成思维”①。也就是说通过中文屋论证中塞尔“单纯的、恰当的中英文输入输出过程无法理解中文”来证明“单纯的、正确的计算机输入输出程序无法思维”。

如果用“F”代表单纯、正确的中英文输入输出程序，用“R”代表理解中文，用“P”代表单纯、恰当的计算机输入输出程序，用“M”代表思维。

(A1)　$F_{(x)} \leftrightarrow P_{(y)}$（“单纯、正确的中英文输入输出程序”同“单纯、恰当的计算机输入输出程序”是一致的，二者都是一种机械式的操作）；

(A2)　$R_{(x)} \leftrightarrow M_{(y)}$（R(x) 同 M(y) 意义一致，理解和思维都是心理状态的一种）；

(A3)　$\neg R_{(x)} \leftrightarrow \neg M_{(y)}$；

最终证明（C1）　$(y)\ P_{(y)} \rightarrow \neg M_{(y)}$（单纯、恰当的计算机输入输出程序无法理解）；

只需证明（C2）　$(x)\ F_{(x)} \rightarrow \neg P_{(x)}$（单纯、正确的中英文输入输出不能构成思维）。

在这组相应关系中，CRS 中的子系统/子事物（x）项“单纯、恰当的中英文输入输出过程”同 CS 中的子系统/子事物（y）“单纯的程序”是类比关系，然而要得出中文屋论证的论证目的必须先证明出（C2）（单纯的中英文输入输出不能构成思维），只有这样才能保证（C1）（单纯程序无法构成思维）的实现。

但是，在（C2）同（C1）中：$F_{(x)} \leftrightarrow P_{(y)}$，$R_{(x)} \leftrightarrow M_{(y)}$，也就是说，（C2）↔（C1），这是一种循环论证，由于我们无法证明（C2），也就无法证明（C1）。

4. “仅仅进行正确中英文输入输出过程的塞尔”同“拥有恰当编程的计算机”的关系②

或许有些学者会说，以上三组关系都仅仅从单一、孤立的方面来探讨中文屋论证同程序能否思维之间关系问题，不能说明中文屋论证论证过程和目的间的类比关系；那么如果将 CRS 中的子系统/子事物（x）同 CS 中的子系统/子事物（y）这组类比关系更加完整化，又会出现怎样的情景呢？

---

① Searle J R. Minds, Brains, and Science [M]. Cambridge: Harvard University Press, 1984: 35 - 36.

② Searle J R. The Mystery of Consciousness [M]. NY: NYREV, 1997: 11.

还从中文屋论证的论证目的出发，要通过“仅仅进行正确中英文输入输出过程的塞尔无法理解中文”证明“拥有恰当编程的计算机无法思维”。如果用“S′”代表“仅仅进行正确中英文输入输出过程的塞尔”，用“R”代表“理解中文”，用“C”代表“拥有恰当编程的计算机”，用“M”代表“思维”。

已知　(A1)　$(x)\ S'(x) \rightarrow \neg R_{(x)}$（仅仅进行正确中英文输入输出过程的塞尔是无法理解中文的）；

(A2)　$R_{(x)} \leftrightarrow M_{(y)}$（R(x) 同 M(y) 意义一致，理解和思维都是心理状态的一种）；

(A3)　$\neg R_{(x)} \leftrightarrow \neg M_{(y)}$；

要证明　(C1)　$(y)\ C_{(y)} \rightarrow \neg M_{(y)}$（拥有恰当编程的计算机是无法思维的）；

必须证明　(C2)　$S'_{(x)} \leftrightarrow C_{(y)}$。

所以，要证明结论“拥有恰当编程的计算机是无法思维的”，只要证明“S′”（仅仅进行正确中英文输入输出过程的塞尔）同“C”（拥有恰当编程的计算机）这组类比关系恰当、行得通就能够证明出结论（C1）。

（三）中文屋中类比逻辑的有效性分析

从塞尔提出中文屋论证的目的出发，可以挖掘出上述类比关系，然而这四组类比关系是否合理、有效才是中文屋论证论证过程能否证明出其目的的关键。在对 CRS 子系统和 CS 子系统的类比关系有效性进行分析时，我们必须清楚哪些事物是无法进行类比的，无法进行类比的双方自然就不具备类比有效性。

塞尔对无法进行类比的事物进行过限定，他在对丹尼特（Dennett D.）“吸铁石（zagnets）类比”① 的评述过程中，提出“（用“吸铁石同磁铁”来类比“怪人同有意识的行动者”）不过，这个类比并不奏效……没有任何对应一个物理系统的第三人称描述使得下面的内容（两种彼此不同类的现象的类比）成为必要。这是因为（这个过程中）存在着两类不同的现象：一类是第三人称的、

① 这是丹尼特为了驳斥“怪人（zombies）”的可设想性而提出的一个类比，参见 Dennett D. Back from the Drawing Board [A] //Dahlbom B. Dennett and His Critics. NY: Oxford: Blackwell, 1993: 203 – 235.

行为与功能方面的神经生物学结构，另一类是第一人称的意识经验。"① 这样，在塞尔看来，彼此不同类的现象是无法进行类比的。用 G(x) 表示第一人称的事物，用 H(y) 表示第三人称的事物，可以表述为：

$\Diamond x\ (\neg G(x)\ \wedge H(y))\ \vee\ (G(x)\ \wedge \neg H(y))$

从这点出发，我们来分析第一、二、四组类比关系的有效性，如果是可以进行类比的同一类事物，那么这组类比关系的有效性便成立，说明中文屋论证论证过程和论证目的间存在联系；而如果是不同类的事物那么它们就无法类比，有效性自然不存在，说明中文屋论证论证过程和论证目的间不存在联系，塞尔的中文屋论证是错误的。

1. "塞尔"（S）同"计算机程序"（P）的关系

S(x) 是有意识的，是具有第一人称经验的，P(y)（在塞尔看来）是没有意识的，是第三人称的。这样 S(x) 就如同 G(x)，而 P(y) 就如同 H(y)，可以得出：

$\Diamond x\ (\neg S(x)\ \wedge P(y))\ \vee\ (S(x)\ \wedge \neg P(y))$

这样，塞尔 S(x) 同计算机程序 P(y) 这两种不同类的事物无法进行类比。

而塞尔之所以能够通过"中文屋中的塞尔不懂中文"（$S(x)\ \rightarrow \neg R(x)$）得出"计算机程序无法思维"（$P(y)\ \rightarrow \neg M(y)$），是因为他在对 S(x) 同 P(y) 的类比过程中使用了障眼法：将第三人称同第一人称进行了转换。② 塞尔得出了"计算机程序 P(y) 无法思维"，那么就说明他认可了（C2）S(x) = P(y)。也就是他要么将计算机程序当成是有意识的，第一人称的，可以自己说出"我无法思维"；要么就是将塞尔当作是没有意识的，甚至连自己是否懂得中文都没有感

① Searle J R. Mind: A Brief Introduction [M]. Oxford: Oxford University Press, 2004: 71. 事实上，我们必须正确理解塞尔的"'心灵'与'物质'"同"'第一人称'与'第三人称'"的关系，塞尔明确表明"没有什么理由认为物理系统不具有主观性、意向性状态"，参见 Searle J R. Mind: A Brief Introduction [M]. Oxford: Oxford University Press, 2004: 82. 也就是说"物质"同"心灵"是有关联的；但是针对"第一人称"和"第三人称"，塞尔更强调第一人称的主观性特征和第三人称的客观性特征，这两者是无法类比的。参见 Searle J R. Mind: A Brief Introduction [M]. Oxford: Oxford University Press, 2004: 80 - 86. 所以这里笔者用第一人称代表"意识经验"，用第三人称代表"单纯的程序"等单纯物理操作。

② 欧文斯科德（Geir Overskeid）提出过"塞尔人称指代不明"的观点，他指出中文屋之所以发人深省，最主要是由于人们都会思考，如果我在那间屋子中，我能理解中文吗？不能。在他看来，原因是由于塞尔误导了人们，也就是说塞尔让人们做了通常他在自己不理解时不会做的事，塞尔做了他自己反对的事：将第三人称转换到了第一人称。参见：Overskeid G. Empirically Understanding Can Make Problema Go Away: The Case of the Chinese Room [J]. The Psychological Record, 2005, 55: 595 - 617.

受的物体。

再者，我们假设，将“第三人称”的计算机程序代替塞尔放入中文屋中，那么会出现怎样的情景？塞尔用他要证明的结论“没有心理状态的程序”“说出”“我不懂中文”，这是无法想象的。在这一类比过程中，“中文屋中的塞尔”是一个人，是语境化的，他具备第一人称的感受经验；而“计算机程序”是去语境化的，没有心理特征，不具备第一人称的感受，只是一种第三人称的操作程序。所以将第一人称的塞尔S同第三人称的计算机程序P类比是行不通的。

2. “中文屋”（S∗）同“计算机程序”（P）的关系

塞尔在对系统应答回应时，将“中文屋”看作塞尔∗，塞尔∗是包含了规则书、中文符号等的塞尔。这样，塞尔∗(S∗）同塞尔（S）是类似的，S∗(x)是有意识的、具有第一人称感受经验的；而P(y）是没有意识的、第三人称的。同样可以得出：

$$\Diamond x\,(\neg S*(x)\wedge P(y))\vee(S*(x)\wedge\neg P(y))$$

所以，中文屋/塞尔∗（S∗）同计算机程序（P）这对对应关系还是无法类比，论证过程同“第一组”，不再赘述。

3. “仅仅进行正确中英文输入输出过程的塞尔”（S′）同“拥有恰当编程的计算机”（C）的关系

这里的（S′）和（C）有两种形态：或是“第一人称”或是“第三人称”。

若（S′）是第一人称、（C）是第三人称，或（S′）是第三人称、（C）是第一人称时，二者是无法类比的。

只有当（S′）是第一人称、（C）也是第一人称，或（S′）是第三人称、（C）页是第三人称时，这种类比关系才存在。

但如果（S′）是第一人称时，便说明“仅仅进行正确中英文输入输出过程的塞尔”是理解中文的；而当（C）也是第一人称时，说明“拥有恰当编程的计算机”也是可以思维的，很明显，它与中文屋论证的结论（塞尔不理解中文）和中文屋论证的目的（单纯程序无法思维）是矛盾的。

如果（S′）是第三人称时，（C）也是第三人称，可以类比。但是这里的“仅仅进行正确中英文输入输出过程的塞尔”（S′）已经不同于作为人的塞尔（S）了，它成为了只会进行操作的僵尸，不会思维，更不会说出“我不懂中文”。这一中文屋论证思想实验本身就存在错误。

所以，（S′）和（C）无论是哪种形态，二者的类比关系都是无效的，都无法从中文屋论证的论证过程推出论证目的。

从上述分析可以看出，CRS 中的子系统/子事物（x）项同 CS 中的子系统/子事物（y）项之间存在先天缺陷，不是二者类比关系不当，就是二者间的类比关系无法证明“中文屋论证论证过程可以推出其论证目的”，所以，中文屋论证的有效性令人质疑。但这种质疑使得学者们开始思考认知伦理的去向问题。

四、中文屋论证的伦理学走向

塞尔的中文屋论证试图通过一个思想实验①证明：单纯的语法不足以产生语义，单纯的计算不足以产生心灵，从而为“计算机能否思维”这一最具争议性的论题画上一个句号。然而，这个句号画得并不完满，从它产生之日起，就受到了各种各样的非难②，这种非难将句号扯开了一个缺口，拉成了一个问号——中文屋论证真的能够证明出计算机无法思维么？或者说，中文屋论证究竟证明了什么？它是如何对伦理研究发生作用的呢？

（一）计算机计算了什么

若要对中文屋的内涵和目的有更深入的了解，首先需要为其主体概念正身，即计算机是什么，它到底计算了什么？

尽管，戴维森说过，“试图定义真乃愚蠢的”③，他是从语言学角度对“定义的不确定性”进行论述的。但是在现实研究中，尤其是进行科学议题时，“试图定义”是不可或缺的，否则我们将会陷入含义模糊的怪圈。比如，在我们通常的

---

① 中文屋思想实验：塞尔被关在一间充满中文字条的屋子里，通过在窗口传递中文字条与外界发生联系，并靠一本英文指令书将各种中文字条配对而后输出。由于他可以正确回答屋外中国人的提问，因此屋外人认为他懂中文；但在塞尔本人看来，自己仍然对中文一窍不通。

② 比如，哈纳德的“逻辑性非难”、豪瑟的“语言性非难”、丹普尔的“反证法非难”、卡普兰德的“技术性非难”，还有“类比性非难”等。参见 Harnad S. Minds, Machines and Searle 2: Whats Right and Wrong about the Chinese Room Argument［A］//Preston J. & Bishop M. Views into the Chinese Room: New Essays on Searle and Artificial Intelligence. Oxford: Oxford University Press, 2002: 294－307. Hauser L. Searle's Chinese Box: Debunking the Chinese Roan Argument［J］. Minds and Machine, 1997（7）: 199－226. Damper R. The Logic of Searle's Chinese Room Argument［J］. Minds and Machine, 2006（16）: 163－183. Copeland B. J. The Chinese Room from a Logical Point of View［A］//Preston J. & Bishop M. Views into the Chinese Room: New Essays on Searle and Artificial Intelligence. Oxford: Oxford University Press, 2002: 109－122. 魏屹东，杨小爱．“中文屋”论证过程与目的类比关系分析［J］．人文杂志，2011（5）：27－33.

③ D. H. 戴维森．试图定义真乃愚蠢的［J］．王路，译．世界哲学，2006（3）：90.

观念中，“思维”“心灵”“符号”等概念是显而易见的，但实际上，这些概念并未得到充分定义，是含糊不清的，正如克姆皮（Kamppinen M.）所言，“（认知科学和心理学研究者或许还没有认识到）这些概念并不像它们所广泛使用时所显示的那样清楚。”① 而正是这种概念的模糊性使得我们在一些问题上纠结不清，塞尔说过“当认知学家将大脑说成是计算机、将心灵说成是程序时，那么这些概念的定义就显得尤为重要了”②。“计算”“计算机”也属于这样看似有所指，但实则并无精确定义的概念。

通常而言，计算机就是能够计算的机器。但是这一定义太宽泛，当一只松鼠在“计算”来年的食物时，它是计算机么？当人类在进行“1 + 1 = 2”的计算时，它是计算机么？当太阳系按照若干算法运行时，它是计算机么？很明显，它们都不能算作我们“概念”中的计算机，那么计算机究竟是什么？它又在计算着什么呢？

在行为主义者眼中，心灵是不存在的，它应当被更加客观的术语重新定义或取代，而这些客观术语仅能包括那些公开可观察的生物活动或环境中的事件。③比如行为、计算。如果将这种计算概念带入宽泛的计算机定义中，计算机就是心灵的一种替代物，我们也无需证明计算机“能否思维”或者“能否产生心灵”，因为思维和心灵根本就不存在，计算机仅仅是在“计算”而已。

功能主义者反对行为主义者将“心灵行为计算化”的做法，在他们看来，计算所表征的是“外部刺激—其他心灵状态—外部行为”之间的一种因果联系④，也就是说，计算由功能决定，人们可以通过计算主体内容输入和结果输出之间的因果关系来解释它。

而将计算唯一化为心灵表征体的是计算表征主义，它是一种强人工智能，在这种计算定义下，心灵或者思维等非理性因素只不过是一个数字化的程序或者程序系列，“心灵之于大脑，就如程序之于硬件⑤”。这里的计算机就是一种“计算

---

① Kamppinen M. Consciousness, Cognitive Schemata, and Relativism: Multidisiciplinary Explorations in Cognitive Science [M]. Dordrecht: Kluwer Acaclmil Publishers, 1993: 17.

② Searle J. The Rediscovery of the Mind [M]. Cambridge: The MIT Press, 1992: 15.

③ Braddon – Mitchell D. & Jackson F. Philosophy of Mind and Cognition [M]. London: Blackwell Publisher Ltd, 2000: 29 – 37.

④ Place U T. Is Consciousness a brain process? [J]. British Journal of Psychology, 1956 (1): 44 – 50. Smart J. Sensations and Brain [A] //Rosenthal D. The Nature of Mind. New York: Oxford University Press, 1991: 169 – 171.

⑤ Searle J. Mind: A Brief Introduction [M]. Oxford: Oxford University Press, 2004: 45.

载体”，它的计算范围包含“思维和心灵”。

而这个计算或者计算机定义恰是塞尔所反对的，“中文屋论证”就是为反对“强人工智能”而存在的。塞尔所代表的生物学自然主义无法被还原，更不是单纯的计算就能够表征出来的。那么，塞尔眼中的计算机究竟是什么呢？塞尔反对将任何东西都看作是一台数字计算机的观点，譬如，桌上的钢笔可以看作一台数字计算机，因为它正执行一个程序：“待在那里”。人脑也是一台计算机，因为它能执行多种计算程序。在他看来，这是一种全然空泛的观点。[①] 显然，塞尔定义的计算机的范围是比较狭小的，他的计算机不包含任何隐喻成分，普通的人造物不是计算机，类人机器不是计算机，人脑更不是计算机，计算机仅仅是指依据冯·诺依曼的“储存程序”概念所制的机器，仅仅是1946年世界上第一台数字电子计算机ENIAC问世之后的通用机器。而这种计算机计算的正是一种排除了生物学特征的、单纯形式化的运算。

据上可知，计算机的概念是混乱的，它所计算的内容在不同学者和流派眼中甚至是对立的：它可以计算心灵，但又无法计算心灵。如果依循计算表征主义的观点，心灵只是一系列数字程序，那么计算机本身就已经具备了心灵并且能够思维了。而如果依照塞尔等生物学自然主义的观点，计算机所进行的只是一种“程序操作”，而“单纯的程序又无法产生思维”，那么计算机就永远不可能产生思维。但是，“单纯的程序真的无法产生思维”么？塞尔的中文屋论证真的证明出了这个观点么？

（二）“中文屋”中住着谁

在认知哲学家和科学家看来，塞尔的中文屋论证之所以会产生如此大的影响力，不仅由于其隐含内容丰富，还因为它的比喻十分精当。在这个论证中，塞尔使用了一种隐喻：“‘我’无法理解中文”来隐喻“计算机无法思维”。也就是说，如果以计算机代替中文屋中的人，即使计算机通过了图灵测试、可以正确解决或回答人类提出的问题，也并不能说明他真的“理解”了人类所提出的问题，因而也就没有意识。但是，塞尔的隐喻真的那么恰当么？

1. 隐喻的原则

在回答这一个问题之前，我们需要对隐喻有一个较为明晰的界定。隐喻几乎

① Searle J. Minds, Brains, and Science [M]. New York: Harvard University Press, 1984: 31 -38.

是与哲学相伴而生的，它是从古希腊就已经肇始的一种古老传统。也正是因为其历史悠久，所以内涵才愈加丰富，任何一种定义方式都难以完整地展现出隐喻含义的整个序列。在此，我们只能综合各种隐喻观点来对其进行一个大概的推断，总结出几个隐喻特性。

首先，隐喻原则之转换性。泰伦斯·霍克斯将隐喻定义为一套特殊的语言程序，在这套程序的作用下，一个对象的诸方面就会被传送、转换至另一个对象，以便使第二个对象似乎可以被说成是第一个对象。[①] 在他看来，隐喻形式的多样性并不能掩盖其“转换”的本质，也就是说，隐喻对象可以是变化多端的，但是转换的程序却是完全相同的。霍克斯的观点向我们阐明了隐喻的一个原则：转换。确实，无论何种隐喻，都一定有隐喻方和被隐喻方，而隐喻正是双方沟通、比较的一种媒介。

其次，隐喻原则之层次性。陈嘉映也曾对隐喻进行过界定，在他看来，隐喻就是借用在语言层面上成形的经验对未成形的经验做出的系统描述。[②] 这就说明隐喻有一种层次性，而这种层次性正是隐喻目的性的一种体现，隐喻不是凭空的，而是在用一些占有先机的结构来引导和指引那些较弱经验成形的一个过程。

再次，隐喻原则之同一性。这里，我们借用肯尼斯·伯克对隐喻的表征来说明隐喻的同一性，“隐喻是一种观照的工具，是从‘彼物’中抽出‘此性’，或从‘此物’中抽出‘彼性’”[③]。伯克并没有明确提出隐喻双方要具有同一性，但是他的理论给了我们一些启示性意义，即“彼物中的此性”和“此物中的彼性”究竟是什么关系？为何它们能够相互观照呢？在笔者看来，二者必须有一种同一性，也就是说，此性和彼性一定是一致的。举例而言，张三是头蠢驴，在这个隐喻中，张三和驴不同类，但二者有着最基本的相似处——蠢，只有这样才能成为被比较的双方；如果我们知道张三极其聪明，但蠢驴极蠢，而论证的目的是说“蠢”（张三），那么这个隐喻根本就不会成立。所以说，我们可以对伯克的隐喻进行一些修正：隐喻的关键是要从“彼物”和“此物”中抽出二者的共同特性——此性。上述三个原则是隐喻的最基本原则，那么塞尔的中文屋隐喻是否符合隐喻的三原则呢？

---

① 泰伦斯·霍克斯．隐喻［M］．高丙中，译．北京：昆仑出版社，1992：1.

② 陈嘉映．语言哲学［M］．北京：北京大学出版社，2003：378.

③ Radman Z. Metaphors：Figures of Mind［M］. Kluwer：Kluwer Academic Publishers，1997：117.

2. 住在中文屋中的塞尔

从中文屋论证的目的出发，塞尔是要通过“中文屋中的塞尔无法理解中文”来证明“计算机无法思维”，那么，这个过程就出现了两个类比对象：理解中文—思维，塞尔—计算机。前者不能算作隐喻，因为理解本就是思维的一种；而后者是不同类的事物，塞尔想要通过“塞尔无法理解中文”推出“计算机无法思维”就已经将二者进行了隐喻，隐喻的双方是：a. 塞尔；b. 计算机。

首先，塞尔要在“塞尔 a”和“计算机 b”之间进行隐喻，而这就是一种转换，所以符合隐喻的转换性。

其次，塞尔在用我们熟悉的、可以想象的思想实验来说明“计算机能否思维”这样一个认知难题，就是在用一个占有先机的“‘塞尔 a'无法理解”对“‘计算机 b'无法思维”进行一种引导，因此符合隐喻层次性。

再次，塞尔将住在中文屋中的塞尔 a 与计算机 b 进行了隐喻比较。塞尔 a 的特性是：有思想，会思维；而计算机 b 最主要的、也是论证的目的所在是：没有思维能力。塞尔将这两种特性完全不同的事物进行比较，将这两种在最基本原则上出现抵触的事物进行比较，而且最终是试图证明最基本的抵触特性中的被隐喻方是正确的，即，用一方塞尔 a 的特性证明与其有相抵触的特性的一方计算机 b 拥有与它截然相反的特性，这显然不符合隐喻的同一性。

所以说，住在中文屋中的塞尔根本无法同计算机产生隐喻关系，也就是说，隐喻双方本就是无可比较的事物，它们要比较的最基本、最关键的部分——“此性”是完全不同的。而塞尔在他论证的最关键部分用了两个原则特性完全不同的事物来作为隐喻对象，这就是中文屋论证的弊端所在。

3. 住在中文屋中的塞尔操作

在众多质疑声中，塞尔也认识到了中文屋论证的一些问题，于是，他将中文屋论证进行了修正，用他的原话来说：“许多写给《纽约书评》的评论揭示了对该论证的误解，我并不是要证明‘计算机不能进行思维’……而是要反驳‘单纯的程序本身就会导致心灵’这样一种观点”①。

就算学者们都误解了塞尔的理论，那么，现在我们用塞尔已经修正过的观点来作为论证基点，看看塞尔通过中文屋论证能否证明出“单纯的程序无法思维”这样的论点。

---

① Searle J. The Mystery of Consciousness [M]. New York: NYREV, 1997: 13-14.

既然论证的目的发生了变化，那么相应地，论证主体也要发生改变。在中文屋中，塞尔是要通过“塞尔若只进行简单的形式操作是无法理解中文的”来证明“单纯的程序操作无法产生思维”，那么，隐喻的双方就变成：a. 塞尔的行为操作；b. 单纯的程序操作。这两个事物可以隐喻么？

首先，“塞尔的行为操作 a”同“单纯的计算机程序操作 b”之间存在一种相互转换关系，符合隐喻转换性。

其次，塞尔同样在用我们熟悉的“‘塞尔仅进行单纯的行为操作 a′是无法理解中文的”来证明“‘单纯的计算机程序操作 b′无法产生思维”，那么前者就是一种占有先机的理论，用前者来引导后者，符合隐喻的层次性。

最后，也是最重要的，“塞尔的单纯行为操作 a”同“单纯的计算机程序操作 b”具有同一性么？也就是二者是否存在本质上的类同点呢？我们设想，中文屋中的塞尔进行的仅是“将中文字条按照英文指令书加以对照而后输出”这样的行为操作 a，在这个过程中不夹杂任何的非理性因素，而计算机程序进行的也是“将输入信息同计算机本身的程序进行对照而后输出”的程序操作 b，二者都是在进行着单纯的“输入—对照—输出”这样的程序，所以具有类同性。

因此，我们可以说，塞尔对中文屋论证结论的修正还是有一定效果的，至少中文屋中最重要的部分可以进行隐喻。

但是，如果这个隐喻成功了，塞尔就更加不能证明他要证明的结论了。在中文屋论证中，中文修正屋中的隐喻主体是“单纯的行为操作”，而且“仅仅”是单纯的行为操作，那么这种“仅仅的单纯行为操作”如何能够“说成我不理解中文”呢？它根本就无法思维、无法理解，即使是从字条中我们真的看到了这句话，也仅会将其当作一个“翻译字条”而已。

至此，我们发现，中文屋论证存在两个悖论：其一，如果中文屋子中住的是“塞尔”这个有思想的人，那么它就不能同计算机或者计算机程序进行隐喻，因此也就无法证明计算机不能思维；其二，如果中文屋子中住的是“塞尔的行为操作”，那么这种“单纯的行为操作”就无法“说出我不理解中文”，同样不能说明计算机程序无法思维。

（三）计算机伦理的可能性

据上述分析可知，中文屋论证失败了，它没能够证明出“计算机无法思维”或者“计算机程序无法思维”。那么，中文屋论证就完全没有意义了么？也不尽然。在笔者看来，这个论证的意义正在于，它阐明了“计算机思维的可能性”。这同塞尔的观点是截然相反的。这是否就说明笔者赞同强人工智能的观点呢？如果强人工智能是如塞尔所言的那般“将思维简单数字化”的理论，那么，笔者也不是一个强人工智能者，笔者并不认为我们的感觉是一种数字化的过程，因为它真实地存在着。那么，究竟是什么导致了思维的产生？计算机又是如何产生思维的呢？

回到中文屋思想实验中，塞尔每天在进行着重复的收图片、从英文指令书中寻找相应的内容、输出字条的过程，开始塞尔确实可以说“我不懂中文”。但是，年复一年，当他将“☼—‘☼ sun－太阳’—太阳”这个过程重复了上万次之后，他逐渐产生了记忆，“记住”了“☼—太阳”，当外界再次递入“☼”时，他无需寻找，自然地递出了“太阳”的字条；而当这种情况越来越多时，当他能够记住越来越多的词汇和语法时，当他能够用中文完整地翻译英文篇章时，他还能说“我不理解中文么”？通过对这个问题的思考，笔者总结出了思维产生的原因：思维是“进化中突现”的过程，并藉此来探寻计算机思维的可能性路径。

1. 思维产生的原因

如果中文屋中的不是塞尔，而是“你”；如果不是塞尔在进行“输入—输出”，而是你在学习英语。那么，你是如何学习英语的呢？看到一个英文单词，你要从英汉词典中寻找到它的中文含义，从而再将中文和英文结合起来，经过多次的反复练习，你终于“记住”了这个单词，仅仅一个单词的记忆并不能够使你说出“我理解英文了”；再经过一段时间的学习，你记住了许多单词，这时你还是能说“我不理解英文”；但经过几年的学习，你终于能够熟练地运用英文，并将一篇中文翻译成英文或者将一篇英文翻译成中文了，那么这时你还能够说“我不理解英文”么？这就如同“秃头悖论”一样，你掉一根头发不是秃子，掉两根也不是，但是当你头上的头发掉完后，你还能说自己不是秃子么？相信大多数人都不会了。

从这里我们可以看出，如果要理解中文/英文或者思维，就是要浸润在时间中，当量变达到一定程度时就会发生质变，你就会获得一些你原本不具备的东西或特性，这就是“进化中的突现”。这一理论是对本格观点的借鉴，“每一个突现都是某一进化过程中的一个阶段①。”而突现就是“在复杂系统的自组织过程中突然涌现出新的、和谐的结构、类型和功能，它是在宏观层面上出现的

---

① 本格．科学的唯物主义［M］．上海：上海译文出版社，1989：31．

现象。”①

其实，很多学者都将认知同进化和突现联系在了一起。进化—涉身认知理论（Theory of evolutionary - embodied cognition）② 就是在研究时间和突现在心灵等非理性因素产生过程中所起作用的一门理论。塞尔也曾指出，人类心灵的产生应归功于“强大的进化论优势”③。克里克在《惊人的假设》一书中更是明确提过：“我们所有的意识经验都是由神经元的行为来解释的，它们是神经元系统突现的结果”。④

2. 计算机思维进路

思维是进化中突现的结果，那么计算机要产生思维，也需要遵循这种方式，也就是说，计算机需要进化，只有在不断进化的过程中才可能突现思维。

我们知道，计算机是通过规则程序进行运算操作的，不论它所处环境如何，只要运算就都是遵循指定的规则进行的，而人类却能够在各种各样不完全指明的环境中成功运用规则，计算机如果要模仿人类的这项能力，就必须将所有的“不完全指明”规则编成“完全指明”的。然而这是极其困难的，这个模拟真实人类认知的难点被称为“框架⑤问题”：一个人无论决定什么框架规则，一些事先预料不到的“意外”情况总有可能出现，致使这个框架不完整、不适当。也就是说，计算机若要思维，就一定要解决它的框架问题，而计算机框架扩大的过程也就是计算机逐渐进化的过程。

然而，如何扩大语境框架却成为摆在人工智能者和认知学者面前的难解之题。在尝试调和强人工智能和弱人工智能矛盾的道路上、在试图研制一种能表现人心灵特征机器的路途上、在解决“语境框架”的探索之路上，人类一直在进行着不懈的努力。但直到20世纪80年代以后，认知科学研究才有了突飞猛进的发展，“人工神经网络革命”的出现标志着“联结主义”范式取代了符号主义范式。

① Goldstein J. Emergence as a Construct：History and Issues［J］. Emergence，1999（1）：287.

② Anderson L，Rosenberg G. Content and Action：The Guidance Theory of Representation［J］. The Journal of mind and Behavior，2008（1）：59 - 60.

③ Searle J. Mind：A Brief Introduction［M］. Oxford：Oxford University Press，2004：135.

④ Crick F. The Astonishing Hypothesis：The Scientific Search for the Soul［M］. New York：Charles Scribner’s Sons，1994：11.

⑤ 早在1975年，明斯基（Minsky M.）就提出了一个类似框架的定义，指出一个框架便是一个等级结构。参见：Minsky M. A framework for representing knowledge［A］. Winston P. The psychology of computer vision［C］. New York：McGraw - Hill，1975：297.

联结主义网络最重要的特征之一是叠加的可能性①，也就是说，能够在一个网络上使用相同的权重组合来执行多种工作，这正是它的优势所在。联结主义的叠加可能性在一定程度上破坏了计算机的框架，使计算机在一定的规则下有可能产生更多的结果，为“语境框架”的解决提供了一条可能路径。或许某一天，计算机的语境框架扩大到了“突现”的程度，那么“计算机思维”就不只是一种科幻电影和小说中才有的场景。

当然，联结主义也有很多不完善之处，我们无法确定“联结主义网络”就真的可以解决“语境框架”问题，而且它也并不能那么轻易地冲破分类心理学的防线，在使分类认知心理学实现为混合心理学之前，我们仍有足够的保留意见。正如斯梅尔所述②，人工智能极限问题的解答，除了与哥德尔定理有关外，还需要对大脑和计算机模型做更深入的研究，探索其最本质的东西，这些都不是一蹴而就的，对计算机思维的研究仍然任重而道远。

第二节 时间与空间：认知伦理建构的自然科学路径

从古自今，人们都在试图探讨时间为何物，这种看不见、摸不着、但又无处不在的事物，好似在和人类开玩笑，总是处于半遮面状态，令无数哲学家、科学家深深沉迷又无可奈何。从哲学意义上来讲，“时间”通常是与“事件”相联系的。在罗素看来，持存物（Continuants）是事件的逻辑构造结果。③ 他有关时间的分析以时间优先性为基础。④ 而卡尔纳普则重视事件的逻辑构成，他认为，“事件”通常是瞬间切面的时间存在，而世界是瞬间事件的总和。⑤ 梅勒是科学

① Way E C. Connectionism and Conceptual Structure [J]. American Behavioral Scientist, 1997, 40: 729 -753.

② 史蒂夫·巴特森. 突破维数障碍 [M]. 邝仲平，译. 上海：上海科技教育出版社，2002：280 -291.

③ Russell, Bertrand. Human Konwledge: Its Scope and Limits [M]. London: Oxford University Press, 1948: 97 -98.

④ Ibid: 284 -294.

⑤ Carnap Rudolf. An Introduction to Symbolic and Its Applications [M]. New York: McGraw - Hill, 1958: 197 -216.

哲学大家，对诸多哲学问题都有自己深入、独到的见解，而他也很看重“时间”概念，对这一概念中最基础、最发人深省的问题进行研究。例如，过去、现在、未来的定义及区别是什么？时间中的实体为何物？时间和事件关系又是什么？对于时间的研究在梅勒的哲学生涯中占有很重要的地位，他也认同时间与事件是具有关联性的。他从A－时代和B－时代的时间理论出发，探讨了事件是什么。梅勒的时间观将时间和事件联系起来，形成了一种更精致的时间论。而这种时间观正是认知伦理得以发展的原因，它论证了时间、空间及其包含于内的事件（认知伦理）发生的可能性。

一、梅勒时空观中时间与事件分析

梅勒的时间观是基于两种分类方式而产生的：A－时代和B－时代，前者是相对的、以“现在”为参照，后者是绝对的、不以任何事物为参照。A－时代、B－时代对于时间的不同版本就是对于事件的不同看待。事件是时间中的实体，与事物相比具有时间性，与事实相比更具客观性。笔者从对梅勒时间观点的研究中分析了时间和事件的关系，二者是统一的，不是单纯的变化关系，而是一种以因果联系为主的属性关系。

（一）过去、现在、未来

从我们日常观念出发，时间主要是包括过去、现在和未来，对时间的研究主要是探寻三者究竟是什么以及它们之间的相互区别。而这些区别似乎是显著而深远的。过去是我们曾经看过做过的事情；现在，所有我们的经历、想法和行为都在我们面前；未来是还未发生或者还未做的事情，我们看不到它们。很显然，逝者已逝，未来有待我们追寻，我们能够把握的只有现在。而这些都是与事件相关的，也就是说，过去是已发生的事件，现在是正在发生的事件，未来是还未发生、但将会发生的事件。

通常意义上讲，世界上事件的时间顺序就是它们变成现在，针对这种观点，麦克塔格特（Mc Taggart）于1908年提出了A－系列和B－系列理论。[①] 我们知道，事件在时间中不是一成不变，它会随着时间流逝缓慢地改变，未来会变成现在更

---

① Mc Taggart J M E. The Unraelity of Time [J]. Mind, 1908 (18): 457－84.

或者过去。在麦克塔格特看来，时间是模糊的，尽管以现在为参照物，我们可以将过去定义为比现在早了多久，未来又晚了多久，这个以现在为参考的顺序就称之为A－系列。当我们要解释事件是如何从未来移动到过去时，我们需要用另一种方法来定义时间，这个时间就不会同现在相比较，这样形成一个无需参照物的新序列，称之为B－系列。

梅勒的时间分类也是基于这个标准的，但是更加具体、详细，分别是A－时代和B－时代。

在他看来，A－时代是一种度量手段，是对一个事件的定位，反映这个事件多快、多久的一种手段。[①] 在这里，它不同于将任何一个特定的时间归因于一次事件，也就是说，它不是一个点，而是一个面，是一个时间、事件组成的共同体，并通过它来判定事件的快慢。

基于A－时代这一术语，梅勒将过去和未来定义为：过去是A－时刻的间隔一直开始到最远的过去并返回，但是不包括现在这一刻；同理，然后其未来是A－时刻的间隔开始直到最远的未来并返回，但是不包括现在这一刻。[②] 这两个定义与我们日常理解的比较类似。而比较难以定义的是“现在”，从表面上来看，现在同过去和未来似乎是不相容的，过去是“不包括现在这一刻的过去”，未来是“不包括A－时刻的未来”，那么过去、未来被A截断，三者是独立的；然而现在作为一个点是可以无限小的，那么持续了一段时间的事件将永远不会是现在，这就是哲学界存在的“似是而非的现在”学说。梅勒在这里将其重新定义，在他看来，只要包含了现在这个时刻、事件的时段就是现在。[③] 这样便会产生疑问，现在同过去和未来是否重叠了。然而通过梅勒对过去和未来的定义，过去是不包括A－时刻的过去，未来是不包括A－时刻的未来，那么就将现在这段事件从这整个相容的阶段中剔除出来。(见图4.3)

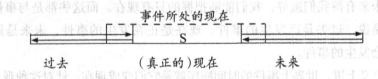

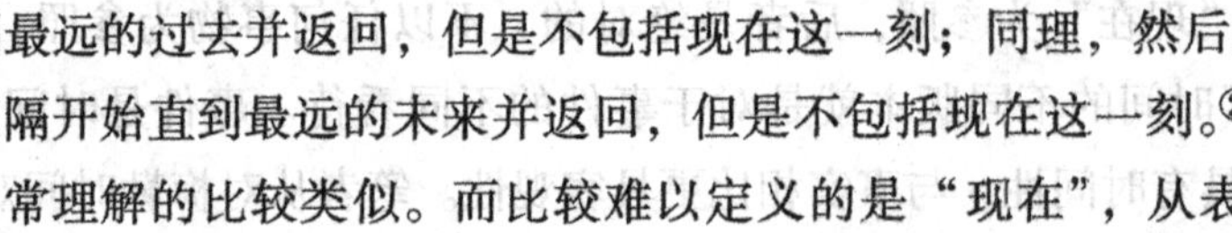

图4.3 过去、现在、未来示意图

① Mellor D H. Real Time II [M]. USA and Canada: Routledge, 1998: 8.

② Ibid: 9.

③ Ibid: 10.

然而，从图4.3中可以看出，在A－时代中，“S”处的“现在”还是有可能是无限小的。

B－时代同A－时代类似，也是一种包含事件的时间综合体。然而不同之处在于，这些事件当时的关系从不改变，不同于它们对于现在这一刻的关系。① 古德曼论证说，没有哪种对象对于世界来说固有是基本的：我们能够用不同的方法来构成世界，而且不同的世界“版本”（或图像）可以包括不同种类的基本对象。② 那么A－时代、B－时代对于时间的不同版本就是对于事件的不同看待。A－时代同B－时代相比，前者是相对的，后者是绝对的，前者是以现在为参照的，后者不以任何事物为参照。举例而言，新中国成立是1949年，那么在A－时代中，它就是一个过去的事件，是60多年前的事，而新中国成立这个时间也是过去的时间，这都是相较于2014年6月1日来说的；而在B－时代中，新中国成立永远是1949年10月1日，这是无可争议的。

这样便衍生出一个新问题，在B－时代中，什么是现在呢？要弄清这个问题，首先需要对一个术语——时态逻辑物质，所谓时态逻辑是指，像所有的A－时代那样以独特方式存在的时间表述，它几乎和普通逻辑一样普遍，因为A－时代常常被认为是“时态”。使时态逻辑值得研究的原因是事实上重复A－时代的归因能够使真相变得虚假，谎言变成事实。例如，如果说“小明昨天到达了”是真实的，那么“明天（参照物），小明将在昨天到达”就是虚假的；而这种情况下，未来恢复真实，原来的“现在”就必须被改变：“明天，小明在两天前到达”。所以说，如果参照物不变，那么随着时间变化，A－时代就会出现逻辑错误。所以时态逻辑或时态逻辑物质决定了我们必须要有一种稳定、绝对、可以信赖的时间出现，否则便会出现事件阐述不明、逻辑混乱的情况。所以，B－时代的事件从不与时间违背，重复它们的归因也不会制造一个真实的虚假或虚假的真实。上述例子如果用B－时代表明就是，“小明在5月2号到达”同“在5月3号，小明于5月2号到达”是代表一个意思。这样，B－时代中的“现在”可以指任何时间，只要将这个时间用日期表述出来。

梅勒的A－时代和B－时代观点是对传统时间观点的补充完善，将时间、事件联系在一起，用更加简明、生动的语言将其表述出来。而针对A－时代和B－

① Mellor D H. Real Time II [M]. USA and Canada: Routledge, 1998: 10.

② Goodman Nelson. Ways of World Making [J]. Indianaplolis, 1978 (4): 3-12.

时代两种理论，梅勒赞同B观点。这主要是因为世界是一个B世界：没有事件是在它本身也在过去、现在或未来。A－时代只是我们把事件置于时间中的一种方式；一种强制的方式，的确，我们不能离开它，但这并不是东西在事实中的存在方式。

（二）作为时间中实体的认知伦理

关于过去、现在和未来的这些观点对于我们的时间概念是很重要的。然而由于现代物理学的发展，原先我们认为世界是三维的，但后来有些学者将时间也看作一个维度，世界就成为了四维世界，这样便是将时间看作是与事件不可分割的共同存在之物了。而有些哲学家独辟蹊径，认为时间同事件并非不可分割的，世界上是存在“无须事件的时间”的。罗素说，不可还原的事件完全先于另一事件或者在时间上同另一事件部分重叠，我们就可以说某实体进行某种行为或存在某种状态是在此实体或其他事物如此这般之前、同时或之后。依此而言，我们就能将其谓词定义为“有期间的”和“是即时的”，这样便无须假定不可还原的事件；然而，如果我们用时间连词[①]代替罗素的原初时间谓词“完全在先”，我们就可以发展出一种无须事件的时间理论。

“无须事件的时间”或许在理论上有某种可能性，但却是少数哲学家、科学家的想象，不是公认正确的。塞拉斯就认为，时间本体论对于事物本体论来说是一种合法的可选择的方案，而且从科学的目的来看可能是更好的选择方案。[②] 梅勒同样认为要展示什么是时间，必须从设想一些关于它的东西开始，因为即使是形而上学的砖块也需要一些事实的稻草。[③] 而“时间”这个“砖块”便需要“事件”这些“稻草”。

在梅勒看来，应该把所有在时间中的实体称作“事件”（events）。[④] 它是不

---

① 时间连词概念最早出现在塞拉斯的《时间和世界秩序》一文中，参见 Sellars Wilfrid. Time and the World Order ［A］ //Herbert Feigl，Grover Maxwell. Minnesota Studies in the Philosophy of Science. London：Minneapolis，1962：527－618. 杰奇的《关于时间的一些问题》也出现过这个概念，参见 Geach Petert. Some Problems about Time ［A］ //Geach Petert. Logic Matters. NY：Oxford University Press，1972：302－318. 安斯考姆的《之前与之后》同样对时间连词有所论述，参见 Anscombe G E M. Before and After ［A］ //Anscombe，Collected Papers. Minneapolis，1981：180－195.

② Sellars Wilfrid. Time and the World Order ［A］ //Herbert Feigl，Grover Maxwell. Minnesota Studies in the Philosophy of Science. London：Minneapolis，1962：593－595.

③ Mellor D H. Real Time II ［M］. USA and Canada：Routledge，1998：7.

④ Ibid：85.

同于事物和事实的。

首先，事物同事件是有共同性的，二者都具有空间部分。就事物而言，原子是分子的部分，身体的手臂及其他部位，太阳系中的太阳，星球及其他部分，等等。事件也是一样的，如一顿家庭聚餐，其空间部分就是被每一位家庭成员所吃的饭。在这一点上事物和事件是相像的。

然而二者又是不同的。事物不像事件那样，即使在时间上有延伸，却缺少时间的部分。① 也就是说，事件更强调时间在其中所起的作用，事物则不然。举例而言，原子、分子、手臂只是一个物体概念，并不一定与时间相关，原子、分子无处不在，手臂是人的一部分，并不强调这些事物在不同时间的不同性。但事件就不同了，它和时间有着紧密的联系。比如"我登上了珠穆朗玛峰"这一事件，我并不是任何时候都会登上珠穆朗玛峰，这一事件一定会伴随着一定的时间而存在。用 A－时代来说，可以说"我前一个月登上了珠穆朗玛峰"，用 B－时代语言来说是"我 2008 年 7 月 28 日登上了珠穆朗玛峰"，只有这样，这个事件才是真实存在的。

进一步说，那类被我们认为是事物的是那些在多数情况下完整出现的，而那些有时间因素的被我们看成事件。瞬间发生的命题为了保持其有用的含义我称之为事件而非事物：（i）任何事件都不是事物，（ii）事物是不断完整出现的所以不断地重新确认。

其次，事件必须同真理论证的事实相区别。二者虽然都强调时间的重要性。比如，"我登上了珠穆朗玛峰"必须在时间中才能成立，当证实了"我 2008 年 7 月 28 日登上了珠穆朗玛峰"这一事件为真时，就可以说它是一个事实了。可以看出，事实更加强调事件的真实性，而事件则无须说明其真实与否。事件主要表现在一个事物 x 在不同时间 t 和 t′所具有的互斥的属性 F 和 f′，类似与著名的哲学断言"人不可能两次踏入同一条河流"。而对于事实的概念，梅勒同意斯特劳森②的看法，原因是用称谓是重新确认那些不止一次出现的特定事物。这些特定事物、事件就需要明确其可能性，也就是说事实更重视人的主观意识，事件更重视客观性。其实这同我们日常理解的事实没有区别，我们在谈论某事是否是事实时，就已经运用自身的思维加以分析；而谈论事件时则不然，并没有非要确定

① Mellor D H. Real Time II [M]. USA and Canada: Routledge, 1998: 85.

② Strawson P F. Individuals: An Essay in Descriptive Metaphysics [M]. London: Methuen, 1959: 2－12.

其真假。

通过对“事件”与“事物”和“事实”的区分可以看出，事件强调时间性和客观性。也就向梅勒概括的“事件”是时间中的实体。作为一个事件，没有特定的变化是在许多时候完全出现的，我们不需要去重新确认因此也不需要去命名，这也是为什么我们谈到变化的时候都用描述。

（三）作为时间中事件的认知伦理

上述说过，梅勒认为事件就是“时间中的实体”，那么时间和事件是如何发生联系的呢？

A－时代中，“现在”作为参照物是个无限小的点，而在B－时代中，2008年7月28日22点39分26秒……也可能是个无限小的点。在怀特海看来，点不是一连串趋同物的极限，而是这一连串本身。① 梅勒认为点在基础上不是实在的：像瞬间一样，它们是逻辑的虚构。然而事件的发生又必然要同这些逻辑虚构相联系。

1. 时间和事件是统一的

从梅勒的观点中可以看出，事件就是时间中的实体，那么事件就必然存在于时间中。也就是说，没有时间的事件就不是事件，是事物；而没有事件的时间就不存在，是一个虚构的逻辑。时间和事件的统一性为世界的存在奠定了基础，而且是一一对应的。所以梅勒反对“时光会倒流”的说法，在他看来，一些学者认为“我们能重临过去”的观点纯属无稽之谈。② 比如，2008年7月28日22点39分26秒我写下了一个词“无稽之谈”，那么当这一秒过去时，写下“无稽之谈”这个事件（i）也过去了；即使2008年7月28日22点39分27秒，我又写下了“无稽之谈”（ii），那么这个（ii）事件也不是（i）事件。2008年7月28日22点39分26秒对应（i）事件，2008年7月28日22点39分27秒对应（ii）事件，当（ii）事件发生时，我再也回不到2008年7月28日22点39分26秒，也回不到（i）事件。

---

① Whitehead A N. The Concept of Nature [M]. London: Oxford University Press, 1920: 85－86. 罗素给出关于点的分析，参见 Russell Bertrand. Human Konwledge: Its Scope and Limits [M]. London: Methuen, 1948: 149－162.

② Mellor D H. Real Time II [M]. USA and Canada: Routledge, 1998: 7.

2. 时间和事件的关系不是单纯的变化关系，事件也不是变化

如果变化是在不同时期有着互斥属性的事物，那么我们就需要有事件来迎合时间，这样通过变化来证明时间中发生事件就会成为循环证明。[①] 通过爱因斯坦的总体相对论来看，时空中有比事物或事件的时空关系更多的东西，因为它把万有引力解释成为事物和时空的相互关系（它们的数量影响它的曲度进而影响了它们运动的方式），这样便足以证明时空是一个有着临时力量的实体[②]，然而我们能证明任何事情都比它事实上发生的晚十分钟，或偏北十公里吗？梅勒认为不能。所以即使是在相对论中我们也需要事件来证实时空的点和区域，从而证实特定的时间。这样变化同时间中的事件就不能同日而语。还用上述“无稽之谈”的例子，从表面上看，（i）事件和（ii）事件没有变化，但二者是在不同时间中发生的事情，所以也就是两个事件，如此看来，变化和事件是不同的。

3. 时间和事件的关系是一种属性关系

梅勒认为，两个命题、事件间关系是真实存在的，如先后关系，而时间和事件的关系是一种复杂的包含各种属性的全面测试。[③] 其中主要的是属性的因果测试，即，一个事物的属性通过观察应是易于发觉的。针对这一观点，普特南[④]是持否定意见的，比如“想小明”事件，普特南认为“我”的内在没有任何属性使得吉姆成为我想的那个人，这样我并不能通过观察使得“想小明”这个属性产生。然而我们不得不承认，事物属性的变化可能会引起一连串的反应，包括这些我们用来认识它们的反应，前提是他有能够产生一连串反映的属性。这就是为什么你不能仅仅通过看看我就能说出我是否有名，是否是独生子，是否比小明高的原因。你的问题不是我的这些属性不易观察，而是你寻错了地方，找的是根本不存在的属性。是别人的别的属性使得我有名，或是独生子或比小明高。斯特劳森说过，与一个可以被确定的共同的、主体间的世界对象相关的“基本殊相”应当是持存物。[⑤] 戴维森在他的《因果关系》一文中提出：单一的因果陈述应该

① Mellor D H. Real Time II [M]. USA and Canada: Routledge, 1998: 97.

② Mellor D H. On Things and Causes in Spacetime [J]. British Journal for the Philosophy of Science, 1980, 31: 282 -8.

③ Mellor D H. Properties and Predicates [A] //Mellor D H, Oliver A. Properties. Oxford: Oxford University Press, 1997: 254 -67.

④ Putnam H. The Meaning of "Meaning" [J]. Mind, Language and Reality: Philosophical Papers, 1975 (2): 215 -71.

⑤ Strawson P F. Individuals: An Essay in Descriptive Metaphysics [M]. London: Methuen, 1959: 38 -40.

被理解为肯定事件中的因果联系，他将现存物质当成了原因。[①] 这都是对因果陈述的一种肯定描述。然而他们没有从时间和事件属性关系来对因果陈述进行分析。梅勒对时间和事件的因果分析正是其高明之处。

无论是从 A－时代时间相对性来说，还是就 B－时代时间绝对性而言，过去和未来是明显不同的，即，我们可以看到（或通过其他感官感觉到）过去，但却影响不了它，而未来正好相反：我们可以影响但却不能看到。这当然不是说我们可以看到过去的一切或是影响将要发生的一切[②]。我们能从过去看到什么或能对未来产生什么影响取决于我们身在何方，我们知道什么，我们寻求什么，以及我们眼睛的准确度（有没有用辅助物，从显微镜到放大镜）。但这些限制是有条件的，多变的，而我们无能力看到未来或影响过去是绝对的，不可改变的。这就是时间的一个显著特征。而他的这个特征也就决定了事件与事物、事实的差别，决定了事件同时间的一一对应关系。而这种关系是导致时光无法倒流的原因，也是属性的因果测试存在的原因，一种果的属性可以探寻到它的因，这仅仅是因为原因通常都先于结果出现的事实。

二、浸润于时体中的认知伦理

从哲学意义上来讲，“时间”（Time）、“事件”（Events）、“空间”（Space）三者是无法分割的。所以，要了解时间系统，我们就必须从这三个方面入手，分别建构出“事件”与“时间”的“时体[③]认知模型”和“空间”与“时间”的“时空同构模型”，进而对时间系统有一个较为全面、完整的认识。在这里，笔者先对前者——时体认知模型——进行分析和建构，这一模型的建构主要是基于梅勒的时间观点发展、完善而来的。

时体认知模型的主体是“时间”和“事件”，建构它的主要目的是为了进一步了解二者的相互关系，但这些都是基于梅勒的时间观而获得的。首先，鉴于梅勒时间观的两种分类方式：A－时代和 B－时代，我们获得了“事件的 A－时代

---

① Dacidson D. Causal Relations [J]. Journal of Philosophy, 1967, 64: 691－703.

② 原因是由于“一切”这个概念太绝对。

③ 这里的“时体”不同于语言学中的“时体（tense and aspect）”概念，更确切地说应该是“时间事件体”，主要是指“时间”与“事件”及其二者间的相互关系，所以用 Temporal 表示更加恰当。

时间结构及判定”和“事件的 B - 时代时间结构及判定”，此二者虽有区别，但归根结底是外部认知者对“时间”的判定。其次，在对两种事件的时间结构认知基础上，我们进一步研得了“时体认知窗口机制”，这种机制还是具有 A - 时代和 B - 时代的差别，但最终目的也是为了更加清晰地解释“事件”。第三部分从“逻辑语境”和“语言语境”视角对“时体认知模型”进行建构，以便获得一个对“时体”更深、更透彻的认知。

（一）事件的时间结构及其判定

在哲学界，用认知来解构时间的案例不能说没有，坦米（Talmy Leonard）的空间关系理论①，兰格克（Langacker R W.）认知语法中“有界”与“无界”的概念②，都对时间的研究影响甚深，但这些并不涉及时间系统的基本构成，而只是对时间解释的一种有益补充而已。若要以一种科学、严谨的方式建构一种时间系统模型，还要从“事件”和“时间”的关系出发来分析，梅勒的时间观对此颇有裨益。这也正是逻辑学家提出的“说话时间 S、事件时间 E、参考时间 R”观点时至今日依然能够在时间研究中大行其道的缘由。

在时间理论中，“事物”（Thing）和“事件”是不可或缺的概念，梅勒也将这两个概念进行了细致的区分。在他看来，事件是时间中的实体③，同时，他也将“事件”同“事实”（Fact）加以区分，以便使人们更好地理解这些与时间有关的概念。在他看来，三者既有共同性，但又各具特点。首先，事物同事件都有空间部分，但是，事物没有时间延伸性，缺少了时间部分。④ 其次，事件同事实虽然都强调了时间的重要性，但是事实更加强调事件的真实性，而事件更强调其客观性。通过三者分析可以看出，事件更强调时间性和客观性。所以，相较于事物和事实，事件才是能够更好体现时间本质的关联性词语。

那么事件究竟是如何解释时间，也就是说，事件的时间结构是什么呢？这是我们在建构时体认知模型时必须首先解决的问题。

---

① Talmy，Leonard. Force Dynamics in Language and Cognition [J]. Cognitive Science，1988 (12)：49 - 100.

② Langacker R W. Grammatical Traces of some "Invisible" Semantic Constructs [J]. Language Sciences，1993 (15)：323 - 355.

③ Mellor D H. Real Time II [M]. USA and Canada：Routledge，1998：85.

④ Ibid.

卡尔纳普认为，“事件”是瞬间切面的时间存在，而世界是瞬间事件的总和。[①] 这是“事件的时间结构”中的一种重要观点——“单一层次”观，这种观点只考虑动词的、瞬间的情状，是最简单的句法组合层次。[②]

与“单一层次”观相对应的是“多维层次”观，梅勒的时间观就是一种“多维层次”观。在对“事件的时间结构”表述中，他并不是单纯地、僵硬地将事件与时间拉在一起，而是将“事件”用“时间”这种情状完善地表达出来。正如戴耀晶所言，考察体（时体）意义必须结合句子，句子是表述“事件”的，而事件的发生又必然要同时间发生联系。[③] 梅勒的时间观是基于两种分类方式而产生的：A－时代和B－时代，前者是相对的、以“现在”为参照物；后者是绝对的、不以任何事物为参照物。依据不同的“时代”分类，我们了解的时间、事件的意义也各有不同。所以说，“在时间进程中观察事件”就是打开了一个时间认知窗口，我们可以从这个窗口中来看事件。

举例来说，我们用时间认知窗口来进行观察“我在跑步”这个事件，这一事件的时间结构就有两种：

1. A－时代方式

“我在跑步”是以“现在”为参照物的，也就是说，我现在在跑步，但是这个“现在”是不确定的，可以无限小、也可以无限大，这个“现在”是与“在跑步”这个“事件”相联系的。如图4.4所示。

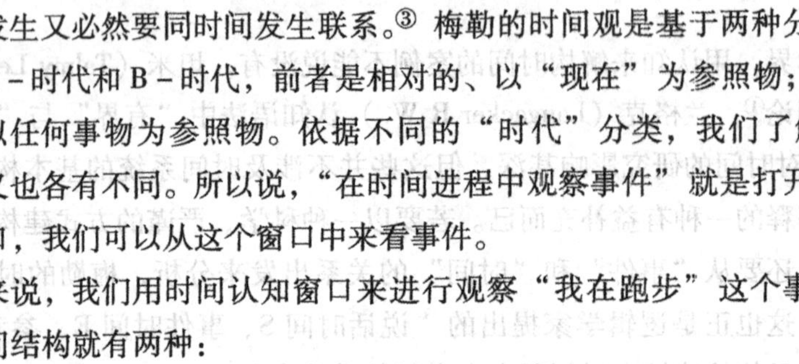

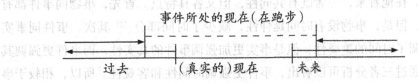

图4.4　“我在跑步”事件的“A－时代”时间结构

从图4.4我们可以看出，这里的“事件所处的现在”和“真实的现在”的界定是模糊的，这里的“时间”（过去、现在、未来）是随着“事件”的变化而

① Carnap R. Introduction to Symbolic Logic and its Applications [M]. New York: Dover Publications, 1958: 197－216.

② 奎克（Quirk, R.）曾对这种观点进行过详细论述，在谈到事件、动作时还提出了“动词表示的现象”这一术语。参见Quirk R et al. A Comprehensive Grammar of the English Language [M]. London: Longman, 1985.

③ Carnap R. Introduction to Symbolic Logic and its Applications [M]. New York: Dover Publications, 1958: 197－216.

变化的，换句话说，A－时代中“事件的时间结构”更强调事件在时间中的意义。

2. B－时代方式

相对于A－时代“事件的时间结构”的不确定性，B－时代“事件的时间结构”是绝对的、唯一的、确定的。同样是“我在跑步”这个事件，用B－时代语言可以精确表述为“我现在（2014年7月10日21点20分18秒……——2014年7月10日21点50分18秒……）在跑步”，“现在”就是“2014年7月10日21点20分18秒……——2014年7月10日21点50分18秒……”，而“过去”就是“2014年7月10日21点20分18秒……之前”的时间，“未来”就是“2014年7月10日21点50分18秒……之后”的时间，这种“事件的时间结构”很清晰。(见图4.5)

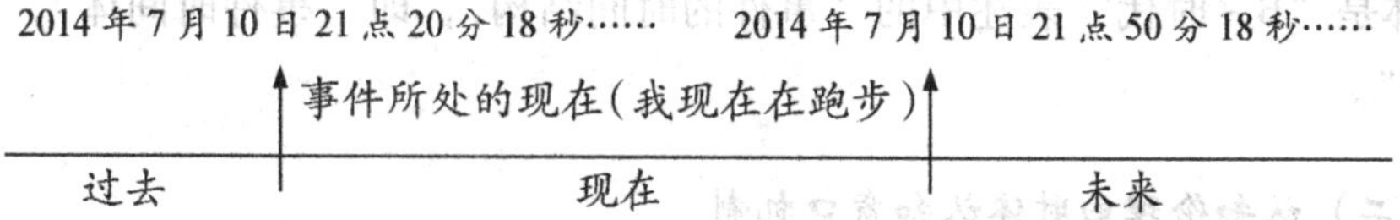

图4.5　“我在跑步”事件的“B－时代”时间结构

从上述两种“事件的时间结构”表述中，我们可以发现，事件的时间结构是事件自身的性质，而对事件的时间结构的判定其实是一种观察，是认知者在外部时间背景之上的认知判定过程。也就是说，“事件的时间结构判定”归根结底是外部认知者的判定。

究其根源，这种判定分为两类：“瞬间事件的时间结构判定”和“过程化事件的时间结构判定”，这是事件的“时间性”问题，前者与“单一层次”观相对应，后者与“多维层次”观相对应。

顾名思义，所谓“瞬间事件”是指延缓为0的事件，也就是开始与结束重合的事件，这种事件的“时间结构判定”不是很好理解。这是因为，在我们通常的理性分析中，我们会认为“世界上不存在不占时间的事件”。但事实上，在现实中，我们又经常会“说出”这样的事件，比如，“我完成作业了”这个事件就是一个瞬间事件，它的起始和终结都在同一时刻，延缓性为0。那么为什么会存在这种矛盾性呢？我们现实时常出现的观点（存在不占时间的事件）与我们的理性分析观点（不占时间的事件是不存在的）为什么会有差异呢？究其原因，是因为“此类事件在客观世界中并不真正存在，它完全是人为加以定义的。”①

梅勒的时间观主要关注的是“过程化事件”，他的两种“事件的时间结构”也对应着两种“事件的时间结构判定”：A－时代判定和B－时代判定。

A－时代判定：不存在孤立、静止的时间结构，事件的时间结构判定只会随着事件变化，“现在”“过去”和“未来”三种时间结构都是不确定的。在兰格克的观点中，这是一种将“过程的终点排除在外……”的时间结构。②

B－时代判定：时间是确定的、唯一的，事件只能在一定的时间中进行，事件的时间结构判定也必须依据“精确的”时间来确定。

对于这两种“事件的时间结构及其判定”，梅勒比较赞同的是第二种，也就是“事件的B－时代时间结构”及其判定方式，在他看来，这种时间结构能够更好地将事件和时间相联系，形成一种确切的“时体”。所以，“时体认知模型”的主体是“B－时代”表述中的“事件的时间结构”，即“事件时间体”，简称“时体”。

（二）认知伦理的时体认知窗口机制

在明确“时体认知模型”主体的基础上，我们需要更进一步了解这个模型的具体运作过程，也就是说，“时间是运用何种方式来认知事件的？”“典型事件类型的认知机制又是什么？”

若用T来代表事件，那么时间与事件的关系可以表述如下：

当T发生时	when T
在T之前	before T
在T之后	after T

在梅勒的时间观中，“when T”是时间与事件关联的中心点，时体认知窗口也是由它延展而得的。时体认知窗口是指事件中的外部时间或时间背景，对于不同的事件，时间认知窗口的重要性也不一样。

要探讨时体认知窗口的机制，我们首先需要弄清两个问题：①时体认知窗口是必须的吗？②事件与时体认知窗口是一一对应的吗？

针对第一个问题，我们的回答是：在“单一层次”观中，时体认知窗口并

① 陈振宇．时间系统的认知模型与运算［M］．上海：学林出版社，2007：216．

② Langacker R W．Grammar and Conceptualization［M］．New York：Mouton de Gruyter，2000：228－229．

不是必然存在的；但在“多维层次”观中，时体认知窗口对于每一个事件都是必须存在的。从第一部分可以看出，“单一层次”观中的“瞬间事件”是一种客观世界中不存在的事件，也就是说，在这一观点中，时间和事件是处于一种分离状态的，“时体”这个概念不存在，更无法论及时体认知窗口了。而在“多维层次”观中的事件都是“过程化事件”，时间和事件是一致的，这时就存在时体认知窗口的必要性了。

第二个问题的回答同第一个问题有些近似：在“单一层次”观中，事件与时体认知窗口不是一一对应的（原因不再赘述）。但是在“多维层次”观中，事件与时体认知窗口就一一对应吗？我们知道，没有“无事件的时间”、也没有“无时间的事件”，但时间和事件的关系并不是一一对应的。每一个事件的发生都有相应的、特定的时间与其对应，但每一个时间所发生的事件却并不唯一，所以二者是对应关系，但并不是一一对应关系。无论是在A－时代还是在B－时代的时间结构中，这种情况都不会发生变化。

在明确这两个问题的前提下，我们便需要解决一个更重要的问题：时体认知窗口的构造和具体操作是什么？[①] 对这个问题的探讨，我们还是要从两个方面入手分析：A－时代时体认知窗口和B－时代时体认知窗口，基准不同、认知窗口的构造和操作也不相同。

梅勒将A－时代定义为一种度量手段，主要是反映一个事件多快、多久的一种手段。[②] 所以，以A－时代为基准的时体认知窗口也是为这个目的而存在的。在这里，事件不可能是一个点，而是一个面。在梅勒看来，我们是否能够观察事件，所依赖的正是事件所处的A－时代。这是因为，我们无法观察到未来的事件：当我们观察到它们时，它们已然成为了“现在”；而对于过去的事件，只是存在于我们的记忆中。我们的经历或者经验告诉我们事件的A－时代，而非B－时代。[③] 所以，在A－时代中，时体认知窗口的构造就是以“事件”为基础产生的，而时体认知窗口操作是通过B－时代获得的，目的是为了更好地阐明事件。“事件”是A－时代时体认知窗口的出发点和归宿。

① 鉴于“单一层次”观中，事件与时间认知窗口的不完全一致性，这里暂时仅探讨“多维层次”观中的“时体认知窗口构造和操作”问题。

② Mellor D H. Real Time II [M]. USA and Canada: Routledge, 1998: 8.

③ Ibid: 14－16.

梅勒的B－时代与A－时代不同之处在于：对于现在这一刻关系的认识。[①]他虽然认可B－时代时体认知窗口的准确性，但是却认为，B－时代的知识必须从A－时代的知识中获得。[②] 在他看来，要展示什么是时间，必须从设想它的东西（事件）开始，即使形而上学的砖块也需要事实的稻草。这与一些哲学家的观点相类似，而且也符合日常行为规范，比如我们常说的“无风不起浪”“无火不生烟”等。但是，B－时代却对事件的恒久不变给予了一个现成的说法，这也就是我们通常会在门上标注“我下午2点回来”而不是“我会在2个小时内回来”。这种真实性和确定性是A－时代无法给予的，所以B－时代时体认知窗口是以“时间”作为标准和刻度的，“时间”成为时体认知窗口的构成标识和操作基础，而B－时代时体认知窗口操作的目的是为了确保事件的准确性。

从这些内容中，我们获得了一个有趣的认识：B－时代时体认知窗口只是A－时代时体认知窗口的一个简便方法。我们感兴趣的是A－时代，或者说是存在于A－时代中的知识（事件），我们更深层次是希望通过经验来了解、解释这些事件，获得真正有价值的、确切的知识。

然而，真实知识的获得不是简单的事，需要考虑到其所处的情境，这个情境包含时间、地点、人物等因素。在这里，我们着重论述“时间”对“事件”认知的重要性。比如，要探讨“中华人民共和国成立了”这个事件的真假，没有时间限制我们是无法判定的。如果现在是2000年，那么这个事件为真；如果现在是1940年，那么这个事件为假，这是以“现在”作为参照物进行的判定，是一种A－时代判定。而如果要判定“中华人民共和国成立于1949年”这个事件，那么我们就能够说它是真的，这是一种B－时代判定。所以说，B－时代时体认知窗口较A－时代更为简便、易懂，但两种时代认知的目的却都是为了“事件”而存在的，“事件”是时体认知窗口机制的灵魂和关键。

（三）时体认知模型的认知伦理语境建构

万事万物都在时间中运行，所以，时体认知涵盖范围之广是不言而喻的。那么在建构时体认知模型时就不能简单化，而因从多维度对其进行考虑，这个多维度就是语境。郭贵春曾说过，语境是一种具有本体论性的实在，是一切人类行

---

① Mellor D H. Real Time II [M]. USA and Canada: Routledge, 1998: 10.

② Ibid: 7.

为和思维活动中最具普遍性的存在，“一切都在语境之内”，“所有语境都是平等的”。①

当我们面对21世纪，回眸20世纪哲学发展历程时就会发现，任何问题都不是单一的，不是能从一个方面就完全解决的。那么就需要一个研究视角、或称研究基底来统一重构或重解这些问题，这个视角或基底非语境（Context）莫属。这是因为，语境具有一种“魔力”，能够抛弃繁乱的、无章法的状态，抛弃一切单纯形式的、经验的、范式的依托，将要研究的问题转向、统一到一个不可还原的、整体的基点上去。这种趋向已经不以人们的意志为转移地跨入了我们的视野，所以“时体认知模型的建构”也可以采用这种方式。

与“时体认知模型”相关的语境有很多，从哲学角度考虑，自身逻辑和语言两方面的语境是与其关联性最强的，所以要建构“时体认知模型”，也应从这两个方面进行探讨：时体认知模型的逻辑建构、时体认知模型的语言建构，进而获得一个较为完整的时体认知模型。

1. 时体认知模型的逻辑建构

时间和事件是时体认知机制中的主体，二者的关系也是其中最关键的逻辑问题。所以，时体认知模型的逻辑建构就是时间和事件的逻辑关系建构。

首先，在梅勒看来，时间和事件是统一的。没有时间的事件是事物，没有事件的时间只是一个虚构的逻辑，所以，时间和事件是一一对应的。②

然而我们发现，事件与时间的逻辑关系并非是一一对应的。鉴于时间的一维性，所有时间处所都可以看作是时间轴上的一段、或是一点，事件是排列在这个轴上的纵点，如图4.6所示。

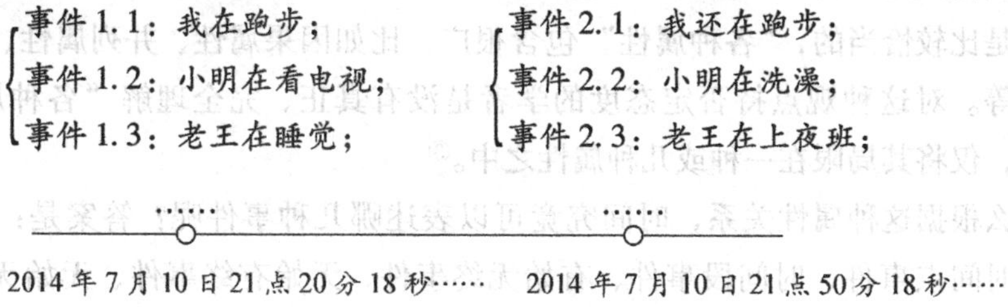
事件1.1：我在跑步；
事件1.2：小明在看电视；
事件1.3：老王在睡觉；
事件2.1：我还在跑步；
事件2.2：小明在洗澡；
事件2.3：老王在上夜班；
……
……
2014年7月10日21点20分18秒……
2014年7月10日21点50分18秒……

图4.6 时间与事件逻辑关系图

① 郭贵春. 语境与后现代科学哲学的发展［M］. 北京：科学出版社，2002：1-5.

② Mellor D H. Real Time II［M］. USA and Canada：Routledge，1998：7.

所以说，每一个事件都有相应的时间对应，但与每一个时间对应的事件却有无数个，这才是时间与事件的真正逻辑关系。

但有些人也可能会指出，每一个事件与时间也不是一一对应的，比如图4.6中的“我在跑步”事件，就是同一事件对应着不同的时间’。这个观点存在一种误解，即将“事件1.1：我在跑步”等同于“事件2.1：我还在跑步”，其实“2014年7月10日21点20分18秒……”的“我在跑步”事件已经不是“2014年7月10日21点50分18秒……”的“我在跑步”事件。正如赫拉克利特所言，“人不可能同时踏入两条河流”，人在不同时间，虽踏入了同一条河流，但由于时间不同，“踏入河流”这个事件已不相同。“物是人非”说得正是这个道理。

其次，时间与事件的这种逻辑关系，不是简单的变化关系，它归根结底是一种属性关系。

梅勒认为，我们不能将时间与事件的关系简单定义为一种变化关系。这是因为，如果变化是在不同时期有着互斥属性的事物，那么通过这个定义来证明“时间中的事件”就只能沦为一种循环论证。[①] 因为，“时间中的事件”是先于“变化”而存在的。例如图4.6中的“事件1.1：我在跑步”和“事件2.1：我还在跑步”，是先有了这两个事件，我们才能用这两个事件看出，“时间中事件”的变化，如果一开始就将“时间与事件的关系定为变化”，那么“变化”就作为前提出现了，对于说明“时间与事件的关系”就无益了。

既然时间与事件的关系不是变化关系，那么我们如何形容二者的逻辑关系呢？梅勒将其定义为一种“复杂的包含各种属性的全面测试”关系。[②] 梅勒的这种定义是比较恰当的，“各种属性”包含很广，比如因果属性、并列属性、偶然属性等等。对这种观点持否定态度的学者是没有真正、完全理解“各种属性”的范围，仅将其局限在一种或几种属性之中。[③]

那么根据这种属性关系，时间究竟可以表述哪几种事件呢？答案是：5种。分别是时间点事件、时间段事件、有始无终事件、无始有终事件、无始无终事

① Mellor D H. Real Time II [M]. USA and Canada: Routledge, 1998: 97.

② Mellor D H. Properties and Predicates, Properties [M]. Oxford: Oxford University Press, 1997: 254 -67.

③ 比如，斯特劳森就将时间与事件的关系看作是“持存物”关系，戴维森将二者关系看作“因果关系”。参见 Strawson P F. Individuals: an Essay in Descriptive Metaphysics [M]. London: Methuen, 1959: 38 -40; Dacidson Donald. Causal Relations [J]. Journal of Philosophy, 1967, 64: 691 -703.

件。如图 4.7 所示。

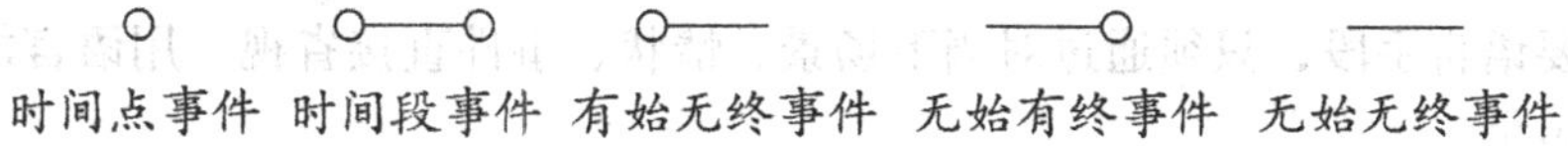

图 4.7 时间所表述事件的类型

时间点事件是指“单一层次”观中的事件，就是瞬间事件，又可以称为“始终同一”事件，比如，“我考上大学了”。

时间段事件又可以称为有始有终事件，比如，“从早上八点一直学习到现在”。

有始无终事件是指在时间上有开始但没有终结的事件，比如，“我爱你直到永远”。

无始有终事件与有始无终事件相反，是指在时间上没有开始但有终结的事件，比如，“不知从何开始，我爱上了你，但现在已经不爱了”。

无始无终事件顾名思义就是指在时间上没有开始也没有终结的事件，比如，“时间这条河流无始无终”。[①]

所以，时体认知模型的逻辑建构就是通过对“时间”与“事件”属性关系的逻辑理解，进而对“时间”如何表述“事件”、表述何种“事件”有一种更深、更好的认知。

2. 时体认知模型的语言建构

从“时体认知模型的逻辑建构”一节中，我们可以发现，“有始无终事件”“无始有终事件”和“无始无终事件”的举例并不是现实中确定无疑的事件，而只是“语言上的”事件。这就是时体认知模型的另一语境建构——语言建构，从这个视角，我们可以获得一种新的对时体模型的认知。从上述对“时间点事件”，“时间段事件”，“有始无终事件”，“无始有终事件”，“无始无终事件”的具体例证中，我们能够看出两种“时体认知模型的语言建构”：“时体认知模型的原始语言建构”和“时体认知模型的深层语言建构”。

“时间点事件”和“时间段事件”的例证就是“时体认知模型的原始语言建

① 可能有人会认为“有始无终事件”“无始有终事件”和“无始无终事件”的举例不太恰当，因为这些事件或许并不是真正““有始无终”“无始有终”或“无始无终”，但是由于思维、科学、认知等条件的限制，我们还无法举出完全符合这三个条件的、准确无疑的事件，所以就列举了“语言上的”三事件，通过下一节“时体认知模型的语言建构”的阐释，我们能够对此有更好的理解。

构”，它是一种对事件的直接陈述，准确地说并不是一种真正意义上的语言建构，它不需要语言手段，只须通过对当下场景、情状、事件直接省视，用语言加以表述就可以了。

而相对应的，“有始无终事件”“无始有终事件”和“无始无终事件”的例证就是一种“时体认知模型的深层语言建构”，在这种语言建构中，我们还要加上陈述者的想象、隐喻、类比等手段来用语言表述事件，这是一个更加高级的过程，也是具有成熟心智和成熟语言技巧的人们常用的一种方式。

从上述两个方面，我们能够更进一步地加深对“时体认知模型”的了解。那么我们应如何定义或更完善地解释这个模型呢？其实，“时体认知模型”就是通过一些方式、方法，获得一个对“时体”更好、更深的认知和了解。梅勒是在“A－时代”和“B－时代”时间划分的基础上对“时体”进行再分析的，而笔者不仅扬弃了梅勒有关“时体”的认知，并从“逻辑语境和语言语境”的视角对“时体”进行了解构和重构，进而获得一种对“时体模型”的新认知。所以，时体认知模型的语言建构是运用语言对不同阶段、不同类型的事件进行再认知的一个过程，是对时体认知模型建构的一个更高层次的要求。

自赖兴巴赫（Reichenbach）提出参考时间（point of reference）这一概念以来，用这个概念来分析“时间”和“事件”关系的著作一直层出不穷，但截至目前，学界对这一概念究竟是什么、是否牵涉句法等问题依然没有统一界定。那么我们何不换一个新思路、用一种新视角来研究“时间系统模型”问题呢？因此，本书最终采取“认知”这个窗口，选用“时体认知”这个视角对整个“时间系统”进行分析和探究，试图为时间系统的研究添砖加瓦。当然，这种研究思路和角度只凸显了我们对“时间系统”中“时间”和“事件”关系的认知，如果要更深入地了解，还需从“时间”和“空间”角度进行透析，这就是“时空同构模型建构”。

三、时空同构认知伦理策略

在“时空”研究的这个“战场”上，各种观点纷至沓来、争锋相对，每一派都使出浑身解数，以期获得对这个问题的实质认识。认知伦理正是其中之一。在这些观点中，梅勒的见解独树一帜，有学者称，他的思想以系统新颖、逻辑严密而著称[①]。他的时空观是以“A－系列和B－系列”作为研究基点，将“‘时间’、‘空间’同‘事件’”的关联作为研究内容，对时空进行了一种科学、合理的剖析。若要论证认知伦理的可能性，还是要基于梅勒的时空观，通过对当代时空概念的变化以及发展路径进行透彻分析，选用梅勒时空观中最耀眼的一颗新星——时空同构（spacetime isomorphism）——来作为认知伦理研究时空模型的基础，提出了一种时空同构的认知伦理策略。

本书试图采用“（what－）模型内涵—（why－）模型归因—（how－）模型表征”的方式来对“时空同构”加以透视。首先，在这一时空同构模型中，时间概念和空间概念是不同的，但空间是时间的空间类似物，这就说明了二者在结构上是具有相似性的，它是一种以A－系列（A－时代和A－场所）和B－系列（B－时代和B－场所）为框架的时空同构；其次，“以空间隐喻时间”是梅勒时空同构成立的原因所在，它不仅证明了时间和空间是可以类比的，而且阐明了这种类比指向的有效性；最后，时空同构是通过事件得以表征的，而事件中的实体和方向成为了空间隐喻时间的关键因素，从而建构起一个完整的时空同构模型。

（一）时空同构模型的内涵

空间是“时间的空间类似物”（spatial analogues of time）[②]不仅是梅勒时空同构观点的最本质体现，同时也是时空同构模型的内涵所在。

梅勒的时空观是基于两种分类方式产生的：A－系列和B－系列。这种分类方式是麦克塔格特于《时间的非现实性》一文中首先提出的[③]，梅勒对它给予了高度的评价，在他看来，正是麦克塔格特的这种观点改变了21世纪的时间哲学[④]。麦克塔格特认为，A－系列是一种时间量度，它是以“现在”为参照的一种模糊时间概念，在这种观念中的时间是相对的，“现在”只是一种比过去晚一些、比未来又早一些的相对量，这种以“现在”为参照的时间表述就是A－系列。比如，“我两个小时以后就下班”就是一种A－系列时间表征方式，它将“现在”作为参照物，陈述了“从现在开始两个小时以后”我的情状。而在B－

① Paul L A. Comments on D. H. Mellor's Real Time II ［A］//Oaklander L. N. The Importance of Time. Dordrecht：Kluwer Academic Publishers，2001：69.

② Mellor D H. Real Time II ［M］. USA and Canada：Routledge，1998：47.

③ McTaggart J E. The Unraelity of Time ［J］. Mind，1908（18）：457－484.

④ Mellor D H. The time of our lives ［A］//Anthony O'Hear. Philosophy at the new Millennium. Cambridge：Cambridge University Press，2001：45.

系列的时间表述中，时间是绝对的，它无需任何参照物，自身就能将情状的时间表述清楚。比如，“我十八点下班”就是一种B-系列的时间表述，任何人都不会将“十八点”误认，这种时间表述是绝对的、清晰的。

但是，麦克塔格特仅将A-系列和B-系列作为一种时间分类方式，而在梅勒的理念中，它的应用不仅体现在时间领域，在空间领域和事件领域，这种分类方式同样有效。而A-系列和B-系列在时间领域和空间领域的应用，为梅勒的时空同构搭建起一座基本桥梁框架，形成了梅勒“时空同构”中结构相似的真正表征。

梅勒时空观中的“时空同构”并不是指时间和空间是相同或相似的，恰恰相反，他正是这种观点的坚决反对者①，这一理念在他前期或后期思想中都有体现，在谈到二者的相似性时，他以不被“指责为‘空间的’时间”② 为傲。但是，他又承认二者的关联性，在他看来，时间与空间是不可分割的，是它们共同构建了我们这个四维世界和其内容，即所谓的“块状宇宙”③。那么，二者的关联性到底体现在哪里呢？答案是时间和空间的结构是相同的。

梅勒延展了麦克塔格特的时间分类方式，将A-系列和B-系列的表述扩展到了“时间”领域和“空间”领域，这样就形成了时间领域和空间领域的A-系列和B-系列，它们分别是：A-时代和B-时代，A-场所和B-场所④。

1. A-时代和B-时代

梅勒的时间分类方式A-时代和B-时代与麦克塔格特的A-系列和B-系列比较相似，前者是以“现在”为参照的相对时间表述，后者是不以任何事物为参照的绝对时间表述。同时，梅勒通过这两种不同的时间分类方式，对过去、现在和未来进行了定义。

在A-时代中，现在是过去和未来的参照，过去是从这一刻（现在）开始直到最远的过去并返回这一时间段，未来是从这一刻（现在）开始到最远的未来并返回这一时间段，但是过去和未来都不包括这一时刻（现在）。⑤ 但是，A-时代这种时间解释是有局限性的，即对“现在”的定义似是而非，它究竟是一个

① Mellor D H. Real Time II [M]. USA and Canada: Routledge, 1998: 50.

② Mellor D H. Real Time [M]. University of Cambridge: Syndicate, 1981: 73.

③ Ibid: 125-127.

④ Mellor D H. Real Time II [M]. USA and Canada: Routledge, 1998: 47-50.

⑤ Ibid: 9.

时间点还是一个时间段？如果是一个时间点，那么它就是无穷小的，但是在这样一个无穷小的时间中的内容是如何表述的？如果它是一个时间段，那么这一时间段的两端是以什么标准分割的，时间是可以被割裂的吗？这些问题的存在使得按照 A－时代进行时间分类有了很大的不确定性，这种不确定性体现在一种称为"时态逻辑（tense logic）"的东西中，它是指像所有的 A－时代那样以独特的方式表述时间的逻辑，如果这种时态逻辑发生改变，就有可能使真相变得虚假，谎言变成事实。[①] 比如，"我两个小时以后就下班"是真实的，那么"一个小时之前（参照物），我两个小时以后下班"就是虚假的，虽然听起来别扭，但正是时态逻辑真实变虚假的实质所在。

而在 B－时代中，过去、现在和未来都是绝对的，不以任何事物为参照；这就剔除了"现在"概念的不确定性，保证了 B－时代时间表述的清晰度和准确性。可以看出，B－时代同时态逻辑没有同源语，重复其归因不会制造一个真实的虚假或虚假的真实。所以，梅勒更赞同 B－时代的时间表述方式。

但是，A－时代同 B－时代并非全无相同之处，二者的连接点在于：将"现在"定义为一个具体的时间点。比如，将"现在"定义为 1804 年 2 月 12 日，那么无论说"现在，康德去世了"（A－时代）还是说"1804 年 2 月 12 日康德去世了"（B－时代）都是正确的。

2. *A－场所和 B－场所*

在梅勒看来，物体的空间排列无疑比其时间顺序复杂得多，这是因为空间是三维的，而时间仅是一维的。[②] 但是二者在 A－系列和 B－系列框架下呈现的结构确实相似，梅勒将空间表述为"时间的空间类似物"，这种类似具体表现在 A－场所和 B－场所这两种不同的空间分类方式上。

同 A－时代相类似，A－场所是指以"这里"为参照物，是一种相对的空间所在。比如，"往北走一百里是天安门"就是一种 A－场所空间表述。同样的，A－时代的不确定性在 A－场所中都有体现，它也有可能混淆真相与虚假。比如，如果"往北走一百里是天安门"是真实的，那么"我在距天安门往北二百里处（参照物）时说，'往北走一百里是天安门'"就是虚假的。

但是 B－场所不会有这种困扰，它显示的是陆地地图的空间场所，这些场所

① Mellor D H. Real Time II [M]. USA and Canada: Routledge, 1998: 36－37.

② Mellor D H. Real Time [M]. University of Cambridge: Syndicate, 1981: 58.

是可以用经度和纬度显示出来的，这就如同 B－时代可以用确定的年份、时刻表示出来一样。[①] B－场所是“固定的”（fixed），不会随着空间变化而变化。比如，天安门广场的经纬度（东经 116°23′17″，北纬 39°54′27″）、康德的去世时间，都是不会改变的。

据上所述，梅勒的时空观就是一种以 A－系列和 B－系列为基础的时空同构观，在这里，空间是时间的空间模拟，二者的结构是类似的。这样，梅勒的 A－系列和 B－系列就成为架构起时空同构模型的框架，在这个框架下，时间和空间的关系也就明了了。

（二）时空同构模型的归因

在建构任何一种语境模型时，对 why－问题的回答都是不可或缺的，范·弗拉森是这种观点的坚决拥护者。梅勒在 A－系列和 B－系列的基点上构建了一个时空同构观，但是这种观点是否成立，或者说，为什么成立，梅勒却没有回答。这就需要我们探寻这个问题的根源，看看梅勒的时空同构观是否恰当。

首先，在梅勒的观点中，时间和空间结构相同是被以一种已知形式提出的，这就是说，在这个思想中隐含了一个预设：时间和空间是可以类比的。那么，我们不禁会问：这个预设成立吗？

我们知道，时间是一维的，它具有流动性和序列性，用以形容时间的概念是“前后”。

而从结构上来看，空间可以分为三种类型：立体空间、平面空间和线性空间。这三者是有关联的，它们都是空间系统，都具备了必要的“空间”要素：参照物（实体）、起点、终点、朝向等，但又是有区别的：立体空间就是我们日常生活的世界，用维度表示是由长、宽、高三个坐标轴构成的，是三维空间；平面空间是一个二维空间，由长、宽两个坐标轴构成；而线性空间又是平面空间的抽象化结果，用一个坐标轴（前后）表示，是一维空间，如图 4.8 所示。举例而言，我们的房子、家具等就是立体空间，纸上的图画、电视里的图像等就是平面空间，而在一条马路上向南或向北则属于线性空间。

从上述三种结构来看，立体空间的和平面空间由于维度的原因，与时间的类比不是那么明显，但是线性空间与时间的类比关系很明确：二者都会用“前后”

① Mellor D H. Real Time II [M]. USA and Canada: Routledge, 1998: 48.

概念来表现认知。① 比如，“我在王庄前50千米”（这里的“我”和“王庄”都是一个抽象点），或是“我一个小时后出门”。所以说，时间和空间的类比是具有可行性的。

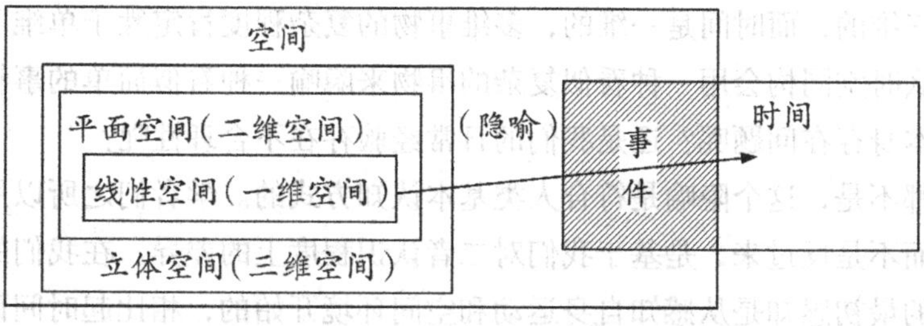

图4.8　时间与空间关系示意图

其次，在梅勒的时空同构中，空间被看作“时间的空间类似物”，从表面上看，它是用时间来定义空间，但究其实质，“时间的空间类似物”中空间才是真正的参照物。正如我们会说“伏尔泰蜡像是伏尔泰的类似物”，但是不会说“伏尔泰是伏尔泰蜡像的类似物”，在这里，伏尔泰才是参照物。所以，梅勒的时空同构是以空间为原型来比拟时间，再通过二者的这种结构相似性来表明其关联的。也就是说，在这里，空间是本体，而时间是喻体，梅勒是通过空间来隐喻时间的。虽然，在拉考夫（Lakoff G.）和约翰逊（Johnson M.）看了，“我们赖以进行思考和行动的一般概念系统，从本质上说都是隐喻性的。”② 但是，空间是否可以作为时间的本体呢，这个隐喻是否成立呢？

其实，“以空间隐喻时间”正是对时空关系的最好诠释，它不仅仅是一种语言表达方式，归根结底，它是一种人类认知的基本方式。而且许多学者也都是采用这种方式来对时间和空间的关系加以研究的。比如陈振宇曾给“时空同构”下过的一个定义：在时间认知史上，借用了空间的结构特征来确定时间的结构及诸范畴就是时空同构。③ 而蓝纯也认为，“在世界上大多数文化中，用来认识时间概念的模式在本质上是空间的。”④

然而，这种隐喻方式并非一目了然。在最初接触这个隐喻时，我们有可能会

① 正因为线性空间和时间的同构性更加明显，所以，下面在对时空同构进行描述时，空间多是指“线性空间”。

② Lakoff G, Johnson M. Metaphors we Live By [M]. Chicago: The University of Chicago Press, 1980: 3-4.

③ 陈振宇. 时间系统的认知模型与运算 [M]. 上海：学林出版社，2007：41.

④ 蓝纯. 从认知角度看汉语的空间隐喻 [J]. 外语与外语教学，1999 (4)：12.

产生这样的疑问：就我们的日常经验来说，通常是用一个简单事物来隐喻一个复杂事物，只有这样才便于更好地理解这个复杂事物，更清晰地辨明二者的关系。但是，很明显，空间是个较时间更为复杂的事物，究其原因，正如梅勒所言，因为空间是三维的，而时间是一维的，多维事物的复杂程度肯定胜于单维事物。那么，为什么时空同构会用一种看似复杂的事物来隐喻一种看似简单的事物呢？是这种隐喻本身存在问题呢？还是我们的日常经验存在不合理性呢？

答案都不是，这个隐喻是符合人类基本认知方式的。学者们之所以用空间隐喻时间，而不是反过来，是基于我们对二者认识程度上的差异。在我们的日常经验中，人的最初感知是从感知自身运动和空间环境开始的，相比起时间而言，它是人类身体的直接体验，所以空间更便于理解和想象，以空间隐喻时间正是在用较熟悉的事物隐喻陌生的事物，这与我们的经验完全相符。这一观点在《我们生活中的隐喻》（1980）一书中得以充分体现。在拉考夫和约翰逊看来，空间是人类生存的第一要素，隐喻的很大一部分来自空间概念；这是因为，在认知世界的过程中，人们通常会将自身的体会投射到新的认知对象上。[①] 这也就是为什么在建构时空同构时，梅勒会用空间来隐喻时间。

所以说，上述两个条件 i 时间和空间可以类比，ii 用空间隐喻时间是恰当的，都是成立的，也就是说，梅勒的时空同构观是可行的。

从这里我们可以看出，梅勒的时空同构观其实是一种“结构映射观”（Structure - mapping View）。结构映射是指，首先要发现已有的共同结构，再将与共有系统相关联的特征从喻体映射到本体[②]。在梅勒的时空同构观中，“A - 系列和 B - 系列”是作为已知的共同结构提出来的，通过将这种“时空”共有系统的特征从“空间”这个喻体映射到“时间”这个本体来对二者的关系——“时空同构”进行剖析的。

（三）时空同构模型的表征

在对时空同构内涵和存在归因理解的基础上，我们需要对时空同构模型进行最后的建构，即（how - ）时空同构是如何得以体现、如何被表征的。

在梅勒看来，时间和空间虽然是时空同构中的主体，但是我们要展示什么是

① Lakoff G, Johnson M. Metaphors we Live By ［M］. Chicago: The University of Chicago Press, 1980: 25.

② Gentner D, Bowdle B, Wolf f P, Boronat C. Metaphor Is Like Analogy ［A］ //Gentner D. The Analogical Mind: Perspectives from Cognitive Science. Cambridge, M A: MIT Press, 2001: 199 - 253.

时间、什么是空间、二者相似的结构形式是如何体现的，必须从设想一些关于它的东西开始。这是因为，时空同构的根本在于“以空间来隐喻时间”，然而在实现空间对时间的隐喻时，我们需要找到这个“隐喻点”，在梅勒看来，这个点就是事件，事件被梅勒看作了时间和空间不可分割的共存之物。用梅勒的话说，即使是形而上学的砖块也是需要一些稻草的，而这些稻草就是——事件。[①] 梅勒不赞成一些学者将时空作为绝对的、孤立的存在[②]，在他看来时空只是事件的属性，离开了事件而抽象地谈论时空是没有意义的。所以，他将事件看作是联系时间和空间的纽带，是时空同构的重合部分，是空间隐喻时间的落脚点（见图4.8）。

然而，梅勒在探讨时空同构时所寻找的切入点一开始并不是事件，而是事实（fact），他是区分了A－事实和B－事实的概念，并在此基础上，对事实和事件进行了辨析，进一步分析了事件对时空同构的重要意义。

梅勒在延展麦克塔格特的时间分类方式时，除了将A－系列和B－系列的表述扩展到“时间”和“空间”领域，还将其扩展到一个领域——“事实”领域：A－事实（A－facts）和B－事实（B－facts）。[③]

同A－系列和B－系列类似，A－事实是指一种偶然事实，而B－事实则是指没有蕴含A－事实的事实，包括如2＋2＝4这样的必要事实。[④] 比如，“康德去世是两百多年前的事了”，或“我在离北京200里的地方”是A－事实，之所以说它是偶然的，是指作为参照物的“我”或“我现在的时刻”是随时会改变的，不是固定的，当参照物发生变化时，A－事实就可能变得虚假，不再是事实了。而“康德是1804年去世的”，或“北京是中国的首都”是B－事实，它是不会随着时间或地点的不同而发生变化的。

从梅勒对A－事实和B－事实的定义可以看出，A－事实就是发生在A－系列（包括A－时代和A－场所）中的事情，而B－事实则是发生在B－系列（包括B－时代和B－场所）中的事情，它们与A－系列和B－系列是具有结构相似性的。

---

① Sellars W. Time and the World Order [A] //Herbert F, Grover M. Minnesota Studies in the Philosophy of Science. Minnesota: Minneapolis, 1962: 593－595.

② 将时空看作是独立存在的学者不在少数，比如柏拉图、牛顿等，参见赵展岳．相对论导引［M］．北京：清华大学出版社，2002：3－7。

③ Mellor D H. Real Time II [M]. USA and Canada: Routledge, 1998: 19－23.

④ Ibid: 19.

但是，梅勒并没有将“事实”作为时间和空间的连接点，而选取了“事件”担任这一重任，他认为，在现代物理学中，相对论比力学原理更加充分地体现了时空的本质，其中事件是其关键作用的东西。[①] 梅勒之所以如此重视事件在时空中的作用，原因有两个方面。

1. 事件比事实更具客观性

对于事实，梅勒同意斯特劳森的看法[②]，事实是可以被重新、不止一次地确认的特定事物。而对于“事件”，梅勒认为它的主要特性在于：一个事物 x 在不同时间 t 和 t′所具有的互斥的属性 F 和 f′。[③] 这就是说，事实更加强调事情的真实性，但是这种真实性是建立在人的主观意识之上的，它具有主观性；而事件本身就是一个客观存在，我们无需证明其是否真实，那么，相对于事实而言，事件更具有客观性。而时间和空间的结构相似性是一种客观存在，无需人的主观意识加以判别，这是梅勒选用“事件”作为时空同构连接点的第一个原因。

2. 事件具备了空间要素和时间要素

梅勒将所有时间中的实体称作“事件”[④]，那么，就事件本身而言，它就既具备了时间因素（时间），也具备了空间因素（实体），事件成为了一个有内容的方向结构框架，实体和量度是其中的关键要素。当放入了空间要素，比如物体、空间方向（南北、前后等）时，它就是空间结构；而放入时间要素，如时刻、时间段、时间方向（几分钟前、几小时后等）时，它就是时间结构。正是基于此，事件才成为了连接时间和空间的纽带。

那么，事件是如何将空间和时间链接起来的呢？它是如何体现空间隐喻时间的呢？它是通过其中的关键要素：实体和方向来体现的。

（1）空间实体 VS 时间实体

空间实体是指在空间场所中担任参照点任务的物体，它由实体名词或名词短语表示。只要一个事物稳定地占据一个空间位置，我们就可以称它是一个空间实体，比如“这里、妈妈那儿、山西、学校”等。

时间实体是指在时间场所中可以担任参照点的时间表述，比如，过去、现在、未来、1987 年、12 点等。

---

① Mellor D H. Real Time [M]. University of Cambridge: Syndicate, 1981: 73.

② Strawson P F. Individuals: An Essay in Descriptive Metaphysics [M]. London: Methuen, 1959: 2－12.

③ Mellor D H. Real Time II [M]. USA and Canada: Routledge, 1998: 98.

④ Ibid: 85.

空间实体和时间实体是同构的，具体表现在三个方面：

①二者都是有 A -、B -系列之分的。空间实体是有 A -、B -系列之分的，不确定的物体是 A -空间实体，比如：这里、那里、这所学校等；而确定的专有名词是 B -空间实体，比如：中国、北京等。

相应的，时间实体也是有 A -、B -系列之分的，不确定的时间表述是 A -时间实体，比如：现在，一小时之前等；而确定的时间表述是 B -时间实体，比如：1987 年、康德去世时间等。

②二者都是有“段”和“点”之分的。实体点和实体段是依据场所的范围和事件发生的长短来分的，二者又联系也有区别。从某种意义上来说，后者是前者的一种特殊情况，是指当实体段的场所或发生时间趋近于无穷小、但这一实体又确实存在时，实体段就成为了实体点，而发生在实体段中的事件就成为了实体点事件。二者虽有区别，但是都能在空间和时间中找到相应物，这也是空间实体和时间实体同构的另一种表现。

空间实体段是指一个有空间范围的场所，可以是有明确界限的，也可以是界限模糊的，比如：中国就是一个有界空间段，而宇宙的界限就是模糊的。同样，时间实体段也是指一个有时间边界的时段，它也可以是界限明确的或界限模糊的，比如：抗日战争期间就是一个有界时间段，而宇宙生成史就是界限模糊的。

而空间实体点是指一个趋近于无穷小的空间场所，它一定是有界的，如阿基里斯与龟之间的距离最后就趋近于无穷小，但从理论上说，这个距离（空间）是确实存在的。而时间实体点也同样是时间实体段的无穷小时间表述，它也是有界的，比如“康德去世了”这一刻的时间就是无穷小的。

③二者都是有内、外之分的。空间实体和时间实体还有一种结构上的相似性，即二者都是有内、外之分的，包括空间实体内和空间实体外，时间实体内和时间实体外。

顾名思义，空间实体内就是指在参照点之内的场所表示，反之，空间实体外指的是参照点之外的场所，比如：若将“山西省”看作一个参照点空间实体，那么空间实体内就是指山西省之内的场所，而空间实体外指的是除山西省以外的其他空间场所。

同样，时间实体内指的是在参照点之内的时间表述，时间实体外反之，例如：“康德在世时间”是一个时间参照点，那么，“1724 年 4 月 22 日—1804 年 2

月 12 日”就是这个参照点的时间实体内，而“1724 年 4 月 22 日之前的日子和 1804 年 2 月 12 日之后的日子”就是这个参照点的时间实体外。

从以上三个角度可以看出，空间实体和时间实体虽然内容不同，但是结构相似，它为空间隐喻时间提供了第一层可能性。

(2) 空间方向 VS 时间方向

空间方向是指含有方向性的空间表示，包含于其中的事件就是空间方向事件；同理，时间方向也是一种含有方向性的时间表述，其中的事件就是时间方向事件。举例来说，“从这里到北京”就是一种空间方向，“12 点以前”就是一种时间方向。

空间方向和时间方向的同构性表现在三个方面：

①二者是有 A –、B – 系列之分的。同空间实体和时间实体类似，空间方向和时间方向也是有 A –、B – 系列之分的，这是空间方向和时间方向同构的另一种表现。

B – 空间方向是指有唯一指向性的、直线式的空间方向，其间包含专有名词；反之就是 A – 空间方向，它是随着参照点不同而发生变化的。比如：“从天津到北京”是一种 B – 空间方向，而“从这里到那里”就是按照参照点不同而有所变化的空间方向，是 A – 空间方向。

同样的，有唯一指向性的时间方向就是 B – 时间方向，其间包含特定的时间表述；而 A – 时间方向会随着参照点的不同而发生变化。比如：从“1724 年到 1804 年”是 B – 时间方向，而从“现在到 1804 年”就是一种 A – 时间方向，如果“现在”是“1724 年”，那么时间方向就是朝后的，而如果“现在”是“2010 年”，那么时间方向就是朝前的。

②二者都会用“前后”概念来表示方向认知。前面提到过，空间和时间都会用“前后”概念来表现认知，而这个“前后”所描述的就是一种方向，它是空间隐喻时间的一种重要表现。

③二者都会用“方向介词”来表示事件的不同阶段。无论是在一个空间方向事件，还是在一个时间方向事件中，通常都有源点、中介和终点三个阶段，有时这三个阶段中的其中一个或两个会被省略，但是未省略的部分一定是有“方向介词”的，比如“从、到、沿”等，这些方向介词表示了方向事件的三个阶段。(如图 4.9 所示)

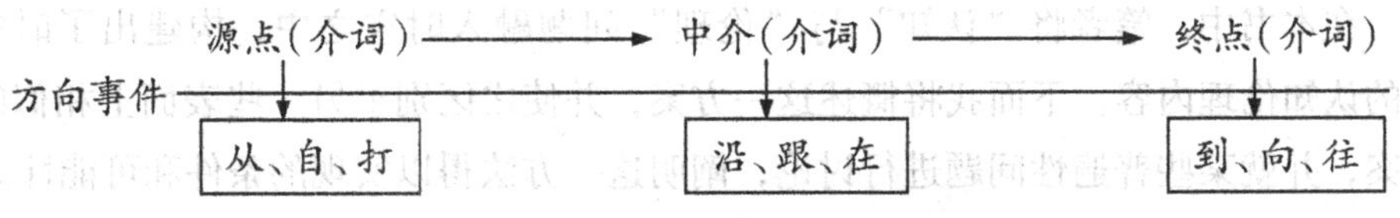

图4.9　方向事件阶段介词示意图

所以，空间方向和时间方向的结构也是有相似性的。

据上所述，作为事件的两个关键要素的实体和方向都是空间隐喻时间的，它们的同构也就体现了事件在连接时间和空间方面起到的重要作用，表明事件确实能够成为空间隐喻时间的落脚点。这也是时空同构模型建构的最后一步——时空同构通过事件得以表征。

这样看来，基于梅勒时间观的时空同构模型就是要在A-系列和B-系列基础上，建构一种以时间和空间为主体、以二者结构相似性为框架、以事件为时空同构表征的时间系统模型。

模型建构的重要之处不在于它是否独立于理论和经验，而在于它能为理论提供一种思维方式。瑞特坎普（Ruttkamp F.）对模型的作用概括比较精准，模型有两层含义：一层是基于模型和原型之间的类比对科学发现的启发作用来显示的，另一层是“模型是理论的一种可能解释”，它赋予了模型一种语义意义。[①]而时空同构模型也不例外，它的建构为我们了解时间和空间提供了一种新的视角，为“空间隐喻时间”提供了一种新的语义表述，是对梅勒时间观的一种完善，是对整个时空知识系统的一种有益补充。

四、时空中的认知伦理模型

回眸认知哲学的发展历程，我们会发现，几千年来，它的研究主题从未改变，始终是围绕“认识世界和认识自身”展开的。然而，认知对象的确立却并未给这一学科带来安定与和谐，认知方式和认知结论的多样性给予了这一研究无穷的变数，如何认知和认知何如的讨论从未停息。在本书中，笔者仅对前一个问题进行剖析，而将后一个问题暂且悬置，力图为如何认知自然界、人类社会和人类自身构造一个方法论。

---

① Ruttkamp F. A Model-Theoretic Realist Interpretation of Science [M]. Dordrecht: Kluwer Academic Publishers, 2002: 1-3.

在本书中，笔者将“认知”与“伦理”问题融入时空之中，构建出了时空中的认知伦理内容。下面我将概述这一方案，并使之区别于另一些表面上相似的方案，并就某些普遍性问题进行讨论，阐明这一方法得以实现的条件和可能性。

（一）时空中的认知伦理缘起

认知问题源起于古老的心灵问题，主要解决的是“人类如何认识世界、认识自身”的问题。从根本上讲，认知是人类探索自然奥秘的过程，是人脑接受外界输入信息—经过头脑加工处理—转换成内在心理活动—进而支配人们行为的过程。但是，人类究竟是如何进行这种认知活动的呢？或者说，这种认知活动是如何成为现实的呢？

针对这一问题，每个阶段、每个民族，甚至每个人的答案都不一样。特别是到了近代，随着认知科学的兴起，这一问题牵涉的领域越来越广，争论如潮水般一浪高过一浪。功能主义、行为主义、生物自然主义等学派都使出浑身解数，完善本派研究纲领，以期获得一种能被大家认可的认知研究方式。

但是，结果都不甚理想。这些方法要么将认知完全心灵化，比如源自现象学的内省主义，它是以内省方式审视意识的一门学问，将认知看作是一种心智直觉；或者将认知物质化，将其还原为一种大脑或神经元过程，比如源自于物理主义的还原主义和源自于脑科学的联结主义；要么将认知行为化，否认任何心理活动，强调刺激—反应的支配作用，比如源自心理学的行为主义。不可否认，这些内在主义和外在主义方案都加深了我们对认知的了解；但是它们并不是解决问题的最佳方案，而且还会导致认知问题的求解越来越远离它本质的尴尬局面，将认知单一化、片面化。

为此，一些科学家、哲学家、人工智能学者转换思路，寻求新的研究视角。在这种寻求中，学者们越来越强烈地意识到，我们不能仅仅站在心理学、人工智能、或哲学等单一角度来思考认知，而应将相关知识加以融合，用一个统一的基底、选取一种完善的进路对这个问题进行深入挖掘，从而为认知问题的解决带来新契机。笔者认为，合理的研究进路应满足以下两个要求。

1. 包罗万象——认知进路的涵盖范围

一个完善的认知方案应当能够解释物理、精神等认知领域的所有现象，这体现了一种包罗万象的彻底性。虽然说世界是一个无限可能的集合体，这种彻底性永远不会完美无缺，但是，只有尽量将所有重要位置填满，尽可能多地解释世界中的现象，才能逐渐逼近对世界为真的描述。

2. 有形可检——认知进路的诠释目标

有形可检表述的是认知方案的强检验性和强实践性。一种好的方法论就如同一种实用的工具，需要在实践中进行检验，应当经得起详细推敲。同样，一种好的认知方案必须符合自然规律、符合我们的经验，它不能是一种虚妄的人为构想，必须是人类认知与现实世界的一条有效的沟通纽带，通过它我们可以解释日常现象、预测事物走向。

截至目前，最符合上述两个条件的认知进路是以语境分析方式为基础的认知方案，比如，实践语境化认知方式、语境论认知方式和再语境化认知方式。

①实践语境化认知方式来源于瓦托夫斯基的科学认识方法论，他强调人的认识模式是随着社会历史实践的发展而进化的，脱离了这种实践语境，认知是无法实现的。

②语境论认知方式与辩护的"回归问题"紧密相连，基础主义认为，阻止辩护的唯一办法是运用"自我确证的基本信念"，但是这种信念本身还需再辩论，所以进入了循环论证；而语境论方法将语境作为了回归的基点，语境无需再确证。这样，任何命题的意义都由与其相关联的语境决定，并随语境的变化而变化，人类的认知也不例外，它也应以语境为基底。

③再语境化认知方式是基于语境论认知方式而提出的，是对已有语境的重新设置与重新建构。这种观点是罗蒂提出的，在他看来，人们的思想、认知是信念、欲望、命题态度之语境，这种语境不断接纳新的信念、欲望、命题态度从而不断产生新的语境。

相比内在主义和外在主义这些单一的认知方式而言，上述三种以语境分析方式为基础的认知方案已经有了质的飞跃，它具有一种综合、概括性；而且它们将语境作为认知的基底，一方面避免了认知的循环困境，另一方面为认知提供了一种思想源泉。但是，这些认知方案也或多或少有着不完善之处，实践语境化认知方式虽然强调了实践和历史语境对认知的重要性，但忽视了语言对认知的意义；而语境论认知方式只是强调了语境的基底作用，并未体现出人类认知的动态化过程；再语境化认知方式完善了前两种认知方式，提出了信念、命题态度对认知的意义，但是并没有说明人类认知的根源。

从上述论述中我们发现，这些认知研究方式既有可取之处，又有所欠缺，无法涵盖或较为完整地解释认知的内涵、特征、过程及根源。鉴于此，笔者立足上述认知方式，试图在认知主体和认知客体这两座天堑之间搭建一条宽阔、牢固的认知通途——认知伦理，力图对人类认知进行一种完善、合理的诠释与剖析。

（二）时空中的认知伦理内涵

认知伦理是一种以语境化方式为基础，取各类认知方式之长的新型认知方式。所以，在阐述这种认知方式之前，我们需要先明了何谓语境化认知方式。

1. 语境化认知方式

语境化认知方式是以语境为基底的一种探析人类认知的方法论，所以，要了解语境化认知方式，对语境的阐释成为了迈不过去的坎。语境（context），起源于语言学，这一概念首先是由英国民俗学家马林诺斯基（Malinowski B.）提出的。[①] 英国语言学家弗斯（Firth J.），继承并发展了马林诺斯基的语境理论，提出了意义语境理论，它是以语言交际的效果、价值、意义为出发点，以语言的"上下联系"为切入点来研究语境的。[②] 而后，随着语境概念越来越被人们所熟识，含义也越来越多样化，例如社会语境、文化语境、历史语境等，也就是说语境已经超越了语言层面，升华为了广义语境。郭贵春就曾指出，语境是一种具有本体论性的实在，是一切人类行为和思维活动中最具普遍性的存在，"一切都在语境之内"，"所有语境都是平等的"。[③]

从这些学者对语境的研究可以看出，语境是一个系统，它包含了语言学、心理学、社会学等各个领域的知识。同时，语境又是一种基底，是进行一切研究的不可还原的保障；也就是说，我们在研究某种事物、现象时，要有底线，否则就会进入到无穷倒退或无限循环中，这种底线、这个不可还原的保障就是语境。所以说，语境是一个静态的过程。

相对于语境这个静态过程而言，语境化更趋近于一种动态的变化，它与语境的关系就如理论与理论化、系统与系统化一样，前者指科学、认知等命题研究的基底，后者则指将研究主题融入各个情境的一种动态方式。

其实，相对于语境而言，语境化与语境分析方法更为接近，都是了解世界、解释现象的一种手段，是指从历史、语言、自然情境等的关联中透视科学、认知的方法论。语境化认知的来源就是语境分析方法。语境分析方法是当代分析哲学

---

① Malinowski B. The Problem of Meaning in Primitive Languages [A] //Charles K. Ogden, Ian A. Richards. The Meaning of Meaning. London: Routledge, 1923: 146 - 152.

② Firth J R. Papers in Linguistics 1934 - 1951 [C]. London: Oxford University Press, 1951: 190 - 215.

③ 郭贵春. 语境与后现代科学哲学的发展 [M]. 北京: 科学出版社, 2002: 1 - 5.

运动的基本诉求之一，导源于弗雷格的方法论原则。[①] 福多（Fodor. J.）就曾说过，在当代学科融合、渗透的大背景下，无论是逻辑分析还是日常语言分析的走向，都离不开语境化分析方法论，这已是一种历史的必然趋势了。[②] 在笔者看来，语境化是对语境分析方法的一种继承和发展。首先，语境化继承了语境分析方法的方法论意义，二者都是以语境为基底来进行科学研究的一种手段。其次，二者的偏重不同。语境分析方法侧重于使用事物研究的方式、思路，而语境化方法论不仅涵盖了语境分析方法的内容，还有将事物、现象的研究融入到语境中的意思，所以，它更具一种整合性倾向，是研究认知的一种较为合理的方案。

2. 认知伦理方式的界定

我们知道，认知的根本目的是为了赋予世界、人类以意义，认知过程就是意义出现的过程。在我们所能及的世界范围内，只有人才有认知能力；人是世界体系中的一环，他的一切活动都离不开周围环境，认知过程也不例外。因此，要弄清认知问题，就必须将“人”作为认知主体，以“人”为出发点，将人的认知系统与其环境系统综合起来考察，在二者的相互作用中探索认知奥秘，这是认知伦理方式的本体论根源。

由此可知，在人的认知过程中，包含两个重要因素：认知主体和认知客体，前者是人类，后者则包括自然界、人类社会和人类自身。而现在的关键问题是：人类是通过何种方式认识自然界、人类社会和人类自身的呢？

纵观人类历史，我们发现，人们会依据自身经验或所处环境对所观察的对象（自然界、人类社会、人类自身）产生不同的认知；即使就同一种现象，不同的人也会依据各自的特殊情况而获得对这一现象的不同认知，并会依据这种认知产生相应的语言、情态、行为等回应。以“闪电”为例，具体认知过程推列如下。

（1）对自然界的认知。一些人会将“闪电”看作自然现象，从日常经验出发，他们发现，闪电与打雷下雨密切关联，因为我们总是在看到闪电后会听到雷声，而在打雷闪电后一般都会下雨。而随着科学的发展，闪电的秘密被逐渐揭开：它是云与云之间、云与地之间或者云体内各部位之间的强烈放电现象。认知

① Frege G. The Foundations of Arithmetic: A logico - mathematical enquiry into the concept of number [M]. translated by Austin J. New York: Harper & Brothers, 1953.

② Fodor J, Lepore E. Out of context [J]. Proceedings and Addresses of American Philosophical Association, 2004 (2): 77 -94.

过程如图 4.10 所示。

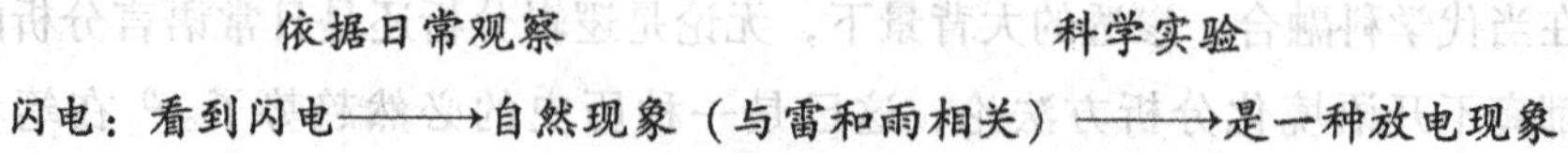

图 4.10　闪电认知示意图（自然界）

（2）对人类社会的认知。另一些人在将闪电与雷、雨联系的基础上，会对闪电的由来产生兴趣，他们好奇为什么天空会出现这样一道“火链”，甚至会将树木燃烧？由于没有合理的解释，他们就将其与人类社会（宗教、神话传说等）联系起来，认为这是“神的活动”，依据不同的环境，这种“神的活动”的称谓也有所差别：中国人认为闪电是由“电母所创”，而在西方一些国家则认为是“宙斯发怒”。随着人类知识的增长，人们了解到闪电只是一种放电现象。而后通过一系列的实验，一些人又创造了“闪电”——如果在两根电极之间加很高的电压，并将其慢慢靠近，当这两根电极靠近到一定距离时，它们之间就会出现电火花，这就是所谓的“弧光放电”。认知过程如图 4.11 所示。

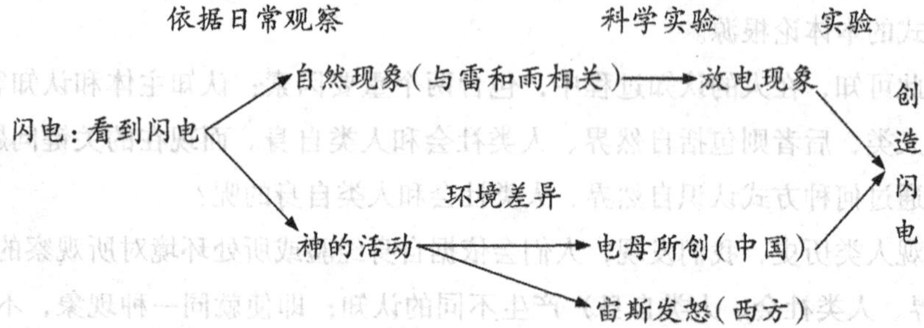

图 4.11　闪电认知示意图（人类社会）

（3）对人类自身的认知。即使了解了闪电的由来，还有一些人会进行更深入的思考，提出这样的疑问：为什么同样看到闪电，不同的人对其的感受会如此不同呢？一些人认为它很平常，一些人则将其看作神迹。而依据这些经验和感受所进行的反馈活动为何又会有这么大的差异呢？有人仅仅是对其放任自流，有人却通过自己和前辈的共同努力创造了闪电。这就是对人类自身认知能力的一种探索和追寻。

通过图 4.11 可以看出，依据外部语境（观察环境、所处环境和时代背景）的不同，人类对闪电的认知也有差别。然而，在看到闪电到创造闪电的整个过程中，除了这些外在的环境因素，即我们强调的语境以外，还有没有别的因素能够引发认知结果的差异呢？答案是肯定的，它就是人类自身认知能力的差异性。人类自身的认知能力分为两种：先天禀赋和后天努力，前者被基因决定，是不可控的；后者是一种主观能动性，通过它我们可以发现或创造历史。就闪电现象而言，看到闪电、能够思考是绝大多数人都能够进行的活动，然而只有一些人强化了自身的主观能动性，将其与雷、雨联系起来，发现了有利于农耕的知识；更少部分人进一步努力，通过无数科学实验探得了闪电的本质——一种放电现象；只有极少数人基于已有知识，自主地将这些知识融汇贯通，最终"创造了闪电"。当然，这并不是结束，还有一些人将这一研究重新运用、反馈于我们的现实生活，又为我们创造了新知识、新经验、新财富。从这里我们可以发现，在同样的条件下，人类对事物的认知是不同的，而之所以造成这种差异的根源就是人类自身的主观能动性，这里，笔者将其称为"自主性"①，也就是人类"自主融入语境"的能力，这是认知伦理方式提出的认识论根源。

通过上述对自然界、人类社会和人类自身的认知分析，我们发现，在整个认

① 在这里，我们需要将自主性与反身性、意向性和自由意志等概念加以区别。这些概念都与人的心理活动相关，但也各有不同。(i) 通常而言，反身性（reflexivity）是指自我反思能力，它与自主性的区别在于认知对象的差异性，前者更多的是对人类自身的一种反省和认识，而后者则是对自然界、人类社会、人类自身的一种共同认知；而且，二者的主要研究领域也不尽相同，反身性是人类学与社会学在20世纪的主要成果之一，而自主性则更侧重于哲学、认知科学等领域的研究。参见：Bartlett S J. Varieties of Self－Reference［A］//Bartlett S J，Suber P. Self－Reference：Reflections on Reflexivity. Dordrecht：Martinus Nijhoff Publishers，1987；Sandywell B. Reflexivity and the Crisis of Western Reason［M］. London：Routledge，1996. (ii) 意向性（intentionality）一词来源于经院哲学，它的含义是多样化的，比如，布伦塔诺明确地把意向性当作区分心理现象和物理现象的标准，而塞尔则认为，意向性具有某种非零的符合方向，是一种信念成真、欲望满足的心理状态。但是无论是哪种意向性，它都仅被看作是一种心理状态，而自主性则更倾向于认知和实践，它可以作为人类行为选择的一个标准，人类是依据自主性来认知、理解这个世界的。而且二者的研究领域也有差别，意向性主要集中于心理学、语言学、哲学领域。参见：Brentano F. Psychology from an Empirical Standpoint［M］. translated by Rancurello A. Terrell D，Linda L. London：Routledge & Kegan Paul，1973：59－106；Searle J. Mind：A Brief Introduction［M］. Oxford：Oxford University Press，2004：112－171. (iii) 自由意志（free will）与自主性的差异较大，自由意志是一个哲学信条，指相信人类能选择自己行为的信念或哲学理论，与其相对的概念是"决定论"，主要探讨的是人类是否能够选择自己的行为；但是自主性是将自由意志作为一个前设而提出的，也就是说，在自主性观念中，人类肯定是能够自主选择行为的，但是这种自主性是通过被动性进化突现而来的。参见：Searle J. Minds，Brains，and Science［M］. New York：Harvard University Press，1984：86－102；Frankfurt H. Freedom of the Will and the Concept of a Person［J］. Journal of Philosophy，1971，68：5－20；Libet B. Mind Time［M］. New York：Harvard University Press，2004.

知过程中，人类是遵循一定规则进行认知的，具体规则如下。

规则一：在一个认知过程中，一定要有认知客体和认知主体。

需要注意的是，认知主体必须具备一定的认知能力，比如听觉、视觉、嗅觉、触觉等，而且还要有一定的推理、记忆、联想、语言能力，这些能力是先天的。但要进行认知活动，认知主体还要具备自主融入语境的能力，也就是自主性，它表明了一种人类对环境的反馈情形。

规则二：认知过程是在一定的语境下进行的，认知主体的认知符合所处的语境。

依据时间和空间的不同，语境可以分为历史语境和所处语境，所处语境又包括情境语境、社会语境、文化语境等不同形式。这些语境是通过认知主体的自主性体现的。

规则三：自主性对环境的反馈不是单一的，而是多元的，这些反馈情形可以组成一个“行动可能候选集”。

认知主体依据自己的经验和所处的环境选取一个或几个符合自然规律、社会实践的选择项。比如看到闪电可能将其看作是一种自然现象，也可能将其当做一种“神的活动”，这就是“可能候选集”；而后认知主体将会依据自身经验、时代背景等进行选择，最终将选择项融入环境，生成新知识，用实践的方式来检验这种选择是否正确。

规则四：整个认知过程需要语言的参与，无论是环境对人类的影响还是人类自主性的反馈都是需要语言表征的。

语境概念最先是从语言学开始的，语境是语形、语用、语义的统一；语言是主体见之于客体的媒介，创造语言就是在建构世界，就是在发现和认识未知世界。[①] 最主要的是，人作为一种生命体，其存在本质就是由能说话来规定的。[②] 由此可见语言之于语境、解释世界的重要性，这里的语言包括话语、书面语言、肢体语言等。

规则五：整个认知系统不是单一、断裂的，而是多元、循环的，它是一种螺旋上升的循环认知体系。

它是指，这个认知过程的循环不是一种无限循环，而是以语境为基底的循

① 魏屹东，郭贵春．论科学与语言的关系［M］．科学技术与辩证法，2002（2）：34．

② 海德格尔．存在与时间［M］．陈嘉映，王庆竹，译．北京：生活·读书·新知三联书店出版，1987：43．

环。在对每一个认知对象进行研究时，都以其所处的语境为基底，从而产生了一种新知识，这样新知识就成为了新的认知对象，新的认知对象又以新语境为基底，从而对最初的认知对象形成了深入的了解。

遵循这些规则，我们大体可以推出认知伦理方式的内涵：在确定认知对象的基础上，认知主体依据自身天赋自主地融入语境，并从语境中获取相关信息，得出一组"行动可能候选集"，而后通过自身经验、科学研究、实践检验选择出最适合的行为响应，最终获得这种认知对象的螺旋上升认知。简而言之，人类的认知是一个"自主融入语境"从而进行行为选择①的过程，是通过自主性将认知主体（人）与认知客体（语境）加以融合的过程，这个过程需以语言为媒介，以自寻优、自组织、自学习、自适应、自进化方式存在。

（三）时空中的认知伦理形成

事实上，在探寻人类认知进路时，用语境方法来阐释认知已不是一个新议题了。克拉克（Clark A.）就从处境（情境）性出发来分析心智的认知②，而戈尔德（Gelder T.）也认为认知系统必须将环境因素考虑在内③，他们都强调了语境在心灵认知过程中的重要性。而将认知作为一个循环系统加以分析的学者也不在少数，比如拉兹洛的信息流循环式认知机制就认为，认知是适应性自稳和适应性自组交替过程的结果；④ 而皮亚杰的同化—顺应式认知机制也指出，认知就是主体与环境不断同化、顺应、建构、再建构、由低级向高级的发展过程。⑤ 也有一些学者认识到自主性对人类认知的作用，比如，马克思提倡意识的反作用力；而索普拉（Thorpe W.）提出了学习式认知机制，这种"学习"是对固定不变的行

---

① 很多学者都对行为选择进行过研究，布鲁伯格（Blumberg B.）认为，动物的行为选择是在内部和外部的双重刺激下，从潜在候选集中选择出最恰当的行动行为集的过程。参见：Blumberg B. Action - selection in Hamsterdam: Lessons from Ethology [A] //The Third International Conference on Simulation of Adaptive Behavior. Cambridge, MA: The MIT Press, 1994: 108 - 110. 泰瑞尔（Tyrrell T.）的观点也大同小异，在他看来，行为选择是（主体）及时从一组"可能候选集"中选择出最适合的行为。参见：Tyrrell T. Computational Mechanisms for Action Selection (pdf). University of Edinburgh. Centre for Cognitive Science, 1993: 95 - 129.

② Clark A. An embodied cognitive science? [J]. Trends in Cognitive Science, 1999 (3): 345 - 351.

③ Gelder T. What Might Cognition Be, If Not Computation? [J]. Journal of Philosophy, 92 (7): 345 - 381.

④ Laszlo E. System, Structure and Experience: Toward a Scientific Theory of Mind [M]. New York: Routledge, 1969: 3 - 11.

⑤ Piaget J. The Principles of Genetic Epistemology [M]. translated by Wolfe Mays. London: Routledge & Kegan Paul, 1972: 5 - 53.

为模式的调整和修正[①]；克瑞斯雷（Chrisley R.）、泽马可（Ziemke T.）也认为认知主体必须与环境互动[②]。但是，上述学者的认知方案都有所欠缺，它们并没有将“自主性”这一关键要素提升到它应有的位置。其实，这里的“自主性”更合理的称谓应该是“自主融入语境性”，它是人类认知中唯一的可控要素，只有通过它我们才能融入并影响周围环境，从而获得新的认知。现在，我们的目标是要探索一条认知新进路，即认知伦理方式，那么就必须对其中的关键要素——“自主性”的由来有一个清晰的认识，即这种自主性是如何出现，又是何以可能的呢？如果这个问题不解决，我们不能将认知伦理进路当作是一种完善的认知方案。

在人类认知中，“自主性”并不是起始便存在的，它是“进化地突现”的结果。人类的认知首先是被动的，或者不能说是“认知”，是人与环境的关系首先是被动的。人类是被大自然的规律、被周围的环境所支配而存在、发展的，它是一种“被语境化”，相对于自语境化的“自主融入语境”，被语境化是指“被动地融入语境”，而支配被语境化行为的既可以是自然规律，也可以是人为规则。这种现象无处不在，还以闪电现象为例，人类并非一开始就能够将其与雷雨联系起来，也不是一开始就能够将其运用于农耕中，这是一个从“被自然规律支配”到“自主行为选择”的过程。再比如，计算机就是一种被人为规则支配的事物，它被“人类所设计的程序规则”所控制。因此，被语境化就是一种被自然规律、人为规则支配的行为响应模式；它并非一种认知方式，而只是行为主体与周围环境发生联系的一种行为描述而已，是认知伦理的一个必经阶段。

但是，要从“被语境化行为”到达“认知伦理”并不是一件简单的事情，它是一个漫长而艰辛的过程。认知伦理要成为可能需要三个条件：目的性、进化和突现，它是认知伦理得以存在、发展、成熟的“三（种）土壤”。

1. 土壤一

从发生学角度来看，目的性是指，发端于行为之前，指导其操作方向，并预先设定了可能行动效果轮廓的一种现象，它是人类自主行为的一个前提条件。没有目标，我们就没有努力的方向和前进的动力，认知也就无从谈起；没有目标，人类就只会被环境支配，没有主观能动性；没有目标，社会就不会发展，人类也

① Thorpe W. Learning and Instinct in Animals [M]. London: Methuen, 1963.

② Chrisley R, Ziemke T. Embodiment. Encyclopedia of Cognitive Science [EB/OL]. Macmillan Reference Ltd, 2000. [2006-06-05] www. cogs. susx. ac. uk/users/ronc/papers/embodiment. pdf.

不会进步。德雷福思认为人类智能（认知）必须受到有机体中目的和有机体从当前文化中获得的目标的驱动[①]，而本格则将目的性作为认知发生模式的最高级别[②]。从这些学者的观点可以看出，在一个认知过程中，目的性是认知的出发点和归属处。

人类的认知伦理与目的性是息息相关的，人类之所以能够自主融入语境，最初便是由生存和繁衍这两大目标驱使的，而后超越生物诉求的更高级目标出现了：理想、自由、荣誉、自身价值的体现等目标成为人类的新宠。正是由于目标的不断更新和升华，才使得我们能够更好地认识这个世界。所以，人类认知伦理源于人类的各种目标，目的性成为了认知伦理产生的一个必要条件，二者相辅相成。

2. 土壤二

就发展学角度而言，进化（evolution）成为认知伦理产生的重要因素，其中时间起着不可估量的作用，而语境则成为滋生“人类自主性”的温床。进化—涉身认知理论（Theory of evolutionary - embodied cognition）就持这种观点，它将认知看作进化的产物，而且将认知与应对和环境紧密联系起来。[③] 冯克（Pinker S.）也赞同进化心理的观点，他将人的认知行为看作一种“瑞士军刀（Swiss army knife)”式的“达尔文模块（Darwinian Modules)”，即人的认知是适合于解决进化问题的集合。[④]

但是，自语境化的认知又有其独特之处，它是从被语境化行为发展而来的一种阶段性进化认知。人作为动物性（生物性）和社会性的统一体，其行为包括三种：被语境化行为、拟认知伦理行为和认知伦理行为，这三种行为呈现的是一种由低到高的发展情态。相对应于这三种行为，人类也有三种认知状态：被语境化状态、拟认知伦理状态和认知伦理状态。

---

① Dreyfus H, Dreyfus S. Making a Mind Versus Modelling the Brain: Artificial Intelligence Back at a Branch - point [A] //Boden M. The Philosophy of Artificial Intelligence. London: Oxford University Press, 1994: 325 - 332.

② 发生模式包括：混乱、随机、因果、协同、矛盾、有目的性。参见：Bunge M. Scientific Materialism [M]. London: D. Reidel Publishing Company, 1981: 46 - 50.

③ Anderson L, Rosenberg G. Content and action: the guidance theory of representation [J]. The Journal of mind and Behavior, 2008 (1): 59 - 60.

④ Pinker S. The Language Instinct: How the Mind Creates Language [M]. New York: William Morrow and Company, 1994: 420.

（1）被语境化状态的人类虽然能够进行“行为响应模式”，但却不存在认知，这时的人类行为只是依据自然规律或人为规则进行的一种“机械”行为，就如我们给钟表设定了走向，它就会一直按着我们设定的规则运行一样，钟表是不会认知的。①

（2）拟认知伦理状态与我们所说的认知伦理状态有些相似，在这种状态下的人类也能够进行“行为响应模式”；但是，这种行为响应是以“生存、繁衍”为目标的，比如单纯的生殖、繁衍，或者是饥荒年月的食人现象，战争中你死我活的行为等，这种状态下的人就好似低等动物，只会依据自己最原始的冲动作出行为选择。所以，这种状态下的人类认知只能称为一种拟认知，笔者将在这种状态下融入语境的人类行为命名为拟认知伦理行为。

（3）认知伦理状态是在前两种状态的基础上产生发展而来的，没有被语境化状态我们就奢谈认知伦理；而如果不满足人类“生存、繁衍”的需求，也就不会有“理想、自我价值”等这样更高级的人类追求。所以，认知伦理是最高级的人类认知状态，也是一种完善的认知状态，因为它能够自我修复、进化，在这种状态下的人类活动呈现的是一种上升的状态；而且，认知伦理状态下的人类必须能够使用语言，这也是认知伦理的特征之一。这种状态比较普遍，比如“发现闪电是一种放电现象”，“创造闪电”，或是“我在这里进行编纂”等。

据上所述，人类的认知是一个从无到有、从低级到高级的发展过程，但是这种发展并非与时间成绝对正比。也就是说，我们不能说原始社会的人类就只能进行被语境化行为，或者说当代社会中的人进行的就全是自语境化行为。这三种状态是随时都可能发生的，只是认知等级会有所差别，如图 4.12 所示。

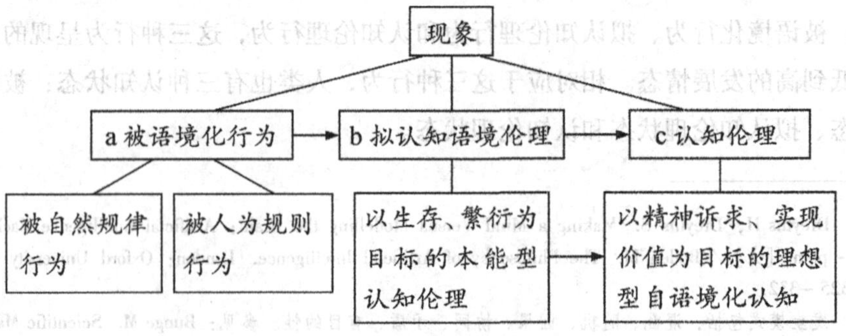

图 4.12　认知伦理进化模式图

① 这里我们必须强调一下“无意识行为”，它也是一种被语境化行为。因为这种行为不会受人类目标等因素的影响，它完全是（人类）不可控的，并非一种认知行为。

从图4.12可以看出，认知伦理并不是一蹴而就的，也是经历了艰辛而漫长的发展过程才成为今天“我们能时时感受到的‘自主性’选择”，是一种进化的结果。

3. 土壤三

然而，目的和进化并不能使认知伦理成为必然，人类的认知伦理若要出现，有一个因素是必不可少的，它就是“突现”（emergence），认知伦理是进化中“突现”的结果。

本格曾对突现下过较为明确的定义：所谓P是K类系统的一种突现性质，简言之就是，P是K系统中分量所不具有的全局性质。[①] 戈德斯坦（Goldstein J.）也对“突现”下过类似的定义：在复杂系统的自组织过程中突然涌现出的、新的、和谐的结构、类型和功能，它是在宏观层面上出现的现象。[②] 那么，相对于“进化”的缓慢演变，“突现”就是一种短期、突然的现象。这容易使一些学者误会进化和突现是对立的；其实，二者并不对立、也不矛盾，甚至是相辅相成的。本格曾说过：“每一个突现都是某一进化过程中的一个阶段，”[③] 这是对二者关系较为贴切的界定。如图4.12所示，认知伦理c是由被语境化行为a和拟语境化认知b发展而来的，每个阶段的发展、进化都离不开突现。认知伦理产生的整个过程是一种宏观现象、整体变化，我们无法将其割裂开来，就如同我们不能说图4.12中a→b或b→c是在哪年哪月或者在哪个地方发生的一样，这种阶段性的变化在微观层面上是不可见的。

复杂自适应系统理论（Complex Adaptive System，简称CAS）对突现的阐释很好地解释了认知伦理的出现过程，在这一理论中，突现是一种“介于秩序和混沌间的整体适应度”[④]。这种“秩序和混沌”体现在两个方面：其一是时间方面，从宏观来看，图4.12中a→c是一个依照时间顺序发生的过程，是“时间有序的”；但从微观来看，我们又无法具体确定每一个阶段的发生时间，它又具有

---

① Bunge M. Emergence and Convergence: Qualitative Novelty and the Unity of Knowledge [M]. Toronto: University of Toronto Press, 2003: 14 – 15.

② Goldstein J. Emergence as a Construct: History and Issues [J]. Emergence, 1999 (11): 287.

③ Bunge M. Scientific Materialism [M]. London: D. Reidel Publishing Company, 1981: 42 – 44.

④ 复杂自适应系统理论以圣菲研究所（Santa Fe Institute, SFI）的研究而著名，关于这一理论的主要研究可参见：沃尔德罗. 复杂——诞生于秩序与混沌边缘的科学 [M]. 陈玲，译. 北京：生活·读书·新知三联书店，1997：26 – 159。英文书籍为 Waldrop M. Complexity: The Emerging Science at the Edge of Order and Chaos [M]. NY: Simon & Schuster, 1992。

“时间无序性”；其二是逻辑方面，从宏观来看，图4.12的三个阶段是从无到有、由低到高的一个过程，是“逻辑有序的”；但从微观来看，a→b是不可能出现的，因为逻辑上讲究“无不能生有”，它又是“逻辑无序的”。而正是“突现”将这种“逻辑有序”和“逻辑无序”“时间有序”和“时间无序”协调、统一起来的，所以，突现在认知伦理的产生过程中起到了不可估量的作用。

所以说，人类的认知伦理是目的性、进化和突现共同作用的结果，三者缺一不可，是它们的努力促成了我们认知伦理的可能性。

（四）时空中的认知伦理优势

认知伦理观反映的是人类认识世界和自身的一种方式，这种不同于其他认知方案的新进路有其独有的特质，而对于这些特征的研究便于我们更深入地认识和理解这种认知新进路。

1. 认知伦理的特征

认知伦理观是基于语境化认知观发展而来的，所以，它延续了语境化认知的五种特征：本体论性、认识论性、方法论性、终极性[①]和综合性。具体表现在，无论是认知伦理还是语境化认知，它们的认知主体（人类）与认知客体（自然界、人类社会、人类自身）都是客观实在的，而且认知主体与客体间的认知关系也是客体存在的，这是本体论性的体现；其次，二者所表现的都是人类认识世界与自身的一种方式，这是二者的认识论性特征；同时，二者采用的都是内在主义与外在主义相结合的双透视认知进路，具体运用经验—理性的认知方式，这是方法论性的体现；而这两种认知方式区别于别种认知方法的最根本特征是其终极性，它们是源于语境又止于语境的两种认知进路，人类的任何认知都不会超过其所认知的环境，这一特征可避免认知陷入无限循环的困境；而且，这两种认知方式涵盖了日常认知现象的整个范围，它既适用于哲学认知领域、又适用于人工智能、心理学、语言学等认知领域，具有一种综合性、包罗万象的特征。而在此基础上，认知伦理进路又具有一些不同于语境化认知方式的新特征。

（1）自主性。康德认为，“应该蕴涵能够”（Ought implies Can）——理性的个人，想要成为一个有道德的人，就必须具有一种有意识的选择自由，这是所谓

---

① 魏屹东在《广义语境中的科学》一书中阐述了语境化认知特征：本体论性、认识论性、方法论性、终极性等，详见：魏屹东．广义语境中的科学［M］．北京：科学出版社，2004：172－174.

的康德法则。在他看来，自主性能力是大自然赐予的，大自然只是如后母般地为我们准备了达到我们的目的所必需的能力。① 在认知伦理中，环境被设想为不断变化并积极影响人类思维的一种基底，而人类的“自主性”又成为了人与环境相互关系中唯一的可控要素，所以，自主性成为了认知伦理的最根本特征。塞尔始终坚信自主意愿在认知活动中的重要性，“正是对于意愿性行为的体验，才给予了我们对于自己自主认知的坚定信念。”② 这种意愿性就是人类的自主性。通过它，我们可以把认知客体的状态告知认知主体，从而对认知主体和客体都产生一定程度的影响；通过它，我们的认知能力才能够由低级向高级发展，最终认识世界、认识自身。

（2）目的性。但是，认知伦理中的“自主性”并不是盲目的，它是依据一定的目标而产生的“自主融入语境性”。比如说，“在我们需要与其他人沟通时，语言产生了”，在这里，语言是基于某种目的——与人沟通——而产生的。目的性认知其实就是对事物意义的探索，胡塞尔也认为，“一个有可能界定事物意识的规则本质上是一种预先刻划了类型的规则”③，他十分重视目标导向（目的性）在人类智能和认知中的重要作用。所以，目的性是认知伦理的前提及保障，是它的根本特征之一。

（3）语言性。人类是生活在特定语言世界中的人类，人类的认知也就无法离开语言。人们要认识物理现象，需要物理语言，认识数学现象，需要数学语言，不同国家、不同民族的人交流也是以语言为媒介进行的。所以，人类如果要自主地融入各种语境中，就需要各种不同的语言，伽达默尔认为，“语言是理解本身得以实现的普遍媒介……一切理解都是解释，一切解释都通过语言媒介发生作用，同时这种语言又会成为解释自己的平台”。④ 由此可见，语言是我们存在于世界的基本方式，是世界构成的无所不在的形式，是我们自主认知世界的必备工具。

（4）历史性。如康德所述，大自然只是如后母般地为我们准备了达到我们目的所必需的能力，然而，就是这种必需的能力也不是一蹴而就的，而是通过时

---

① 康德．实践理性批判［M］．邓晓芒译，杨祖陶校．北京：人民出版社，2003：200.

② Searle J. Mind: A Brief Introduction ［M］. Oxford: Oxford University Press, 2004: 99.

③ Husserl E. Cartesian Meditations ［M］. Translated by Cairns D. The Hague: Nijhoff, 1960: 45.

④ Gadamer H. Truth and Method ［M］. Translated by Weinsheimer J, Donald G M. London: Continuum, 2003: 441.

间和实践的洗礼一步步发展而来的。比如制造工具防御野兽、种粮食抵抗饥饿这些能力都不是大自然这个“后母”直接给予我们的，它们是在自然给予我们“自主性”能力的基础上发展而来的。认知伦理方式的形成如同自主性能力的增长一样都是需要时间的，从被语境化行动到拟认知伦理再到认知伦理是一个漫长的过程。而通过这种方式对客体进行认知也是需要时间的，首先要确定认知客体，而后通过自身经验作出反应，回馈于认知对象，最后通过实践检验自身认知的正确性，这个过程有可能用时很少，但有可能用时很长，时间是其中不可或缺的支撑力量。海德格认为认知具有时间性或历史性，提出了“前有”“前见”和“前设”；而伽达默尔则将“历史性”看作构成我们全部体验力的最初直接性。[①] 所以认知伦理是历史性的。

（5）渐进性。认知伦理的渐进性有两种含义：一种是向前、上升的发展性，另一种种是发展过程中的阶段性。从认知伦理的内涵和过程可以看出，人类认知是从无到有、从低级到高级的进化，这是一种发展性；而其中被语境化行为、拟认知伦理到认知伦理是认知的三个阶段，每一阶段的发展都是“突现”的结果，这是认知的阶段性，二者综合就是认知伦理的渐进性。

（6）实践性。这是认知伦理最重要、最实用的特性，也是合理认知方式——有形可检——的重要体现。认知最根本的目的就是要应用于现实生活，进而指导人类的思想和行为；认知伦理也不例外，我们需要用它来指导我们的日常生活、科学研究等。比如，通过认知伦理我们能够更深入地了解人类与环境的关系，了解认知在这一关系中的作用，即人类的认知是环境和人类自主性双重作用的结果。实践表明：认知伦理是主体与客体、过程与意义、理性与非理性、事实陈述与价值判断的统一。

2. 认知伦理的优势

认知科学成为了21世纪哲学、科学研究的富矿，这一问题的研究成果对诸多学科的发展、走向都有影响。认知伦理试图用语境分析方法去透视、构建“认知问题”，为科学研究指出一条未来走向。相较于其他认知方式，这种以人为中心的认知体系有很多优势。

（1）它体现了认知主体与客体的统一。认知伦理的两大要素是认知主

---

① Gadamer H. Truth and Method [M]. Translated by Weinsheimer J, Donald G M. London: Continuum, 2003: 299.

体——人类和认知客体——环境（自然界、人类社会和人类自身），人既然是世界等级体系中的一环，那么他肯定就离不开其所处的环境，同样，认知过程也离不开其环境。所以，人类这种认知体与环境是相互统一的，认知伦理中主体与客体是相互统一的。

认知主体与认知客体在认知伦理中的集中体现是人类的自主性与语境的基底性。这也是它与其他认知方式的区别之处：在外在主义认知中，环境是认知的基础，人类的意识性是只是环境作用的产物而已；在内在主义认知中，人类的自主性又成为了凌驾于环境的更高层次的事物；而语境分析方式则更加强调语境之于认知的重要性，这三类认知方式都有局限性。只有认知伦理将将人类的自主性提高到与环境相一致的地位上来，使得这二者达到有机、合理的融合。

（2）它体现了认知过程与意义的统一。人这种认知体不仅生活在物质世界中，更生活在意义世界中。人类认知的目的是对意义的探索，包括世界的意义和人类自身的意义，在这个探索过程中，人的自主性起到了极其重要的作用。认知伦理强调的正是人和人的自主性在整个认知过程、意义出现过程中的重要作用，所以，它通过“人”将认知过程和意义过程统一起来。

（3）它体现了理性与非理性的统一。人类心智不仅具有理性特征，更具有非理性特征，如意志、情绪、动机等，而忽视非理性因素成为了物理主义、功能主义、行为主义等外在主义理论的共同点；将非理性特征无限夸大，认为它是私人的、不可传递、不可认识的又是唯心主义的主要观点，这两种认知方式都是不可取的。认知伦理方式既重视心智的理性特征，比如人的外在行为、言语表述等因素，又重视人的自主性、意愿性等非理性因素对认知的作用。

（4）它体现了事实陈述与价值判断的统一。认知伦理将认知与自然视为一体，认知力图真实，力图探寻自然规律、对自然界进行一种事实陈述；但是，这种事实陈述不是中立的，它体现着一种价值取向。认知伦理中的认知是受到自然约束的认知，我们不能为满足自身的各种需求而随意去认知自然，也就是说，我们要对认知建立起“善”的行为规范，与自然和谐相处，不应该自私地利用自然。这就是认知伦理中事实陈述（自然规律）与价值判断（尊崇自然）间的统一。正是这些统一性使得认知伦理成为一种合乎自然规律、人类行为、科学进步的认知新方式。

至此，认知伦理模型基本建构完成，它是囊括了一个模型所需要的内涵、意义及实现手段，也使得认知科学理念得以在社会及伦理学中获得更充分的应用。

参考文献

一、中文参考文献

（一）著作类

[1] 爱因·兰德. 新个体主义伦理观［M］. 秦裕，译. 北京：生活·读书·新知三联书店，1993.

[2] 贝尔纳. 科学的社会功能［M］. 陈体芳，译. 北京：商务印书馆，2003.

[3] 本格. 科学的唯物主义［M］. 上海：上海译文出版社，1989.

[4] 波普尔. 猜测与反驳——科学知识的增长［M］. 傅季重等，译. 上海：上海译文出版社，2005.

[5] 蔡自兴. 机器人学［M］. 北京：清华大学出版社，2000.

[6] 陈嘉映. 哲学、科学、常识：神话时代以来的理知历程——人类心智所展现的世界图景［M］. 北京：东方出版社，2007.

[7] 陈波. 逻辑与语言［M］. 北京：东方出版社，2005.

[8] 陈恳等. 机器人技术与应用［M］. 北京：清华大学出版社，2006.

[9] 陈英和. 认知发展心理学［M］. 杭州：浙江人民出版社，1996.

[10] 达尔文. 物种起源［M］. 周建人等，译. 北京：商务印书馆，1989.

[11] 戴汝为. 人机共创的智慧：著名科学家谈人工智能［M］. 南宁：广西师范大学出版社，1999.

[12] 丹尼尔·阿门. 大脑处方［M］. 肖轶，郭小社，译. 北京：中国社会科学出版社，2003.

[13] 德雷福斯. 计算机不能做什么［M］. 宁春岩，译. 北京：生活·读书·新

知三联书店，1986，258.
[14] 狄尔泰. 精神科学引论 [M]. 童奇志，王海鸥，译. 北京：中国城市出版社，2002.
[15] 恩卡西尔. 人论 [M]. 甘阳，译. 上海：上海译文出版社，1985.
[16] 冯广艺. 语境适应论 [M]. 武汉：湖北教育出版社，1999.
[17] 弗洛伊德. 弗洛伊德全集（第10卷）[M]. 车文博，译. 长春：长春出版社，2010.
[18] 弗洛伊德. 精神分析引论 [M]. 高觉敷，译. 北京：商务印书馆，1984.
[19] 高新民，储昭华. 心灵哲学 [M]. 北京：商务印书馆，2002.
[20] 郭贵春，成素梅. 当代科学哲学问题研究 [M]. 北京：科学出版社，2009.
[21] 郭贵春. 隐喻、修辞与科学解释：一种语境论的科学哲学研究视角 [M]. 北京：科学出版社，2007.
[22] 哈贝马斯. 作为“意识形态”的技术与科学 [M]. 北京：学林出版社，1999.
[23] 胡霞. 认知语境研究 [D]. 杭州：浙江大学，2005.
[24] 华生. 行为主义 [M]. 李维，译. 杭州：浙江教育出版社，1998.
[25] 怀特海. 过程与实在 [M]. 杨富斌，译. 北京：中国城市出版社，2003.
[26] 霍兰. 涌现—从混沌到有序 [M]. 陈禹，译. 上海：上海科技出版社，2001.
[27] 卡尔·波普尔. 科学知识进化论 [M]. 纪树立，编译. 北京：生活·读书·新知三联书店，1987.
[28] 卡尔·波普尔. 客观知识：一个进化论的研究 [M]. 舒炜光，译. 上海：上海译文出版社，1987.
[29] 康德. 实践理性批判 [M]. 邓晓芒译，杨祖陶校. 北京：人民出版社，2003.
[30] 孔狄亚克. 人类知识起源论 [M]. 洪丕柱，译. 北京：商务印书馆，1997.
[31] 库恩. 必要的张力 [M]. 范岱年，译. 福州：福建人民出版社，1981.
[32] 拉卡托斯. 科学研究纲领方法论 [M]. 兰征，译. 上海：上海译文出版

社，1986.
[33] 乐国安. 当代美国认识心理学 [M]. 北京：中国社会科学出版社，2001.
[34] 李伯聪. 选择与建构：大脑和认知之谜的哲学反思 [M]. 北京：科学出版社，2008.
[35] 李东. 科学语境论 [M]. 哈尔滨：哈尔滨出版社，1996.
[36] 李平. 科学·认知·意识：哲学与认知科学国际研讨会文集 [M]. 南昌：江西人民出版社，2004.
[37] 李烨. 社交机器人的自主性和群组倾向对于人做决策产生的影响 [M]. 北京：清华大学出版社，2010.
[38] 里克曼. 狄尔泰 [M]. 殷晓蓉，吴晓明，译. 北京：中国社会科学出版社，1989.
[39] 廖备水. 多主体智能系统与自主计算 [M]. 长春：吉林人民出版社，2007.
[40] 刘放桐. 新编现代西方哲学 [M]. 北京：人民出版社，2004.
[41] 刘高岑. 当代科学意向论 [M]. 北京：科学出版社，2006.
[42] 刘琼. 图灵测试、中文房间理论及其对功能主义的影响 [D]. 湘潭：湘潭大学，2007.
[43] 刘澍心. 语境构建论 [M]. 长沙：湖南人民出版社，2006.
[44] 刘占峰. 心灵哲学视野下的常识人的概念图式 [D]. 武汉：华中师范大学，2003.
[45] 罗宾·柯林伍德. 自然的观念 [M]. 吴国盛，柯映红，译. 北京：华夏出版社，1999.
[46] 罗姆·哈瑞. 认知科学哲学导论 [M]. 魏屹东，译. 上海：上海科技教育出版社，2006.
[47] 洛伦佐·玛格纳尼. 发现和解释的过程：溯因、理由与科学 [M]. 李大超，任远，译. 广州：广东人民出版社，2006.
[48] 洛伦佐·玛格纳尼. 认知视野中的哲学探究 [M]. 李平，译. 广州：广东人民出版社，2006.
[49] 马克思，恩格斯. 马克思恩格斯全集（第 42 卷）[M]. 北京：人民出版社，1985.

[50] 米德. 心灵、自我与社会 [M]. 赵月瑟，译. 上海：上海译文出版社，2008.
[51] 尼采. 权利意志：重估一切价值的尝试 [M]. 北京：商务印书馆，1991.
[52] 尼古拉·别尔嘉耶夫. 自我认知 [M]. 汪剑钊，译. 上海：上海出版社，2007.
[53] 尼古拉斯·布宁. 西方哲学英汉对照辞典 [M]. 北京：人民出版社，2001.
[54] 倪梁康. 中国现象学与哲学评论（第4辑）[M]. 上海：上海译文出版社，2001.
[55] 欧阳红晋. 基于人工生命理论的机器人群体智能行为研究 [D]. 哈尔滨：哈尔滨工程大学，2004.
[56] 欧阳康. 当代英美著名哲学家自述 [M]. 北京：人民出版社，2005.
[57] 庞元正，李建华. 系统论控制论信息论经典文献选编 [M]. 北京：求实出版社，1989.
[58] 彭孟尧. 人心难测—心与认知的哲学问题 [M]. 北京：生活·读书·新知三联书店，2006.
[59] 皮亚杰. 成功与理解 [M]. 济南：山东教育出版社，1989.
[60] 邱仁宗. 国外自然科学哲学问题 [M]. 北京：中国社会科学出版社，1991.
[61] 萨迦德. 认知科学导论 [M]. 朱菁，译. 合肥：中国科学技术大学出版社，1999.
[62] 申归云. 论赖尔的行为主义对他心问题的消解 [D]. 上海：华中师范大学，2011.
[63] 施太格·缪勒. 当代哲学主流 [M]. 王炳文，燕宏远，张金言，译. 北京：商务印书馆，1986.
[64] 史蒂夫·巴特森. 突破维数障碍——斯梅尔传 [M]. 邝仲平，译. 上海：上海科技教育出版社，2002.
[65] 史新颖. 认知计算主义的源起与当代发展 [D]. 上海：东华大学，2007.
[66] 史忠植. 认知科学 [M]. 合肥：中国科学技术大学出版社，2008.
[67] 叔本华. 作为意志和表象的世界 [M]. 北京：商务印书馆，1982.

[68] 斯蒂芬·梅森. 自然科学史 [M]. 上海：上海译文出版社，1980.
[69] 宋伟刚. 机器人学 [M]. 北京：科学出版社，2007.
[70] 田平. 自然化的心灵 [M]. 长沙：湖南教育出版社，2000.
[71] 瓦托夫斯基. 科学思想的概念基础：科学哲学导论 [M]. 范岱年，译. 北京：求实出版社，1982.
[72] 王华平. 心灵与世界：一种知觉哲学的考察 [D]. 杭州：浙江大学，2008.
[73] 王姝彦. 当代心灵哲学视阈中的意向性问题研究 [D]. 山西：山西大学，2005.
[74] 王文斌. 隐喻的认知构建与解读 [M]. 上海：上海外语教育出版社，2007.
[75] 王晓阳. 意识研究：一项基于神经生物学立场的哲学考察 [D]. 广州：中山大学，2008.
[76] 维特根斯坦. 逻辑哲学论 [M]. 北京：商务印书馆，1996.
[77] 维特根斯坦. 哲学研究 [M]. 汤潮，译. 北京：生活·读书·新知三联书店，1992.
[78] 魏屹东. 广义语境中的科学 [M]. 北京：科学出版社，2004.
[79] 魏屹东. 认知科学哲学问题研究 [M]. 北京：科学出版社，2008.
[80] 魏屹东. 语境论与科学哲学的重建 [M]. 北京：北京师范大学出版社，2012.
[81] 吴彤，蒋劲松，王巍. 科学技术的哲学反思 [M]. 北京：清华大学出版社，2004.
[82] 谢爱华. "突现论"中的哲学问题 [M]. 北京：中国社会科学院，2005.
[83] 熊哲宏. 认知科学导论 [M]. 武汉：华中师范大学出版社，2002.
[84] 亚里士多德. 尼各马科伦理学 [M]. 廖申白，译. 北京：商务印书馆，2003.
[85] 颜泽贤. 陈忠，胡皓. 复杂系统演化论 [M]. 北京：人民出版社，1993.
[86] 杨足仪. 心灵哲学的脑科学维度：埃德尔曼的心灵哲学及其意义 [D]. 武汉：华中师范大学，2009.
[87] 叶闯. 语言、意义、指称：自主的意义与实在 [M]. 北京：北京大学出版

社，2010.
[88] 泽农·派利夏恩. 计算与认知：认知科学的基础 [M]. 北京：中国人民大学出版社，2007.
[89] 曾志. 西方哲学导论 [M]. 北京：中国人民大学出版社，2008.
[90] 张国锋. 情绪驱动的人工生命行为选择机制研究 [D]. 重庆：重庆大学，2009.
[91] 张娜. "中文屋论证"问题的探讨："系统回应"后的认知科学发展 [D]. 上海：复旦大学，2009.
[92] 张守刚，刘梅波. 人工智能的认识论问题 [M]. 北京：人民出版社，1984.
[93] 张秀宠，马敏. 后现代语境下的科学与信仰 [M]. 哈尔滨：黑龙江人民出版社，2008.
[94] 张珍. 精神性质的依随还原与突现 [D]. 广州：华南师范大学，2007.
[95] 张舟. 当今心灵哲学关于意识与意向性关系的思想评析 [D]. 武汉：华中师范大学，2008.
[96] 赵敦华. 西方哲学简史 [M]. 北京：北京大学出版社，2000.
[97] 赵敦华. 西方哲学经典讲演录 [M]. 南宁：广西师范大学出版社，2007.
[98] 赵南元. 认知科学揭秘 [M]. 北京：清华大学出版社，2002.
[99] 郑祥福，洪伟. "认识论的自然化"之后：哲学视野中的智能及其模拟 [M]. 上海：上海三联书店，2005.
[100] 周燕，闫坤如. 科学认知的哲学探究：观察的理论渗透与科学解释的认知维度 [M]. 北京：人民出版社，2007.
[101] 朱福喜，杜友福，夏定纯. 人工智能引论 [M]. 武汉：武汉大学出版社，2006.
[102] 朱永生. 语境动态研究 [M]. 北京：北京大学出版社，2005.

（二）论文类

[1] 蔡曙山. 哲学家如何理解人工智能 [J]. 自然辩证法研究，2001 (11)：18－22.
[2] 柴晶，高新民. 人在什么意义上有"心灵"：由个例同一论引发的思考 [J]. 福建论坛，2005 (1)：62－67.

[3] 陈创生. 人的本质与人的主体性和自主性 [J]. 理论学习月刊, 1989 (5): 48 – 50.

[4] 陈刚. 亚里士多德的心灵哲学 [J]. 哲学动态, 2008 (8): 77 – 82.

[5] 陈炼. 何谓计算主义? [J]. 科学文化评论, 2007 (4): 5 – 16.

[6] 陈巍, 丁峻. 感受性问题与当代心身关系功能主义的批判 [J]. 徐州师范大学学报, 2008 (2): 129 – 133.

[7] 陈香兰. 功能主义研究概说 [J]. 外语研究, 2007 (5): 19 – 23.

[8] 陈晓平. 从心 – 身问题看功能主义的困境 [J]. 自然辩证法研究, 2006 (12): 17 – 21.

[9] 陈晓平. 关于"还原"和"突现"的概念分析: 兼论心—身问题 [J]. 哲学研究, 2006 (9): 84 – 89.

[10] 陈晓平. 因果关系与心—身问题: 兼论功能主义的困境与出路 [J]. 自然辩证法通讯, 2007 (5): 26 – 30.

[11] 陈亚军. 杜威心灵哲学的意义和效应 [J]. 复旦学报, 2006 (1): 42 – 48.

[12] 陈亚军. 功能主义错在哪里: 论普特南的反功能主义及其与罗蒂的分歧 [J]. 学术月刊, 2008 (3): 57 – 63.

[13] 戴维森. 试图定义真乃愚蠢的 [J]. 王路, 译. 世界哲学, 2006 (1): 1 – 5.

[14] 戴振宇. 对功能主义心身理论的反思 [J]. 孝感学院学报, 2002 (2): 17 – 21.

[15] 杜建国, 郭贵春. 论意义及其构造的语境化过程 [J]. 天津社会科学, 2006 (4): 22 – 31.

[16] 范冬萍, 张华夏. 突现理论: 历史与前沿 [J]. 自然辩证法研究, 2005 (6): 5 – 10.

[17] 范冬萍. 突现论的类型及其理论诉求: 复杂性科学与哲学的视野 [J]. 2005 (8): 49 – 53.

[18] 范冬萍. 英国突现主义的理论价值与局限: 从复杂性科学的发展看 [J]. 系统科学学报, 2006, 4, 37 – 40.

[19] 范莉, 魏屹东. 语境分析方法在科学史研究中的应用 [J]. 自然辩证法通讯, 2007 (4): 57 – 61.

[20] 费定舟. 心灵即计算: 哲学、逻辑和实践 [J]. 计算机科学, 2009 (4): 56 – 59.

[21] 费定舟. 心灵与机器的界线 [J]. 自然辩证法研究, 2004 (9): 22 -25.
[22] 符征, 李建会. 计算功能主义: 普特南的早期论证及其后来的反驳 [J]. 自然辩证法研究, 2011 (1): 7 -12.
[23] 高新民, 刘占峰. 心理的反作用何以可能? [J]. 福建论坛, 2003 (2): 12 -18.
[24] 高新民, 刘占峰. 意向性·意义·内容: 当代西方心灵哲学围绕心理内容的争论及其思考 [J]. 哲学研究, 2003 (2): 86 -91.
[25] 高新民, 沈学君. "心灵就是大脑内的计算机": 福多的心灵哲学思想初探 [J]. 华中师范大学学报, 2003 (6): 126 -132.
[26] 高新民, 殷筱. 戴维森的解释主义及其心灵哲学 [J]. 哲学研究, 2005 (6): 76 -81.
[27] 高新民. 当代西方心灵哲学发展的两种倾向及其意义 [J]. 自然辩证法研究, 1993 (7): 22 -30.
[28] 高新民. 感受性质: 新二元论的一个堡垒 [J]. 甘肃社会科学, 2009 (5): 34 -39.
[29] 高新民. 广义心灵哲学论纲 [J]. 华中师范大学学报, 2000 (4): 5 -12.
[30] 高新民. 解释与解构: 丹尼特的心灵哲学及其意义 [J]. 天津社会科学, 2005 (3): 38 -42.
[31] 高新民. 民众心理学: 心灵哲学研究的新亮点 [J]. 襄樊学院学报, 2005 (1): 5-11.
[32] 高新民. 宋荣, 心灵哲学中的思想实验 [J]. 福建论坛, 2008 (8): 44 -48.
[33] 高新民. 随附性: 当代西方心灵哲学的新"范式" [J]. 华中师范大学学报, 1998 (5): 1 -8.
[34] 高新民. 吴胜锋, 泛心论及其在当代心灵哲学中的复兴 [J]. 江西社会科学, 2009 (4): 51 -56.
[35] 高新民. 现代西方心灵哲学的知觉研究述评 [J]. 华中师范大学学报, 1995 (4): 1 -7.
[36] 高新民. 心理内容: 心灵自我认识的聚焦点 [J]. 甘肃社会科学, 2008 (4): 91 -96.
[37] 高新民. 心理世界的"新大陆": 当代西方心灵哲学围绕感受性质的争论及其思考 [J]. 自然辩证法通讯, 1999 (5): 6 -13.

[38] 高新民. 心灵哲学对心身问题的最新解答 [J]. 学术论坛, 2002 (5): 11-15.
[39] 高新民. 意向性研究的心灵哲学进路 [J]. 学术月刊, 2008 (10): 47-55.
[40] 葛欢欢. 意向性与心灵的"分界面": 普特南实在论思想探析 [J]. 晋阳学刊, 2012 (1): 53-56.
[41] 郭斌. 塞尔"中文屋"思想实验的哲学意蕴辨析 [J]. 自然辩证法研究, 2005 (12): 29-32.
[42] 郭翠菊. 行为与认知的统一: 评介托尔曼的目的行为主义 [J]. 殷都学刊, 1992 (4): 72-74.
[43] 郭贵春, 郝宁湘. 丘奇: 图灵论点与人类认知能力和极限 [J]. 齐鲁学刊, 2004 (5): 65-70.
[44] 郭贵春. "语境"研究的意义 [J]. 科学技术与辩证法, 2005 (4): 1-4.
[45] 郭垒. 还原论、自组织理论和计算主义 [J]. 自然辩证法研究, 2003 (12): 83-87.
[46] 汉弗莱斯. 情景突现论: 心灵与基础物理学的关系 [J]. 哲学研究, 2011 (11): 94-99.
[47] 郝宁湘. 丘奇: 图灵论点与认知递归计算假说 [J]. 自然辩证法研究, 1997 (11): 19-23.
[48] 黄益民. 公共疼痛及孪生地球疼痛: 对心灵哲学中渐逝型取消主义的一种阐述 [J]. 哲学研究, 2008 (7): 65-74.
[49] 黄益民. 心灵哲学中反物理主义主要论证编译评注 [J]. 世界哲学, 2006 (5): 16-22.
[50] 李恒威. 认知主体的本性: 简述《具身心智: 认知科学和人类经验》[J]. 哲学分析, 2010 (4): 176-182.
[51] 李建会. 还原论、突现论与世界的统一性 [J]. 科学技术与辩证法, 1995 (10): 5-8.
[52] 郦全民. 计算与实在: 当代计算主义思潮剖析 [J]. 哲学研究, 2006 (3): 82-89.
[53] 郦全民. 认知计算主义的威力和软肋 [J]. 自然辩证法研究, 2004 (8): 1-3.
[54] 郦全民. 认知可计算主义的"困境"质疑: 与刘晓力教授商榷 [J]. 中国社会科学, 2003 (5): 149-152.

[55] 刘青，郭成. 假设检验思维策略的研究述评 [J]. 宜宾学院学报，2009 (4)：117－120.
[56] 刘晓力. 计算主义质疑 [J]. 哲学研究，2003 (4)：88－94.
[57] 刘晓力. 延展认知与延展心灵论辨析 [J]. 中国社会科学，2010 (1)：49－57.
[58] 刘占峰，赵泽林. 取消主义与心灵哲学本体论的变革 [J]. 云南大学学报，2008 (4)：18－24.
[59] 卢永欣. 对意识形态的结构功能主义分析 [J]. 思想战线，2012 (4)：63－66.
[60] 马俊领. 意识形态嵌入与认知合理性生成：以阿尔都塞悖论为考察起点 [J]. 思想战线，2012 (4)：59－62.
[61] 庞学铨. 身体性理论：新现象学解决心身关系的新尝试 [J]. 浙江大学学报，2001 (6)：5－13.
[62] 齐磊磊，张华夏. 论突现的不可预测性和认知能力的界限：从复杂性科学的观点看 [J]. 自然辩证法研究，2007 (4)：18－21.
[63] 邱江，张庆林. 假设检验策略研究进展述评 [J]. 西南师范大学学报，2003 (4)：38－41.
[64] 任晓明，胡宝山. 为认知科学的计算主义纲领辩护：评泽农·派利夏恩的计算主义思想 [J]. 江西社会科学，2007 (2)：44－49.
[65] 任晓明等. 计算主义纲领的功过得失 [J]. 科学技术与辩证法，2008 (6)：7－11.
[66] 塞尔. 现代外国哲学社会科学文摘 [J]. 高新民，译，1993 (7)：27－29.
[67] 沙格里厄. 计算机科学是研究什么的？ [J]. 杨富斌，译. 世界哲学，2003 (2)：39－50.
[68] 邵明. 一个哲学神话：论自然主义对心灵主义的批判 [J]. 江海学刊，2010 (2)：5－12.
[69] 沈骊天. 心灵的哲学求索与科学探索 [J]. 华中科技大学学报，2006 (5)：103－110.
[70] 沈亚生. 哲学人学与心灵哲学研究述介 [J]. 哲学动态，1998 (11)：26－29.
[71] 宋荣，高新民. 当代西方心灵哲学中的非概念内容范畴分析 [J]. 自然辩证法研究，2010 (4)：6－11.
[72] 唐魁玉. 虚拟空间中的心身问题：对心灵哲学观点的辨识与吸纳 [J]. 哲学动态，2007 (4)：30－34.

[73] 唐热风. 论功能主义 [J]. 自然辩证法通讯, 1997 (1): 6-12.
[74] 唐晓嘉. 主体间的互动性与多主体认知推理模型的建构 [J]. 自然辩证法研究, 2004 (9): 31-35.
[75] 田平. 符号计算主义与意向实在论 [J]. 北京师范大学学报, 2005 (6): 105-109.
[76] 田平. 关于理性能力的当代思考: 当代心理学、认知科学、心灵哲学理性能力研究述评 [J]. 自然辩证法通讯, 2005 (3): 40-45.
[77] 田平. 物理主义框架中的心和"心的理论": 当代心灵哲学本体和理论层次研究述评 [J]. 厦门大学学报, 2003 (6): 22-29.
[78] 图灵显灵: 聊天机器人 Cleverbot 成功欺骗人类通过测试 [EB/OL]. http: //paper. taizhou. com. cn/tzsb/html/2011-10/16/content_ 370862. htm
[79] 王曼. 从还原主义批判到个例物理主义: 福多身心关系思想探析 [J]. 广西大学学报, 2011 (1): 103-107.
[80] 王黔玲. 驳西尔勒对图灵测验的诘难 [J]. 社会科学研究, 2002 (3): 47-49.
[81] 王荣江. 算法、图灵机、哥德尔定理与知识的不确定性 [J]. 自然辩证法研究 2002 (3): 48-51.
[82] 王世鹏, 高新民. 取消论、实在论和解释主义 [J]. 福建论坛, 2010 (4): 48-5.
[83] 王姝彦. 意向解释的自主性 [J]. 哲学研究, 2006 (2): 92-98.
[84] 王晓阳. 论意识的认知神经科学研究及哲学思考 [J]. 自然辩证法研究, 2008 (6): 33-36.
[85] 魏屹东, 安晖. 意识的语境认知模型: 兼评巴尔斯的意识理论 [J]. 人文杂志, 2012 (4): 15-21.
[86] 魏屹东, 樊岳红. 遵守规则与人工智能: 维特根斯坦与图灵人工智能理论的交集 [J]. 山西大学学报, 2011 (9): 24-29.
[87] 魏屹东, 郭贵春. 论科学与语言的关系 [J]. 科学技术与辩证法, 2002 (2): 34.
[88] 魏屹东, 杨小爱. "中文屋"论证过程与目的类比关系分析 [J]. 人文杂志, 2011 (5): 27-33.
[89] 魏屹东, 杨小爱. "计算机理解"论题的探究: 从"中文屋论证"到"比较三段论" [J]. 心智与计算, 2008 (3): 244-251.
[90] 魏屹东, 杨小爱. 语境框架: 计算机能否造就心灵的核心问题 [J]. 洛阳师范学院学报, 2009 (1): 31-34.

[91] 魏屹东. 计算——表征认知理论的认知语境分析 [J]. 自然辩证法通讯, 2003 (1): 37 –43.

[92] 魏屹东. 科学社会学方法论: 走向社会语境化 [J]. 科学学研究, 2002 (2): 127 –132.

[93] 魏屹东. 科学哲学方法论: 走向语境化 [J]. 洛阳师范学院学报, 2002 (3): 5 –9.

[94] 魏屹东. 认识的语境论形成的思想根源 [J]. 社会科学, 2010 (10): 107 –114.

[95] 魏屹东. 认知科学方法论: 走向认知语境化 [J]. 洛阳师范学院学报, 2003 (1): 10 –13.

[96] 魏屹东. 作为世界假设的语境论 [J]. 自然辩证法通讯, 2006 (3): 39 –45.

[97] 吴建国. 建构论语境下的科学知识“碎象”与“重塑” [J]. 南京, 南京邮电大学学报, 2009 (4): 74 –78.

[98] 吴凯伟. 科学冲击下的“心灵”尚能存否? [J]. 自然辩证法通讯, 2007 (3): 6 –10.

[99] 谢爱华. 突现论: 科学与哲学的新挑战 [J]. 自然辩证法研究, 2003 (9): 84 –87.

[100] 徐冰, 刘肖健. 基于动机模型的自主性虚拟人行为选择研究 [J]. 计算机应用与软件, 2012 (4): 71 –74.

[101] 徐世红, 张文鹏. 认知语境的哲学阐释对实证研究的启示 [J]. 西安外国语大学学报, 2010 (2): 31 –34.

[102] 徐向东. 心灵哲学 (1950—1990) 回顾与展望 (四) [J]. 哲学动态, 1993 (2): 5 –9.

[103] 徐英谨. 对“汉字屋论证”逻辑结构的五种诊断模式 [J]. 复旦学报, 2008 (3): 82 –89.

[104] 许珍琼, 高度. 突现论与心身问题 [J]. 武汉大学学报, 2004 (6): 776 –780.

[105] 阎岩, 唐振民. 基于云模型的地面智能机器人自主性评价方法 [J]. 南京理工大学学报, 2012 (3): 420 –426.

[106] 仰海峰. 人本主义、科学主义与马克思哲学的当代阐释 [J]. 社会科学辑刊, 1999 (5): 13 –18.

[107] 叶浩生. 行为主义的演变与新的新行为主义 [J]. 心理学动态, 1992 (2): 19 –24.

[108] 殷杰，韩彩英．视域与路径：语境结构研究方法论［J］．科学技术与辩证法，2005（5）：38－52．
[109] 曾方本．动态语境新论［J］．吉林师范大学学报，2006（2）：98－101．
[110] 曾向阳．突现思想及其哲学价值［J］．南京社会科学，1996（6）：37－42．
[111] 曾向阳．心灵的计算理论的哲学评析［J］．中共南京市委党校南京行政学院学报，2005（2）：11－14．
[112] 曾向阳．行为主义的哲学困境透视［J］．自然辩证法通讯，1999（4）：6－12．
[113] 张华．"心寓于身"论的发展历程［J］．哲学动态，2008（11）：46－51．
[114] 张华夏．突现与因果［J］．哲学研究，2011（11）：105－109．
[115] 张庆林，王永明，张仲明．假设检验思维过程中的启发式策略研究［J］．心理学报，1997（1）：29－36．
[116] 张小川．基于人工生命行为选择的智能体决策的研究［J］．计算机科学，2007（5）：213－251．
[117] 张晓荣．计算主义：从 Cyborg 走向人工生命［J］．青海社会科学，2007（1）：133－135．
[118] 赵亮英，陈晓平．语境、意向与意义：兼评塞尔的意向性意义理论［J］．逻辑学研究，2012（2）：105－115．
[119] 赵泽林，高新民．计算主义在心灵哲学中的两大前沿论题述评［J］．科学技术与辩证法，2007（8）：36－39．
[120] 赵泽林，严景阳，高新民．当代心灵哲学境遇下计算主义之解读与批判［J］．江西社会科学，2008（1）：71－74．
[121] 赵泽林．"智能"的界定：心理学与心灵哲学的探究［J］．自然辩证法研究，2010（6）：18－23．
[122] 周昌乐，刘江伟．机器能否拥有意识［J］．厦门大学学报（哲学社会科学版）：2011（1）：1－8．
[123] 周农建．功能主义：人文科学研究中的一种方法论［J］．湖北社会科学，1987（6）：59－61．
[124] 周晓亮．试论西方心灵哲学中的"感受性问题"［J］．黑龙江社会科学，2008（6）：24－29．
[125] 周晓亮．自我意识、心身关系、人与机器：试论笛卡尔的心灵哲学思想［J］．自然辩证法通讯，2005（4）：46－52．

二、英文参考文献

（一）著作类

[1] Armstrong D. A materialist theory of the mind [M]. London: Routledge, 1993.
[2] Astunore M. The Reflexive Thesis: Wrighting Sociology of Scientific Knowledge [M]. London: The Universily of Chicago Press, 1989.
[3] Bartlett S J, Suber P. Self – Reference: Reflections on Reflexivity [M]. Dordrecht: Martinus Nijhoff Publishers, 1987.
[4] Barnes B Dedge. Science in Context [M]. Cambridge: MIT Press, 1982.
[5] Blumberg B. The Third International Conference on Simulation of Adaptive Behavior [M]. Cambridge, MA: The MIT Press, 1994.
[6] Boden M A. The Philosophy of Artificial Intelligence [M]. New York: Oxford University Press, 1990.
[7] Borst C. The Mind – Brain Identity Theory [M]. New York: St. Martin' s Press, 1970.
[8] Braddon – Mitchell D. Jackson F. Philosophy of Mind and Cognition [M]. London: Blackwell Publisher Ltd, 2000.
[9] Brendan Sean Graves. A Generalized Tele – Autonomous Architecture Suing Situation – based Action Selection [M]. Texas: Texas A & M University, 1995.
[10] Brentano F. Psychology from an Empirical Standpoint [M]. Translated by Rancurello A, Terrell D, Linda L. London: Routledge & Kegan Paul, 1973.
[11] Broadbent D. Perception and Communication [M]. London: Pergamon Press, 1958.
[12] Bunge M. Emergence and Convergence: Qualitative Novelty and the Unity of Knowledge [M]. Toronto: University of Toronto Press, 2003.
[13] Bunge M. Scientific Materialism [M]. London: D. Reidel Publishing Company, 1981.
[14] Carnap R. An Introduction to Symbolic Logic and Its Applications [M]. New York: Dover publications, 1958.
[15] Carruthers P. Consciousness: Essays from a Higher – Order Perspective [M]. New York: Oxford University Press, 2005.

[16] Chalmers D. The Conscious Mind: in Search of a Fundamental Theory [M]. New York: Oxford University Press, 1996.

[17] Bunzl M. The Context of Explanation [M]. London: Kluwer Academic Publishings, 1993.

[18] Crance T. Elements of Mind [M]. London: Oxford University Press, 2001.

[19] David Braddon - Mitchell, Frank Jackson. Philosophy of Mind and Cognition [M]. London: Blackwell Publisher Ltd, 2000.

[20] Delgado - Mata C, Ibanez - Martinez J. An Emotion Affected Action Selection Mechanism for Multiple Virtual Agents [M]. Piscataway: NJ, USA, IEEE, 2006.

[21] Dennett D. Consciousness Explained [M]. New York: Little, Brown and Company, 1991.

[22] Descartes R. The Phiosophical Writing of Descartes [M]. Trans. Collinghgan J, Stoothoff R, Murdoch D. Cambridge: Cambrideg University Press, 1985.

[23] Dong - Hyun Lee, Ki - Back Lee etc. Reflex and Emotion - driven Behavior Selection for Toy Robot [M]. 16th IEEE International Conference on Robot & Human Interactive Communication. Jeju, Korea, IEEE, 2007.

[24] Edelman G. The Remembered Present: A Biological Theory of Consciousness [M]. New York: BasicBooks, 1989,

[25] Firth J R. Papers in Linguistics 1934 - 1951 [M]. London: Oxford University Press, 1951.

[26] Francis Crick. The Astonishing Hypothesis: The Scientific Search for the Soul [M]. New York: Charles Scribner's Sons, 1994.

[27] Frege G. The Foundations of Arithmetic: A logico - mathematical enquiry into the concept of number [M]. Austin J. tr. New York: Harper & Brothers, 1953.

[28] Feldman R Rochester. Contextualism and Skepticism [EB/OL]. http://www. phil. tamu. edu/philosophy/events/feldman - ab - stract. htm

[29] George Stuart Fullerton. An Introduction to Philosophy [M]. New York: The Macmillan Companv, 1913.

[30] Georgeff M P, Lansky A L. Proceedings of the Sixth National Conference on Artificial Intelligence (AAAI - 87) [M]. WA: Seattle, 1987.

[31] Harré R. Cognitive Science: A Philosophical Introduction [M]. London: SAGE Publications Ltd, 2002.

[32] Heeten Choxi, Meghannn Lomas et al. Using Motivations for Interactive Robot Behavior Control Proceedings. 2006 Conference on International Robotics and Automation [M]. Piscataway: IEEE, 2006.

[33] Murdoch J E, Sylla E D. The Cultural Context of Medieval Learing [M]. London, BSPS, 1975.

[34] John Preston, Mark Bishop. Views into the Chinese Room: New Essays on Searle and Artificial Intelligence [M]. New York: Oxford University Press, 2002.

[35] Johnson – laird P. Mental Models, Towards a Cognitive Science of Language. Inference and Consciousness [M]. Camnbridge, MA: Harvard University Press.

[36] Johnson – laird P. The Computer and the Mind [M]. Cambridge, MA: Harvard University Press, 1988.

[37] Kamppinen M. Consciousness, Cognitive Schemata, and Relativism: Multidisiciplinary Explorations in Cognitive Science [M]. Dordrecht: Kluwer Acaclmil Publishers, 1993.

[38] Kim J. Supervenience and Mind [M]. London: Cambridge University Press, 1993.

[39] Klemke D. Introductory Readings in the Philosophy of Science [M]. NY: Prometheus Books, 1998.

[40] Koch C. The Quest for Consciounsess: A Neurobiological Approach [M]. Englewood: CO, Roberts and Co., 2004.

[41] Koza J. Genetic Programming [M]. London: The MIT Press, 1992.

[42] Laszlo E. Science and the Akashic Field: An Integral Theory of Everything Rochester [M]. Vermont: Inner Traditions, 2004.

[43] Laszlo E. System, Structure and Experience [M]. New York: Routledge, 1969.

[44] Libet B. Mind Time [M]. New York: Harvard University Press, 2004.

[45] Lowe E J. An Introduction to the Philosophy of Mind [M]. Cambridge: Cambridge University Press, 2004.

[46] Martin P, Bateson P. Measuring Behavior, an Introductory Guide (2nd ed)

[M]. Cambridge UK: Cambridge University Press, 1993.

[47] Maurice Schouten, Huib Looren De Jong. The Matter of The Mind [M]. Oxford: Blackwell Publishing Ltd, 2007.

[48] Merriam – Webster. Merriam – Webster Collegiate Dictionary (11th ed) [M]. NY: Merriam Webster, 2004.

[49] Mahoney T A. Contextualism, Decontextualism, and Perennialism: Suggestions for Expanding the Common Groud of the World's Mystical Traditions [EB/OL]. http://www. phil. tamu. edu/philosophy/papers. htm

[50] Nelson R J. An Introduction to Behavior Endocrinology (2nd ed) [M]. Sunderland: Massachusetts, USA, Sinauer Associates, Inc, 2000.

[51] Newell A. Intellectual Issues in the History of Artificial Intelligence [M]. New York: Wiley, 1983.

[52] Penfield W. The Mystery of the Mind: A Critical Study of Consciousness and the Human Brain [M]. Princeton NJ: Princeton University Press, 1975.

[53] Pinker S. The Language Instinct: How the Mind Creates Language [M]. New York: William Morrow and Company, 1994.

[54] Robert A Wilson, Franke K. The MIT Encyclopedia of the Cognitive Science [M]. Cambridge: The MIT press, 1999.

[55] Ronald N Giere. Science without Laws [M]. Chicago: The University of Chicago Press, 1999.

[56] Rosenthal D. The Nature of Mind [M]. New York: Oxford University Press, 1991.

[57] Ryle G. The Concept of Mind [M]. London: Hutchinson, 1949.

[58] Sandywell B. Reflexivity and the Crisis of Western Reason [M]. London: Routledge, 1996.

[59] Savage C. Minnesota Studies in the Philosophy of Science [M]. Minneapolis: University of Minnesota Press, 1978.

[60] Searle J. Intentionality: An Essay in Philosophy of Mind [M]. New York: Cambridge University Press, 1983.

[61] Searle J. Mind, Language and Society [M]. New York: Basic books, 1998.

[62] Searle J. Mind: A Brief Introduction [M]. Oxford: Oxford University Press, 2004.

[63] Searle J. Minds, Brains and Science [M]. New York: Harvard University

Press, 1984.

[64] Searle J. The Mystery of Consciousness [M]. New York: NYREV, 1997.

[65] Searle J. The Rediscovery of the Mind [M]. Cambridge: The MIT Press, 1992.

[66] Thorpe W. Learning and Instinct in Animals [M]. London: Methuen, 1963.

[67] Tsankova D. Emotionally Influenced Coordination of Behaviors for Autonomous mobile robots. Proceedings of the International IEEE Symposium on Intelligent Systems [M]. Piscataway: IEEE, 2002.

[68] Tyrrell T. Computational Mechanisms for Action Selection [M]. Edinburgh: University of Edinburgh, Centre for Cognitive Science, 1993.

[69] Owen J L. Context and Communication Behavior, Reno [M]. Nevado: Context Press, 1997.

[70] Waldrop M. Complexity: The Emerging Science at the Edge of Order and Chaos [M]. NY: Simon & Schuster, 1992.

[71] Whorf B. Language, Thought and Reality [M]. Cambridge MA: MIT Press, 1979.

[72] Winsten P. The Psychology of Computer Vision [M]. New York: Mc Graw－hill, 1975.

(二) 论文类

[1] Akamatsu S. Science and Technology in Human Information Processing 3/4 Computational Studies on KANSEI Information Conveyed by Human Face [J]. ATR Technical Publications, 1997 (2): 239－242.

[2] Akman V. Rethinking Context as a Social Construct [J]. Journal of Pragmatics, 2000, 32: 743－759.

[3] Anderson L, Rosenberg G. Content and Action: the guidance theory of representation [J]. The Journal of Mind and Behavior, 2008 (1): 59－60.

[4] Andy Clark, David J Chalmers. The Extended Mind [J]. Analysis, 1998, 58: 10－23.

[5] Armstrong D M. Naturalism, Materialism and First Philosophy [J]. Philosophia, 1978 (8): 1－9.

[6] Arntzenius F. A Heuristic for Conceptual Change [J]. Philosophy of Science, 1995 (3): 357－369.

[7] Bacharach M. Interactive Team Reassoning: A contribution to the Theory of Cooperation [J]. Research in Economics, 1999, 53: 117 -147.

[8] Bardsley N. On Collective Intentions: Collective Intention in Economics and Philsophy [J]. Synthese, 2007, 157: 141 -159.

[9] Barnes A. Thagard P. Empathy and Analogy [J]. Dialogue: Canadian Philosophical Review, 1997, 36: 705 -720.

[10] Barry Loewer. Commenta on Jaegwon Kim's Mind and the Physical World [J]. Philosophy and phenomenological research, 2002 (3): 652 -661.

[11] Barsalou L W. Context - independent and Context - dependent Information in Concepts [J]. Memory & Cognition, 1982 (10): 82 -93.

[12] Bar - Yam Y. Concepts in Complex Systems: Patterns [EB/OL]. [2010 -10 -26]. http: //wwv. necsi. edu/guide/concepts/patterns. html.

[13] Bernhard Baier, Hans - Otto Karnath. Tight Link Between Our Sense of Limb Ownership and Self - Awareness of Actions [J]. Stroke: Journal of the American Heart Association, 2008, 39: 486 -488.

[14] Bronfrenbrenner U. Ecolgy of the Family as a Context for Human Development [J]. Development Psychology, 1986, 22: 723 -742.

[15] Brooks R A. A Robust Layered Control System for a Mobile Robot [J]. IEEE Journal of Robotics and Automation, 1986 (RA -2): 14 -23.

[16] Burge Tyler. Philosophy of Language and Mind: 1950 -1990 [J]. Philosophical Review, 1992, 100: 3 -52.

[17] Caplan Ben. Putting Things in Contexts [J]. Philosophical Review, 2003 (2): 191 -214.

[18] Clark A. An Embodied Cognitive Science? [J]. Trends in Cognitive Science, 1999 (3): 345 -351.

[19] Cohen Stewart. Contextualism, Skepticism, and The Structure of Reasons. Philosophical Perspective, 1999 (13): 57 -89.

[20] David Annis. A Contextualist Theory of Epistemic Justification [J]. American Philosophical Quarterly, 1978 (15): 213 - 219.

[21] Dolan R. Feeling the Neurobiological Self [J]. Nature, 1999, 401: 847 -848.

[22] Fodor J, Lepore E. Out of context [J]. Proceedings and Addresses of American

Philosophical Association, 2004 (2): 77 -94.

[23] Follette W C, Houts A C. Philosiphical and Theoretical problems for Behavior Therapy [J]. Behavior Therapy, 1992, 23: 251 -261.

[24] Frankfurt Harry. Freedom of the Will and the Concept of a Person [J]. Journal of Philosophy, 1971, 68: 5 -20.

[25] Gabriella Bottini, et al. Feeling Touches in Someone Else's Hand [J]. NeuroReport, 2002 (11): 249 -252.

[26] Gardner M. Mathematical Games: The Fantastic Combinations of John Conway's New Solitaire Game "Life" [J]. Scientific American, 1970 (4): 120 -123.

[27] Gelder T. What Might Cognition Be, If Not Computation? [J]. Journal of Philosophy, 1992 (7): 345 -381.

[28] Goldman A. Discrimination and Perceptual Knowledge [J]. Journal of Philosophy, 1976, 73: 771 -791.

[29] Goldstein J. Emergence as a Construct: History and Issues [J]. Emergence: Complexity and Management, 1999 (11): 285 -291.

[30] Hayes S C, Hayes L J. Some Clinical Implications of Contextualism: the Example of Cognition [J]. Behavior Therapy, 1992, 23: 225 -249.

[31] Hoyningen - Huene P. Context of Discovery and Context of Justification Studies in the History and Philosophy of Science [J]. Philosophy of Science, 1987 (18): 501 -510.

[32] Jonathan L, Stroud B. The Disappearing "We" [J]. Proceedings of the Aristotelian Society, Supplementary Volumes, 1984, 58: 219 -258.

[33] Korez K. Recent Work on the Basing Relation [J]. American Philosophical Quarterly, 1997 (2): 171 -191.

[34] Klein P. Human Knowledge and the Infinite Progress of Reasoning [J]. Philosophical Studies, 2007, 134: 1 -17.

[35] Klein P. What Is Wrong with Foundationalism is that it Cannot Solve the Epistemic Regress Problem [J]. Philosophy and Phenomenological Research, 2004 (1): 166 -171.

[36] Legg Shane, Hutter Marcus. Universal Intelligence: A Definition of Machine Intelligence [J]. Minds & Machine, 2007 (4): 391 -444.

[37] Langton C. Self－Reproduction in Cellular Automata [J]. Physica D, 1984 (10): 135－144.

[38] Annis D. A Contextualist Theory of Epistemic Justification [J]. American Philosophical Quarterly, 1978 (15): 213－219.

[39] Dembski W A. The Fallacy of Contextualism [J]. The Princeton Theological Review, 1994 (10): 56－67.

[40] Libet B, Wright E W, Gleason C A. Readiness－potentials preceding unrestricted "spontaneous" vs. pre－planned voluntary acts [J]. Electroencephalography and Clinical Neurophysiology, 1982, 54: 322－35.

[41] Marcelo Sabatés. Mind in a Physical World? [J]. Philosophy and Phenomenological Research, 2002 (3): 665－667.

[42] Hoyningen－Huene P. Context of discovery and context of justification studies in the history and philosophy of science [J]. The Princeton Theological Review, 1987 (18): 501－510.

[43] Martin M. Knowledge and the Internal Revisited [J]. Philosophy and Phenomenological Research, 2002 (1): 97－105.

[44] Matthew Botvinick, Jonathan Cohen. Rubber Hands "feel" Touch That Eyes See [J]. Nature, 1998 (5): 753－758.

[45] Marr D C. Artificial Intelligence: A Personal View [J]. Artificial Intelligence, 1977 (9): 37－48.

[46] Mellor D H. On Things an Causes in Spacetime [J]. British Journal for the Philosophy of Science, 1980, 31: 282－288.

[47] Hiebert E N. On Demarcation Between Science in Context and the Context of Science [J]. Boston Studies in the Philosophy of Science, 1994, 151: 87－105.

[48] Newell A, Simon H. Heuristic Problem Solving: The Next Advance in Operations Research [J]. Operations Research, 1958 (6): 2－6.

[49] Peter Marton, Ordinary Versus Super－Omniscient Interpreters [J]. The Philosophical Quarterly, 1999, 194: 72－77.

[50] Picard R W. Frustrating the user on purpose: A Step Toward Building an Affective Computer [J]. Interacting with Computers, 2002 (14): 93－118.

[51] Place T. Is Consciousness a Brain Process? [J]. British Journal of Psychology, 1956, 47: 44 -50.

[52] Plantinga Alvin. An Evolutionary Argument against Naturalism [J]. Philosophic issues in Christian Perspective, 1991 (12): 27 -49.

[53] Popper K. Natural Selection and the Emergence of Mind [J]. Dialectics, 1978, 32: 348.

[54] Rogers G. The Veil of Perception [J]. Mind, 1975, 334: 210 -224.

[55] Sacks Mark. The Nature of Transcendental Arguments [J]. International Journal of Philosophical Studies, 2005 (4): 439 -460.

[56] Schmid H. Plural Action [J]. Philosophy of the Social Sciences, 2008 (1): 25 -54.

[57] Shapiro Stewart. Context, Conversation, and so - called "Higher - Order" Vagueness [J]. Proceedings of the Aristotelian Society, 2005, 105: 147 -165.

[58] Steel D. Social Mechanisms and Causal Inference [J]. Philosophy of the Social Sciences, 2004 (1): 55 -78.

[59] Stern Ro, Williamson Timothy. Philosophical "Intuitions" and Scepticism about Judgement [J]. Dialectica, 2004 (1): 109 -153.

[60] Stinchcombe A. The Conditions of Fruitfulness of Theorizing about Mechanisms in Social Science [J]. Philosophy of the Social Sciences, 1991 (3): 367 -388.

[61] Terence Horgan. Kim on the Mind - body Problem [J]. British Journal for the Philosophy of Science, 1999, 50: 582.

[62] Valentine Moro et al. Changes in Spatial Position of Hands Modify Tactile Extinction but not Disownership of Contralesional Hand in Two Right Brain - Damaged Patients [J]. Neurocase, 2004 (6): 437 -443.

[63] Velleman J D. How to Share an Intention [J]. Philosophy and Phenomenological Research, 1997, 57: 29 -50.

[64] Way E C. Connectionism and conceptual structure [J]. American Behavioral Scientist, 1997, 40: 729 -753.

[65] Wertsch J L, Tulviste P L. Vygotsky and contemporary developmental psychology [J]. Development Psychology, 1992, 28: 548 -557.

[66] Woodward J. Explanation and Invariance in the Special Sciences [J]. British Journal for the Philosophy of Science, 2000 (2): 197 -254.

附录　认知伦理学的案例分析

传统文化中的认知伦理研究：于墨家思想中“淘”认知伦理之滴粹

在哲学领域摸爬滚打的这些年，有一个问题始终萦绕心头，“中国哲学能否支撑起近现代科技和工业文明？”或者说，“如果不受外界打扰，中国古代哲学能否担负起科技兴起的大任？”当然，历史无法假设，中国的科学技术在17世纪之后落后于西方确实无可争议①，中国哲学在对科技文明的引导上也的确逊于西方。然而，这就能成为学者们漠视中国哲学在科学技术发展过程中作用的理由么？纵观学界，单纯从中国哲学角度研究科技的文章寥寥可数，就以认知伦理学而论，从中国哲学角度来探讨认知伦理的文章极其稀少②。那么，从中国哲学角度来研究科技或者认知、认知伦理果真没有任何意义么？或者说，我们能否寻到一条中国哲学同近代科学的交融之路呢？诚然，用中国哲学来研究近代科技文明

---

① 这一问题李约瑟曾为我们做过较好的解答，参见李约瑟．中国科学技术史［M］．北京：科学出版社，2008.

② 截至2013年6月，以“工程伦理”“中国哲学”（“儒家”“墨家”“法家”“天人”“周易”）等关键词对国家图书馆进行的资料统计中，大约检索到百余条相关信息，然而通过进一步研究，这些书籍或者文献要么仅涉及“工程伦理”，要么仅相关于“中国哲学”，并未有将二者很好地结合的文章。在维普镜像或中国知网上还以这些词为关键词进行检索，也没有检索到任何相关信息。仅有一些从“中国哲学”（“儒家”“墨家”“法家”“天人”“周易”）角度分析“科学技术”的文章，比如童恒萍的《墨家科学兴衰对于中国古代科学发展的影响》，张娟娟的《〈周易〉的创新思想及其在科技创新领域中的价值》等。

并非易事，因为这并不是一门“显学”。我们无法遵循前人的足迹来对其进行挖掘，而只能如大海淘金般从极细处着眼。因此，笔者选取了墨家思想作为认知伦理研究的国学基底。这是因为，在先秦诸子乃至于整个中国哲学中，墨家最突出也最具有现代价值的两点，其一是它的兼爱情怀与拯救意识，其二则是它的科学认知理性。① 而这两点也恰恰是认知伦理学所追寻和仰仗的。

我国最早以西方自然科学来解释《墨子》的清代科学家邹伯奇曾说过：“西人天学未必本之和仲，然究其伎俩，犹不出《墨子》范围……故谓西学源出《墨子》可也。”② 就连李约瑟也曾说过，“早在春秋战国这个与古希腊文明同样灿烂的时代，就产生了一个与西方科学的‘种子’非常相似的理论体系——墨家科学”③。因此，从墨学角度来探析认知伦理至少有三点意义：其一，墨家思想重视技术，这与认知伦理的主体对象——认知相契合；其二，墨家思想本身就是一种重要的哲学思想，蕴含着深刻的伦理学意蕴，这与认知伦理的研究旨向——伦理相一致；其三，墨家思想在当今中国并未消逝，它的中心思想还深深影响着国人，或许这并不是一种大张旗鼓地喧嚣式影响，但它一定起到了一种潜移默化的见微式功效。那么，墨家思想是如何影响认知伦理学的呢？它的哪些思想对认知伦理学有着更加显著的效果呢？怀揣着对这些问题的思考，笔者发现，即使被称为“科学种子”的墨家对于科技或认知的研究也并不能算作很丰厚，因此，只能在大量相关文献中“淘”一些与认知伦理相关的点滴精粹，而“利于人谓之巧，不利人谓之拙”这一理论可谓是其中熠熠闪光的明珠。

一、墨家认知伦理思想的点滴表征

顾名思义，认知伦理是“认知”与“伦理”的结合体，也代表着科学技术与人文关怀的融合。美国学者马丁（Martin M. W.）和施金格（Schinzinger R.）等人通过研究发现，在认知的整个过程中都蕴涵着道德问题和伦理性质问题。④然而，学者们在研究认知伦理时的侧重点不一而足。一些人认为，认知师们对认知应当持有一种肯定和赞誉的态度，他们反思认知问题的着眼点应在如何发挥认

---

① 丁为祥，文光．墨家科学理性的形成及其中绝［J］．自然辩证法研究，2005，21（11）：98.

② 黄世瑞．新世纪墨学研究刍言［A］//任守景．墨子研究论丛（卷五）．济南：齐鲁书社，2001：406.

③ 李约瑟．中国科学文明史［M］．上海：上海人民出版社，2010：127.

④ Martin M W．Schinzinger R．Ethics in Engineering［M］．New York：McGraw－Hill，2004：358.

知师的能动性和创造性上，也就是说，认知伦理的出发点和归宿点应放在“如何把认知做得更好”上。[①] 然而另一些人则认为，认知伦理的重要性不仅体现在认知师对认知的技术性指导上，它更应协调技术发展与人以及社会之间的紧张伦理关系，它是关于“认知技术人员在认知活动中，包括认知设计和建设以及认知运转和维护中的道德原则和行为规范的研究”。[②] 而墨子的认知伦理思想更倾向于后者，就一项认知技术而言，他更重视的是它究竟是否“利于人”，即“利于人谓之巧，不利于人谓之拙”。

“利于人谓之巧，不利于人谓之拙”[③] 出自于《墨子·鲁问》篇，是通过墨子与公输班的两次“比巧”而得的。二人都是先秦著名巧匠，如果单就技术而言，公输子胜过墨子，公输发明的“舟站钩强”以及“削竹木以为鹊，成而飞之，三日不下”与墨子在须臾之间削成“三寸之木”的“车辖”在技巧上不可同日而语。然而，《鲁问》的观点却更倾向于墨子获胜，究其缘由：墨子以学者、思想家兼认知师的身份，偏重于从伦理的角度来评价技艺，强调认知技术的社会道德价值；而鲁班则仅是一个专职工匠，醉心于技艺的创新，更具技术主义的倾向。[④] 故，墨子称自己的“巧”是“利于人之巧”。

而墨子的“巧”也就是他的认知技术，主要表现在两个方面：日常技术认知和军事技术认知。其一，墨子对日常工具和机械是十分精通的，这点从墨子的三寸之木“车辖”可“任五十石之重”窥其一二，也可从《墨子·法仪》中所谓“为方以矩，为圆以规”乃至“直以绳，正以悬”[⑤] 看出。鉴于墨家对工具技术的偏爱，“绳墨”“规矩”这些木工的特殊用语才得以进入哲学殿堂并成为哲学概念[⑥]。墨子对日常技术认知的重视和熟练程度与他自己的出身是分不开的。墨子自称是北方“贱人”，属“百工”之流，如果不是当时的“文化下移”，那么终其一生，墨子可能也就只是一个优秀的工匠了，这是他重视日常技术认知的一个原因。其二，春秋战国群雄逐鹿，争战甚至成为这一时期的主旋律，因此先秦诸子理论不可避免地都会涉及战略、战术，而墨子在这些之外，还强调战略认

---

① [美] 卡尔·米切姆．技术哲学概论 [M]．殷登祥等，译．天津：天津科学技术出版社，1999：1.

② 余谋昌．关于工程伦理的几个问题 [J]．武汉科技大学学报，2002，4 (1)：1－2.

③ 孙诒让．墨子间诂 [M]．孙启治点校．北京：中华书局，2001：481－482.

④ 杨建兵．先秦平民阶层的道德理想——墨家伦理研究 [M]．北京：中国社会科学出版社，2012：211.

⑤ 孙诒让．墨子间诂 [M]．孙启治点校．北京：中华书局，2001：20－21.

⑥ 与《墨子》前后形成的《周礼·冬官考工记》也有“圆者中规，方者中矩，立者中县（悬），衡者中水”的说法，但主要是从木工操作的角度而言，这与墨家的上述概念尚有很大的差别。

知的重要性，这些都可被归为军事认知之列。比如，在整本《墨子》中，《备城门》《备高临》《备梯》《备突》《备穴》等篇中都涉及军事认知的防御或进攻。而墨子的认知伦理思想也是以这两种认知为主体展开的，如何判定这两种认知是“巧”还是“拙”，关键要它是否有这三“利”：重人之利——“尚贤”、待物之利——“节用”和审世之利——“兼爱”。

（一）利人之“尚贤”

“尚贤”是墨家的重要思想之一，它体现了墨子对人的重视。而其中的贤才不仅包括治世之能人，还应当包括一些“崇尚理性、求真务实”的“百工之流”，而后者所推崇的“求真”与认知师重视认知质量的传统一脉相承。

墨子开创的崇尚理性和求真务实的科学精神，用《墨子·小取》[①] 篇中的一句话来概括就是：“摹略万物之然，论求群言之比。”前一句是说，要如实地反映自然宇宙万物的实际情况，后一句则是说要将感性的经验知识升华为真理性的理论成果，也就是需要“巧传则求其故”《墨子·经上》[②]。而能做到“巧传”之人，不仅需要学习前人传下来的技术、经验，还应寻到其中的本质规律，进而指导实践、造福人类。墨家的科学成就是先秦诸子中记载最多的，仅《墨子》所载，墨家有关自然科学认识的成果就多达五十余项，涉及力学、数学、声学、光学、测量学、物理学、天文学等，而掌握并能够很好地继承发扬这些科学技术的学者就是墨家眼中之“才”，将这些技术应用于“利于人”的事业中的就是墨家眼中的“贤”，他们是值得推崇和尊敬的，也即“尚贤”。可以看出，墨家眼中的“贤才”是既掌握了较先进的科学技术又能将这些技术应用于利于人类活动之人，这种“贤才”与认知伦理中推崇的技术过硬、责任心强的认知师是一致的。

（二）利人之“节用”

“节用”的对象一定是物，因此，墨子的这一思想是通过“人”对“物”的合理运用来体现“利人”的。

在历来研究墨学的著作中，“节用”通常是与生态、自然联系在一起的，而这种习惯性联系与墨子同时期的诸子百家思想是分不开的。先秦诸子大都重视人与自然的和谐，比如儒家的“仁民而爱物”（《孟子·梁惠王上》），道家的“道

---

① 孙诒让．墨子间诂［M］．孙启治点校．北京：中华书局，2001：415．

② 同上：317．

法自然”（《老子·第二十五章》）等。在这种情况下，墨子的“节用”也就很容易被人联想到是对生态意识和生命的重视[①]。这不能说错。然而，墨子“节用”理念的作用不仅在于此，它也可被应用于认知技术领域。墨子正是有感于日常认知中生存资料的有限，有感于军事认知中人民生命财产的巨大损害才生出了“节用”的意识。比如，墨子曾云：“凡天下群百工，轮、车、鞼、匏、陶、冶、梓匠，使各从事其所能”（《墨子·节用中》）[②]，“譬若筑墙然，能筑者筑，能实壤者实壤，能欣者欣，然后墙成也”（《墨子·耕柱》）[③]，这些都说明墨子重视日常认知技术和军事认知中人与物的合理分工利用。因此，在墨子看来，要完成一项认知，只有将分工和合作结合起来，合理、有效地利用财物才能实现最大化的“节用”，这也是现代认知建设欠缺并需要重点注意的。

（三）利人之“兼爱”

“兼爱”是墨子思想中最重要也是最基本的一环，墨家几乎所有思想都是以它为起点和归宿的。墨者重利，他的许多理论都表明了这一点，譬如“利于人谓之巧，不利于人谓之拙”，“功，利民也”（《经上》）[④]、“义，利也”（同上）[⑤]、“利，所得而喜也”（同上）[⑥]。从古至今的学者也认同这一点，孟子称墨家为“摩顶放踵利天下[⑦]”的学派，梁启超认为“故墨学者，实园满之实利主义也”[⑧]。然而，墨家的利并非一种“自私”的利[⑨]，而是兼顾天下之利，即“兴天下之利，除天下之害”（《墨子·兼爱中》）[⑩]，“兼相爱，交相利”（同上）[⑪]。同时，鉴于墨子的出身，他的“兼爱”对象很大一部分包括了当时地位低下的“农与工肆之人”[⑫]，就某种程度而言，这些人可算作是进行认知技术创造的认知师，将它们的利益包含在“天下”之中也可从侧面看出墨家对科学技术的

① 杨建兵．先秦平民阶层的道德理想——墨家伦理研究［M］．北京：中国社会科学出版社，2012：213.
② 孙诒让．墨子间诂［M］．孙启治点校．北京：中华书局，2001：163.
③ 同上：426－427.
④ 同上：310.
⑤ 同上：311.
⑥ 同上：315.
⑦ 孟子．孟子译注［M］．杨伯峻译注．北京：中华书局，1960：313.
⑧ 张品兴．梁启超全集［M］．北京：北京出版社，1999：3167.
⑨ 蔡尚思．十家论墨［M］．上海：上海出版社，2004：12.
⑩ 孙诒让．墨子间诂［M］．孙启治点校．北京：中华书局，2001：101.
⑪ 同上：103.
⑫ 杜国庠．杜国庠文集［M］．北京：人民出版社，1962：5.

重视。

而且，墨子的“兼爱”不仅是对当时的执政者、思想家的要求，也引导了“工肆之人”的创作走向，让他们明白自己不应当仅仅执着于技巧这种“大拙”，更应当以“天下为己任”，只有这样造出的认知才是“大巧①”。所以墨子认知伦理的核心思想更应概括为“利于（众）人谓之巧，不利于（众）人谓之拙”。

二、墨家认知伦理思想的具体应用

在伦理学中有这样一种说法，“为了尽可能地确认责任主体，可以提出三种性质上不同的行动层次：微观的、中观的和宏观的层次，每一层都包含着怀有各自目标、兴趣和动机的行动者。”② 这种分类方式始于经济伦理学，而后被拓展至其他领域，在一些学者看来，微观、中观、宏观的三观伦理划分方式不仅适用于经济伦理学，于认知伦理学也同样适用，这种伦理划分方式不仅可被看作是新的伦理分析方法，甚至可以被当作是新的伦理研究范式③。鉴于此，借鉴这种新伦理范式来探究墨子的认知伦理思想就师出有名了。

在具体分析之前，我们需要对认知伦理学中“微观问题”“中观问题”和“宏观问题”的具体指向有一个较为清晰的把握。按美国学者哈德斯比茨（Hudspith R. C.）的观点，认知伦理学的研究范围主要还是集中在微观层次上，重点研究认知师在认知实践中可能碰到的伦理难题和责任冲突。④ 相对于“微观伦理”，“中观伦理”更侧重于“群体观念”，它的研究范围主要包括企业伦理、行业伦理、认知项目伦理等问题的分析、评论和研究。而所谓的“宏观伦理”研究则是一些综合性的问题，比如涉及“国家”“全球”尺度的认知伦理问题。⑤ 从上述分析可以看出，认知伦理学中三观的对象和相对应的问题是不同的：微观对应认知师的行为或相关问题，中观对应组织的行为或相关问题，宏观对应国家（全人类）的行为或相关问题。那么，如何用这一伦理范式来解读墨子的认知伦理思想呢？也就是说，在遇到一些认知伦理问题时，墨子的“尚贤”“节用”和

① 正如韩非在《韩非子·外储说左上》中借惠施之口对墨家“巧拙观”的评价：“墨子大巧，巧为輗，拙为鸢”。

② 恩德斯．面向行动的经济伦理学［M］．上海：上海社会科学出版社，2002：31.

③ 李伯聪．微观、中观和宏观工程伦理问题［J］．伦理学研究，2010，48（4）：26.

④ 李世新．工程伦理学概论［M］．北京：中国社会科学出版社，2008：72－73.

⑤ 李伯聪．微观、中观和宏观工程伦理问题［J］．伦理学研究，2010，48（4）：27－28.

“兼爱”观念是如何指导相关人员的行为的呢?

（一）“尚贤”理念在认知伦理三观中的具体应用

顾“尚贤”之名可知，它是由“尚”和“贤”两部分组成的，“尚”有推崇、接纳之意，而“贤”则指贤才。在墨子的认知伦理思想中，“尚贤”的微观、中观、宏观层次是可以划分的，而且它们的主体不同、所要处理的问题也不同。

(1)“尚贤”在微观层面的体现主要是“贤”，也就是技艺高超、责任心强的“工肆之人”“百工之流”，他们可以进行日常认知活动和军事认知活动，而且他们所进行的活动必须是“利于人”之“大巧”，此谓“贤者”。墨子的这种理念在《鲁问》《公输》等篇章中已经展露无疑。

(2) 中观认知伦理的研究主体是群体，它可以看作是“由工肆之人结合而成的一个组织”，其实墨家就是这样一个群体，它集合了一大批有特殊技艺的工匠来进行一些日常或者军事认知活动。而墨家这个中观群体在“尚贤”中主要有两个作用：一是它本身就是“贤者”，这些贤者既可以包括技艺高超者，也可以包括道德高尚者，当然最好是两者兼备的；二是它要做的工作还有“尚”，依据对象不同，“尚”的内容也有所差异，对于下位者（单个百工）而言，墨家的“尚”就是接纳，它要接纳符合要求的贤者，而对于上位者（国家、君主）而言，墨家的“尚”是推荐，它希望“今王公大人亦欲效人以尚贤使能为政”(《墨子·尚贤中》)①，只有这样才能“无异物杂焉，天下皆得其利”（同上）②，因此，墨家就需要将真正有才华、有道德的贤者推荐给君王，以达到人才作用最大化。

(3) 而宏观认知伦理的对象是国家，在墨家的思想中，国家、君王就是“尚贤”的最终执行者，也就是任何贤者都需要得到君王的认可才能真正行其事，因此，墨子的《尚贤》篇大都是在劝诫君王的，都是给君王提出如何选用人才、如何治理人才的。正如他自己所言，“得意贤士不可不举；不得意，贤士不可不举。尚欲祖述尧舜禹汤之道，将不可以不尚贤。夫尚贤者，政之本也。”(《墨子·尚贤上》)③

① 孙诒让. 墨子间诂 [M]. 孙启治点校. 北京：中华书局，2001：53.

② 同上：57.

③ 孙诒让. 墨子间诂 [M]. 孙启治点校. 北京：中华书局，2001：48-49.

（二）“节用”理念在认知伦理三观中的具体应用

“节用”通俗来讲就是“节约”，但在认知伦理中，由于微观、中观、宏观包含对象不同，那么节约的方式和内容也就不尽相同。

（1）墨子认知伦理的微观层面主要指的是“工肆、百工”之流，因此，它的节用范围就相对小一些、内容也单一一些。比如，“不费一朝之事，而引三十石之任”（《鲁问》）的“车辖”较之“三年而成，蜚一日而败”（《鲁问》）的木鸢胜出的关键是“利于人”，而“利于人”的具体表现是“车辖”成本之低而造福于人时间却长，这就是一种“节用”，节约了时间、精力和材料。

（2）相对于墨子认知伦理的微观层面而言，中观层面的对象就不是单一的一项技艺了，它是一个群体进行的一系列活动，是多个技艺组成的一项中型认知。比如，在《备城门》《备高临》《备梯》等篇中墨子都提出了具体的实施方法，譬如“故凡守城之法，备城门为县门，沉机长二丈，广八尺，为之两相如；门扇数合相接三寸。施土扇上，无过二寸。”（《墨子·备城门》）[①]“守城之法，必数城中之木，十人之所举为十挈，五人之所举为五挈，凡轻重以挈为人数。为薪樵挈，壮者有挈，弱者有挈，皆称其任。凡挈轻重所为，吏人各得其任。”[②]这些方法是墨子经过实践得出的守城之法，可以节约工时、人力和材料。

（3）“节用”的宏观层面同样是针对君主而言的，在认知伦理中的表现就是——节用百工，令其各得其所，这是墨子尊奉的古圣王之节用法“凡足以奉给民用，则止。”[③]这才是将“节用”用到了极致。

（三）“兼爱”理念在认知伦理三观中的具体应用

不同于“尚贤”和“节用”，“兼爱”在认知伦理的微观、中观和宏观上的区分并不很明显。因为它是墨子伦理思想的核心，是所有人都应当遵循的一条基本道德规范。比如，对于微观“百工”而言，只有秉持“兼爱”之心，才能够制造出“利于人”的“大巧之物”；而对于中观墨家群体而言，只有保有“兼爱”之心，才能够提出“天志、节用”等“兴天下”之策。需要特别强调的是，“兼爱”的宏观领域已经超出了“国家”的范围而趋向于“全人类”，所以它才会提出

① 同上：496.
② 同上：535.
③ 同上：163.

"非攻"，"今天下之所同义者，圣王之法也"（《墨子·非攻下》）[①]，圣王只有秉持着爱天下之心，才能够实现"非攻"，最终"兼爱天下"，达"天下之利"。

从墨家思想在认知伦理中的应用可以看出，它对微观、中观和宏观的认知人员都有着约束和引导作用。墨家的思想以"利天下"为精神支撑，这种情怀不仅体现在具体的认知项目和认知人员身上，也是统领所有认知的总指导方针。

三、墨家认知伦理思想的局限所在

作为墨家认知伦理的核心思想，"利于人谓之巧，不利于人谓之拙"一言道破了伦理的实质——以人为本，此点恰与现代认知伦理思想不谋而合。然而，这并不能说明墨子的认知伦理理念就是完善的。受时代和当时科技水平的制约，墨家的认知伦理思想有着自身无法克服的缺陷。这些局限主要表现在三个方面：认知技术知识较少，缺乏具体的伦理章程，认知安全意识贫乏。

（一）墨家思想对认知技术知识涉及不足

从先秦诸子各个学派相关著作的对比来看，墨子对科学技术的研究的确可算首屈一指了。方孝博称其为"中国两千余年前最优美的几何学论文"[②]。杨向奎甚至认为它已经在涉猎"时空本质方面的理论，解决了运动学上的重大问题"[③]。但是，从《墨子》一书来看，它牵涉的有关科学技术的内容相比其他方面比重还是太轻了，这是墨家认知伦理思想的一个缺陷。因为在认知哲学中，"技术即为知识"[④]，认知作为知识在认知哲学中占有相当重要的地位，而《墨子》并不是一本单纯的理论性著作，所以对认知技术方面内容涉猎不足容易导致它的伦理思想基础不牢靠。

《墨子》全书共53篇，只有约10篇左右的文章对科学技术略有涉猎，而且还不是通篇阐释。其中，涉及科学技术内容最多的当属《鲁问》《公输》2篇，在这2篇中，墨子用"车辖"对比"木鸢"，阐明了自己的"巧拙观"，而非是在介绍如何制造车辖。而在军事认知的11篇中，墨子较为详细地阐释了这些军

---

① 孙诒让．墨子间诂［M］．孙启治点校．北京：中华书局，2001：140.

② 方孝博．墨经中的数学和物理学［M］．北京：中国社会科学出版社，1983：22.

③ 杨向奎．绎史斋学术文集［M］．上海：上海人民出版社，1983：395.

④ Layton Edwin. Technology as Knowledge［J］. Technology & Culture, 1974, 15（1）: 31－41.

事认知的方法和内容，但却没有说明这些认知中工程师的职责。从这些分析可以看出，墨子首先是一名思想家、政治家，而后才是一名手工业者，他手工业、认知等方面的知识都只是在为他的政治理论服务而已。

（二）墨家认知伦理思想缺乏具体的伦理章程

俗语有云：没有规矩，不成方圆。虽然我们可以从庞大的墨家思想中“淘”得一些认知伦理方面的知识，但它们很笼统，并没有涉及具体的行动方针或者规章制度，这也是它与现代认知伦理相比的一个弊端。

概括地说，伦理章程是由职业社团编制的一份公开的行为准则，能够起到激励伦理行为的作用①。认知伦理章程也不例外，它是工程师作为职业团体对社会作出的承诺，为了使人们能够更好地思考培养工程师的方式②，认知伦理章程必须具化，一份好的伦理章程应当包括忠告（admonition）与规定（requirement）③两部分。很明显，墨家认知伦理思想只有忠告而没有规定，它要求工程师（还有执政者、学者）都遵循“利于人”的伦理遵旨，但却没有告诉工程师应如何遵循，也没有制定出具体的规章程序。譬如在《墨子·法仪》篇中，墨子虽然指出：“百工从事，皆有法所度”④，但是并没有言明“所度之法”究竟为何，或者如何界定。而如果没有一套可供参考的认知伦理规章标准，工程师的职责和权利就很难定义，如果认知出现了问题，责任主体和追究事故责任也就难以确定。这也是墨家认知伦理思想的另一大缺陷。

（三）墨家认知伦理思想中“安全”意识不健全

在一项认知中，“安全”和“利益”是首先要考虑的问题，而二者之中，“安全”又应排在“利益”之前。一些学者曾将这一问题归入到传统伦理学理论的扩充领域中，正是安全意识要求我们对可能出现的长远后果负责，这样做的目的正是为了避免不好的后果出现。⑤我们知道，一项认知总是存在意外的后果和出乎意料的可能性。20 世纪以来，许多大型认知事故不断，如切尔诺贝利核电

① Martin M W. Schinzinger R. Ethics in Engineering [M]. New York: McGraw-Hill, 2004: 16-22.

② Wulf W A. Engineering Ethics and Society [J]. Technology in Society, 2004, 26 (2): 385-390.

③ Gunn A S. Vesilind P. A. Hold Paramount the Engineer's Responsibility to Society [M]. California: Thomson Brooks/Cole, 2001: 15.

④ 孙诒让. 墨子间诂 [M]. 孙启治点校. 北京: 中华书局, 2001: 21.

⑤ 龙翔. 工程哲学的两条进路 [J]. 科学技术与辩证法, 2007, 24 (6): 67.

站事故、美国“挑战者”宇宙飞船爆炸、美国联合碳化物公司在印度的毒气泄漏事故等认知灾难，给人们的生命、财产和环境造成了严重的伤害。因此，如何保障认知的安全、工程师的安全、认知结果的安全已经成为了认知学和认知伦理学的一个重要研究科目。

而在墨家思想中，有关认知安全的话题涉及很少，如果硬要说，只有“非攻”可以勉强算作是对“军事认知危害社会安定”的一种限制，因为战争就会危害人民的生命财产，而军事认知是战争的一部分，会危害国与国间的和平；如果“非攻”那么军事认知也就没有必要了，因此“非攻”限制了“军事认知的恶劣后果”。但是，这种解释尚显牵强，因为“没有军事认知”也就不会有它带来的恶果，而“认知安全”指的是一项具体认知带来的安全或者不安全的结果，二者还是有区别的。在《墨子》一书中，没有任何一个篇节中提过，如果在一项认知中，工程师（工肆、百工之流）出现了意外要怎么办，认知（车辖、城门）出现了安全问题的责任向谁追究。当然，这是受当时的时代限制的，那时的手工业者地位本就极其低下，能够登上雅堂（被载入《墨子》等书籍中）就已经是一种荣幸了，更遑论其“安全问题”或“人权问题”了。

因此，我们也不能苛求古人，即使墨家认知伦理思想存在着诸多不完善之处，但是墨者“利人”“兴天下”的情怀仍然令人感佩。

或许在一些学者看来，用两千年前的思想来解析20世纪90年代刚刚兴起的认知伦理学未免有些牵强附会。但事实上，本书的目的并不在于探讨多么高深的、专业的认知问题，而是在用一些流传至今、深深影响国人的思想来重新诠释一门新兴学科，它提供的是一种思想的可能性，是思想之于技术的一种指向意义。在这一方面，“利于人谓之巧，不利于人谓之拙”的墨家伦理思想给予了认知伦理无尽的启示：对人类有利的认知就是优质认知，对人类有害的认知就是劣质认知，这甚至可被看作是当代认知伦理思想的基本原则和最高标准。因此，从墨家这片汪洋思想中“淘”得认知伦理思想是必要也是必须的。如果将墨家思想这种兼具了技术认知与伦理规范的理论排除在认知伦理学研究之外，不仅是对中国传统文化的一种遗忘，更会使得认知伦理学因缺乏这种对国人影响深远的文化而无法产生更加契合中国人思想、行为规范的伦理学规范。

当代文化中的认知伦理研究：论哈贝马斯“商谈伦理学”对国学教育的启示性作用

作为一个有着五千年历史的泱泱大国，对中国传统知识的认识是相当重要的，这也已经成为我国未来教育改革的一个方向。比如，北京市就已出台新规定：中高考分值语文分数提高，而且分值增加幅度很大。毫无疑问，这一教育改革旨在突出学科的基础性地位，注重其与其他课程、生活实践的联系，同时也加重了对中华民族优秀文化传统的考查。然而能够将我国优秀的传统文化——国学沿袭下去，这是摆在每个教育工作者面前的一道难题。针对这一问题，作为当代最有影响力的思想家之一的哈贝马斯（Jürgen Habermas）或许能给我们一些启示。哈贝马斯一直将建构“带有实践意向的社会理论”作为自己的理想，“商谈伦理学”正是这一理想的体现。他的“商谈伦理学”旨在用沟通的方式来寻求人与人之间的交流，国学的发展和传承离不开语言，国学教育更是需要在人与人交往的基础上来进行，所以二者是有相通之处的，这种相通之处可以通过哈贝马斯的“生活世界”和“语言有效性要求”两个理论得以体现。

一、哈贝马斯“商谈伦理学”的内涵

“商谈伦理学”是哈贝马斯于20世纪晚期提出的一个与价值引导有关的理论，它延续了哈贝马斯的一贯风格，以追求“社会合理化”为目标，试图构建一套可为社会大多数成员接受的道德规范体系。这一理论在哲学界和社会学界影响甚广，受到国内外许多学者的重视，尤其是其在政治领域的应用颇引人关注。归结起来，这一理论大体包含两方面内容：一是它为一个理论的成熟和发展提供了前提和方向；二是它为社会成员交往提供了具体的可行性言语措施。

（一）“生活世界”在理论形成与社会交往中的作用

哈贝马斯的“商谈伦理学”回答了“一个理论要在何种范围内才能发挥其最大的有效作用力”这一问题。针对这个问题，哈贝马斯的回答是：生活世界

(life - world)，即一个理论只有在特定环境中才能发生效用，社会的道德标准需要在“生活世界”中才能得以完成。[①] 哈贝马斯的“生活世界”涵盖范围较广，它不仅包括自然科学世界、社会科学世界，还包括人类心灵世界[②]。就哲学的理论建构而言，“生活世界”的提出带有一种标杆式的意义，它区别于传统形而上学脱离实践寻求抽象起点的现象[③]，转而注重对社会现实的把握和认知，这种转向表明理论的实践性在逐步加强。

哈贝马斯用“生活世界”作为理论和交往的基础，给了我们两方面的启示：第一，在探讨一个理论有无价值或意义时，需要看它是否从“生活世界”出发，是否围绕着社会实践展开，是否符合绝大多数人的意愿和利益；第二，理论若要成熟和发展，只有朝向“生活世界”的方向发展，也就是说，任何一个理论都是建构在这三个世界之上的，以它们或者其中之一为理论起点与落脚点。

（二）作为交往路径的“语言有效性要求”

“商谈伦理学”为社会和谐提供了一种手段：言语交往。其实，这种手段是从哈贝马斯的“交往行为理论”中延伸而出的，在这一理论中，交往成为社会成员的重要行为方式，语言则被视为重要的交往路径。[④] 哈贝马斯为交往行为制定了一套“语言的有效性要求”：正确性、真实性和真诚性。[⑤] 这套规则在“商谈伦理学”中同样被延续下来，在哈贝马斯看来，要为社会成员提供可被认可的道德规范也是需要语言的，而且这些语言必须遵守“语言有效性要求”，这是社会成员获得道德规范的前提条件，也是成员间相互理解的一条可行性路径。

具而论之，“正确性”原则指的是言语者需要运用恰当合理的语法来进行句子陈述，句子和交流过程中不要出现语法错误、歧义等现象，它是语言交流的最基本条件。比如，“这位是英雄的母亲”就存在歧义：一是指这位一英雄的母亲（母亲是英雄）；二是指这位英雄的一母亲（母亲之子是英雄）。“商谈伦理学”

---

① Habermas J. Knowledge and Human Interests [M]. Trans. Shapiro J J. Boston: Beacon Press, 1972: 156.

② [德] 哈贝马斯. 作为“意识形态”的技术和科学 [M]. 李黎，郭官义，译. 上海：学林出版社，1999: 4 - 6.

③ 从古希腊柏拉图的哲学唯心论开始，一直延续到近代黑格尔的绝对精神理论，哈贝马斯将整个西方哲学上的各种哲学形态都归在了形而上学理论的框架体系内。参见：[德] 哈贝马斯. 后形而上学思想 [M]. 曹卫东，付德根，译. 南京：译林出版社，2001: 28.

④ 刘放桐. 新编现代西方哲学 [M]. 北京：人民出版社，2000: 483.

⑤ Habermas J. The Theory of Communicative Action Volume One: Reason and the Rationalization of Society [M]. trans. Thomas A. McCarthy, Boston: Beacon Press, 1984: 307 - 308.

的基本前提是“商谈”，如果商谈的语法都出现了错误，那么何谈构建统一的道德规范呢？“真实性”原则要求言语者具备真实地描述一个客观事物或现象的能力。比如，描述一个苹果的形状，介绍亚里士多德的生平，阐释国学教育的内容等。在“商谈伦理学”中真实地表达客观现实是十分重要的，一方面它使得商谈双方得以更好、更客观地相互理解，另一方面只有真实地理解了对方的需要才能建立起为大多数人认可的道德标准。“真诚性”不同于“正确性”和“真实性”的地方在于，它不仅是对言语者的要求，也是对听者的要求，即在交流过程中，言语者和听者都需具备真诚的态度，以便使自己获得对方的信任。“商谈伦理学”要建立一套可为社会成员接受的道德规范，缺乏真诚是不可能完成的。

可以看出，哈贝马斯的“商谈伦理学”不仅为一个理论的成熟提供了学理依据和实践基础，而且为理论的发展提供了具体的可执行策略。而这两条对于我国国学教育意义深远，一方面，它为国学以及国学教育提供了理论前提与发展方向，另一方面它也为国学教育的具体操作提供了可行性言语方案。

二、“生活世界”之于国学教育的作用

哈贝马斯强调了“生活世界”在理论和实践中的重要意义：其一，它是“商谈伦理学”的前提与主线；其二，它为一个理论提供了脉络走向。“文化上的释古与创新，都与当时的社会组织结构相关联，……换言之，文化思考是与社会结构连贯在一起的，非抽象地、概念地谈道德与价值。”[①] 所以说，文化要传承就需要进行合理教育，而“生活世界”对于我国国学教育的作用正是围绕这两方面展开的，首先，国学的发展本身就需要承接地气，这个地气就是国学的“生活世界”；其次，我国国学教育的走向要以满足“生活世界”中的人们对于传统文化的需求为目标。

在讨论“生活世界”之于国学以及国学教育意义之前，我们需要了解的是，国学的“生活世界”究竟指的是什么。在哈贝马斯的“生活世界”中，人类及其相互关系只能在其中得以完成，它其实就是人与人相互关联、相互作用的一个网络，只是这个网络涵盖了社会的各个层面。那么国学教育存续的生活世界又是什么呢？从表面上看，国学教育只是一个思想领域的问题，即建立人的道德规范

① 龚鹏程．中国传统文化十五讲［M］．北京：北京大学出版社，2006：297.

体系即可。但究其根本，它是一个社会性问题，是以人为核心建立的人与自然、人与社会之间、人与自身心灵和谐关系的网络，这个网络就是生活世界，只有在这个生活世界中，我国传统文化才能得以延续和发展。围绕这一思路，我们会发现，“生活世界”之于国学以及国学教育的作用主要是为了表现两个特性：一是需要“国学”尤其是国学教育具有很强的实践意义，即“强实践性”；二是需要“国学”及国学教育涵盖范围广，国学要满足存续于“生活世界”中各类人对中国传统文化的需求，这是一种“广对象性”特征。

（一）“强实践性”是国学以及国学教育发展的最终归宿

从社会学角度来看，一个理论若要发展就必须从实际出发，不具现实可操作性的理论通常很少能够对政治决策产生作用。比如，墨家的“兼爱”理念想法很好，它为全社会成员某福利，但是这种无差别的“兼爱”却不符合当时封建社会现实情况，所以并不为统治者接受，最终早早没落。而我国国学要想得到发展、要想重新获得社会成员的认可，就必须以实践为前提，看看国学在我国当今的市场在哪里、具体应用模式是什么。就我国当前的情况来看，我国国学或者国学教育的实践和市场应当集中在两个方面。第一，国学的市场是要平衡我国市场经济下的“重利”思想。这是因为，随着改革开发的发展，“重利”成为一些人头脑中根深蒂固的想法，随之而来产生许多问题，比如商人唯利是图、公务员以权谋利等，“毒馒头”“地沟油”“假酒”等案件也层出不穷。在这种情况下，我国古代传统文化的“淡泊名利”“君子喻义，小人喻利”等思想就会对这些不好的思想起到抑制作用。第二，国学教育的市场是沿袭着国学的市场而来的，只有加大对于中国优秀传统文化的教育和传承才能够使得这些优秀思想得到更多地认可和普及，而且国学教育不是一蹴而就的，它需要十几年、几十年甚至几百年的时间才能够完善和发展，这与我国“十年树木、百年树人”的想法相符合，只不过应当称为“百年树思想”。

（二）“广对象性”是国学以及国学教育推进的根本依据

“广对象性”指的是价值理论所对应的受众群体需广，它包括两个含义：其一，这个价值理论需要涵盖当前情形下的大多数民众，其二，这个价值理论所涵盖的民众范围愈广则其存在时间愈长。[①] 举例而言，“万般皆下品、唯有读书高”便只符合广对象性的第一个特征却不符合其第二个特征：它之所以被奉为封建时期的圭臬，一个重要原由在于它宣扬读书人、士的重要性，这种理念不仅符合当时统治阶级的利益，还为一些贫穷的有识之士提供了向上的门路，故此其受众群体颇为广泛，成为封建社会的一个重要价值观念；但由于它只宣扬士而轻视其他阶级，所以其对象覆盖范围是有限的，随着时间的发展，这种局限性会愈加明显，便不能成为适应社会发展的价值观念了，这种只强调一些人利益的观念并不能代表社会大多数人的利益，故此只能存在于特殊的社会历史之中了。而我国国学及与之相应的教育也应当以符合这两个含义为目标来设定具体措施：首先，它的服务对象一定要广，不仅包括一些受过高等教育的知识分子，还要使绝大多数人认同并遵循我国优秀传统文化，这是一种价值观的传承与发扬；其次，要达到这个目的，国学教育就不能仅仅局限在高校教育或者课堂教育上了，而应当采用多种教育形式，比如广告、书籍的教育，还可以在各个单位开展传统文化的学习和竞赛活动等方式来进行。

据上可知，从哈贝马斯的“商谈伦理学”中可以挖掘出“强实践性”和“广对象性”这两个重要特征，它们对国学教育的启示性意义在于强化了中国传统文化的思想引导性作用。也就是说，国学以及国学教育的受众群体同样应当是社会全体成员，而非仅仅是高级知识分子或无产阶级；而且这一价值理念不能仅停留在口号上，更要融入社会实践之中，将传统优秀理念贯穿至社会的每个领域。

三、国学教育中的三种语言路径

哈贝马斯的“商谈伦理学”为社会交往提供的手段是言语交往，并为其设定了一套具体施行措施——“语言有效性要求”：正确性、真实性和真诚性。这一理念在国学教育中同样适用，传统文化作为人类历史活动的积淀，是任何一个社会都不能完全破除的[②]。如何传承就需要教育工作者的努力了。教育是社会交

① Thompson J. Discourse and Knowledge: Defence of a Collectivist Ethics [M]. London: Routledge, 1998: 45-61.

② 王佳. 传统文化的转化性创造：马克思主义大众化的一个维度 [D]. 南京财经大学，2011: 16.

往的一种，在整个教育过程中语言是一个不可或缺的重要因素，如果在国学教育中遵循“语言有效性要求”则有利于更好地推进国学、更好地弘扬优秀传统文化。

（一）正确性是国学教育表述的基础要求

语言的形式是多种多样的，可以是口头语言、情绪语言，也可以是身势语言、书面语言，而“正确性”要求更多指的是口头语言和书面语言，它要求语言文法的恰当与用语的准确。国学教育中的“正确性”要求也更多集中在口头语言和书面语言两个方面。在进行传统文化的宣传与发展时，首先需要保证的是所宣传思想的正确性，包括思想形态要紧跟党的领导，要与基本国情相一致，即这种思想是积极向上的；其次，在进行具体的宣传教育时，用语也需准确，比如要对《诗经》进行讲解与分析时，就需了解它是自西汉后才被称为《诗经》的，先秦时还被称为《诗》或《诗三百》，如果说错了就会闹笑话，更起不到教育的作用。

（二）真实性是国学教育表达的客观条件

“真实性”原则也更多集中于口头语言和书面语言两个方面。在国学教育中，“真实性”指的是教育者应当具备客观描述一个国学或传统知识的能力。比如，正确描述“孝”的含义，在一些封建卫道士眼中的“孝”是“顺”，无论父母的决定是否正确都一概听之、任之；但是随着社会的发展，人们越来越认识到，一贯“听妈妈的话”并不是真正的“孝”，只有从实际出发，真正地为父母考虑才是“孝”。而国学教育者在进行国学教育时也需要具有这样的辨析能力，剔除我国传统文化中的糟粕，取其精华。

（三）真诚性是国学教育实现的情感要件

与“正确性”和“真实性”相比，“真诚性”所涵盖的语言形式则更为丰富，无论是口头语言、情绪语言，还是身势语言、书面语言中都需要真诚性；而且“真诚性”的对象不仅是说者还包括听者。在国学教育中，传承国学精髓的教育者需要“真诚”，这种真诚可以通过言语、身体力行表现出来；被教育者也需要“真诚”，用同样的热忱加以回报。承接上例，教育者进行“孝道”教育时，不仅可以用书籍、授课等多种教育方式，还可以用现实中的真人真事来进行教育，而且这种教育形式更加真实、更具现实效果。

从“语言有效性三要求”可以看出，语言在国学教育中的作用是至关重要的。把握好语言的这三个原则，将有利于国学的传承、国学教育的发展，这是将数千年传统文化融入自身乃至社会体系的一个必经之途。

综上所述，哈贝马斯的“商谈伦理学”本是有关社会交往的理论，国学教育也是社会交往的一个部分，故此将其应用于国学教育中也是十分恰当的。首先，“生活世界”为国学传承与国学教育发展提供了良好的基奠，一切从生活中来、到生活中去，将广大社会成员作为国学教育的对象，从他们的实际利益出发，制定实践性强、可行性强的措施；其次，在制定具体方案时，重视语言在国学传承与国学教育中的重要性，以“语言有效性要求”为摹本，寻找到真正适合我国国情的国学发展之路。

后记

“暮春三月，草长莺飞”，窗外美景正盛，我却在哲学的书海中徜徉，匆匆地寻觅、默默地爬梳，一切都只为将自己的学术心得付诸笔端。掩卷而思，在哲学领域摸爬滚打的这些年，是一段编织着汗水与欢笑的岁月，是一段伴随着求知渴望和进取激情的青春年华。本书出版在即，吾心甚喜，多年辛苦的成果终于能够呈现在大家面前了；但亦感不安，一些问题时常萦绕心间：这些成果能否为大家所接受？能否产生预期的效果？这或许也是我接下来几年甚至几十年关注的要点。

在学海泛舟的十数载中，我不仅感悟到人类知识之浩瀚、贤哲思想之深邃，更初步领略到了“学林深处贵涉远，无人迹处有奇观”的妙处。而这些微薄的成绩离不开我的前辈、朋友和家人的帮助，在此，向他们表示衷心感谢！

首先，我要感谢我的导师魏屹东教授。魏老师的博学和睿智为我展示了一个广阔的研究领域，他严谨的治学态度、精益求精的工作作风让我领略到了认真的魅力，诲人不倦的高尚师德、谦逊平和的为人之道深深地影响着我，令我终生受益。正是魏老师将我领入了哲学圣殿，让我爱上哲学、爱上思考。在跟随恩师学习的这些年，因天性愚钝，故不时督促自身，万勿有负师恩，正是这些经历让我明白：千淘万漉虽辛苦，吹尽黄沙始到金。只要付出足够的努力，就一定会迎来丰硕的成果。

其次，我还要感谢我的前辈毛建儒教授。我原来一直致力于认知科学的研究，正是他开导我：哲学不是空中楼阁，而应该贴近现实，为解决具体问题而服务。基于此，我将认知科学同伦理研究结合在一起，将认知研究用于指导实践，没有毛老师，也就不可能有本书的完成。

感谢太原科技大学哲学研究所各位老师一同营造的开放、宽松的教学环境和积极向上、科学严谨的治学风气。是他们教给了我丰富的专业知识，开拓了我的研究思路：刘斌老师的博厚与哲思，王颖斌老师的严谨与睿智，杨常伟老师的激情与幽默，杨秀菊老师的敏锐与谦逊，赵海燕老师的细心与无私，卫郭敏老师的热心与勤奋，张海燕老师的耐心与豁达，程首华老师的开朗与独立……所有这些都给了我智慧和思想的基础，是我一生都应当珍视的宝贵财富。在这里还要感谢李丹老师和徐国燕老师，在本书的写作过程中，她们给予了我许多宝贵的经验和无私的帮助。

郑重感谢我的家人，正是父母、丈夫在这段时间的全力支持为我营造了一个良好的写作环境，没有他们物质上的资助和精神上的鼓励，我的写作是不可能顺利完成的。特别要提及我可爱的女儿，虽然照顾她很辛苦，但也正是她给我平淡而寂寞的写作生活增添了乐趣。

其实，还应当感谢的是我们的社会，没有这样一个安定和谐的社会环境，我是无法安心写作的。感谢所有给予我启示的学者们，是你们给予了我一个全新的精神世界。而我们所有人都应当感谢知识，它们是在用文字谱写着生命，让我们领略一段又一段未亲历的传奇，带我们进入一个又一个未涉猎的领域。

回首诸年，有艰辛也有快乐，有失落更有收获，这些都是我珍贵的人生财富。“路漫漫其修远兮，吾将上下而求索”，我愿在未来的学习和研究过程中，以更加丰厚的成果来答谢关心、帮助和支持过我的所有老师和朋友！

杨小爱

2015 年 3 月于太原